La evaluación de impacto en la práctica

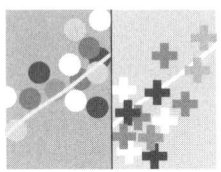

La versión en inglés de *La evaluación de impacto en la práctica* se puede consultar como un libro de texto interactivo en **http://www.worldbank.org/pdt**. La versión electrónica permite a las comunidades de profesionales y colegas que trabajan en los sectores y las regiones, así como a estudiantes y profesores, compartir notas y materiales relacionados para mejorar la experiencia de aprendizaje multimedia y el intercambio de conocimientos.

Se puede obtener documentación adicional relacionada específicamente con *La evaluación de impacto en la práctica* en **http://www.worldbank.org/ieinpractice**.

Este libro ha sido posible gracias al generoso apoyo del Fondo Español de Evaluación de Impacto (SIEF). El SIEF, establecido en 2007 con una donación de US$14,9 millones de España, y ampliado gracias a una donación de US$2,1 millones del Departamento de Desarrollo Internacional (DfID) del Reino Unido, es el fondo fiduciario más cuantioso centrado en la evaluación de impacto establecido hasta ahora en el seno del Banco Mundial. Su principal objetivo es ampliar la base documental sobre lo que funciona para mejorar los resultados en el terreno de la salud, la educación y la protección social, y así informar las políticas de desarrollo.

Véase http://www.worldbank.org/sief.

La evaluación de impacto en la práctica

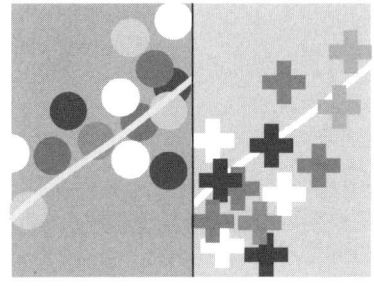

Paul J. Gertler, Sebastián Martínez,
Patrick Premand, Laura B. Rawlings,
Christel M. J. Vermeersch

© 2011 Banco Internacional de Reconstrucción y Fomento/Banco Mundial
1818 H Street NW
Washington DC 20433
Teléfono: +1 202-473-1000
Sitio web: www.worldbank.org

1 2 3 4 13 12 11 10

El presente volumen es obra del personal del Banco Internacional de Reconstrucción y Fomento/Banco Mundial. Las opiniones, interpretaciones y conclusiones aquí expresadas no son necesariamente reflejo de la opinión del Directorio Ejecutivo del Banco Mundial ni de los países representados por este.

El Banco Mundial no garantiza la exactitud de los datos que figuran en esta publicación. Las fronteras, los colores, las denominaciones y demás datos que aparecen en los mapas de esta publicación no implican juicio alguno, por parte del Banco Mundial, sobre la condición jurídica de ninguno de los territorios, ni la aprobación o aceptación de tales fronteras.

Derechos y autorizaciones

ISBN: 978-0-8213-8681-1
DOI: 10.1596/978-0-8213-8541-8

Catalogación en la Biblioteca del Congreso de la edición en inglés

Impact evaluation in practice / Paul J. Gertler ... [et al.].
    p. cm.
  Includes bibliographical references and index.
  ISBN 978-0-8213-8541-8 -- ISBN 978-0-8213-8593-7 (electronic)
  1. Economic development projects--Evaluation. 2. Evaluation research (Social action programs) I. Gertler, Paul, 1955- II. World Bank.
  HD75.9.I47 2010
  338.90072--dc22

2010034602

Diseño de portada: Naylor Design.

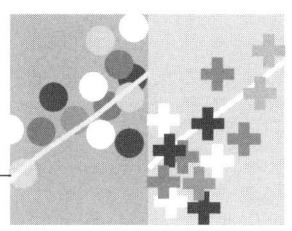

ÍNDICE

Recuadros

Gráficos

Cuadros

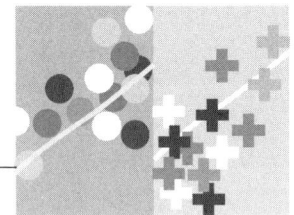

PREFACIO

Este libro pretende ser una introducción accesible al tema de la evaluación de impacto y a cómo aplicarla al ámbito del desarrollo. Aunque está orientado principalmente a los y las profesionales y responsables de políticas de desarrollo, esperamos que sea un recurso valioso para estudiantes y para cualquier persona interesada en el tema. Este tipo de evaluaciones sirve para determinar si un programa ha logrado o no los resultados previstos, y para explorar si existen estrategias alternativas con las que alcanzar mejor dichos resultados. Los autores de este manual creemos que el aumento y la mejora en la calidad de las evaluaciones de impacto ayudarán a fortalecer la base documental de evidencias para mejorar las políticas y los programas de desarrollo en el mundo. Tenemos la esperanza de que cuando Gobiernos y profesionales del desarrollo puedan adoptar sus decisiones basados en evidencias, los recursos dedicados al desarrollo internacional serán empleados más eficazmente para reducir la pobreza y mejorar las vidas de las personas. Este manual, que ofrece una introducción no técnica al tema, está estructurado en tres partes: en la primera se explica qué significa evaluar el impacto de los programas de desarrollo y por qué es importante; la segunda parte se centra en cómo evaluar; en la tercera parte se aborda la cuestión de cómo implementar una evaluación. Estos elementos constituyen los elementos básicos necesarios para llevar a cabo una evaluación de impacto.

En este manual hemos pretendido aproximarnos al tema principalmente a partir de la intuición, por lo que se ha minimizado la terminología técnica. Se ofrece al lector una serie de herramientas básicas de evaluación (los conceptos y los métodos fundamentales) y se analiza su aplicación a programas de desarrollo del mundo real. Los métodos provienen de la investigación en ciencias sociales y comparten muchos elementos con los métodos de investigación de las ciencias naturales. La evaluación de impacto combina las técnicas de investigación aplicada empleadas por la economía y las ciencias sociales con las realidades operativas y de economía política relacionadas con la implementación de políticas y con la práctica del desarrollo.

Desde el punto de vista metodológico, nuestro enfoque es esencialmente pragmático: creemos que los métodos más apropiados deben adaptarse al contexto operativo, y no al revés. La mejor manera de lograrlo es al comienzo del programa, mediante el diseño de evaluaciones de impacto prospectivas que se incorporen a las operaciones del programa durante su implementación. Creemos que en el diseño de una evaluación de impacto adecuada al contexto político y operacional, el consenso de los socios es tan importante como el propio método de evaluación. Además, las evaluaciones de impacto deben ser francas acerca de sus limitaciones y salvedades. Finalmente, recomendamos a los y las responsables de políticas y a los y las gerentes de los programas que consideren las evaluaciones de impacto dentro de un marco lógico que determine claramente los procesos causales mediante los cuales un programa genera productos que, a su vez, inciden en los resultados finales; y que los complementen con ejercicios de planificación estratégica y seguimiento que permitan obtener una visión completa del desempeño del programa.

Quizá lo más novedoso de este libro sea el modo en que se han aplicado las técnicas de evaluación de impacto a programas de desarrollo reales. Nuestras experiencias y lecciones sobre la aplicación práctica de una evaluación de impacto se basan en la labor de enseñanza y en la colaboración con centenares de socios en Gobiernos, instituciones académicas y socios del desarrollo. Los autores y autoras de este libro acumulan docenas de años de experiencia en evaluaciones de impacto en casi todos los rincones del mundo.

Este libro se basa principalmente en una serie de materiales didácticos preparados para los talleres Turning Promises into Evidence, organizados por la Oficina del Economista Jefe de Desarrollo Humano, en colaboración con unidades regionales y el Grupo de Investigación sobre Economía del Desarrollo del Banco Mundial. Cuando se escribió este libro, el taller se había impartido más de una veintena de veces en todo el mundo. Los talleres y este manual han sido posibles gracias a las generosas donaciones del Gobierno de España y el Departamento de Desarrollo Internacional del Reino Unido a través de sus contribuciones al Fondo Español de Evaluación de Impacto (SIEF). Este manual y las presentaciones y ponencias adjuntas están disponibles en la dirección de Internet: http://www.worldbank.org/ieinpractice.

Otras introducciones de calidad al tema de la evaluación de impacto para la formulación de políticas anteriores son: Baker, 2000; Ravallion, 2001, 2008 y 2009; Duflo, Glennerster y Kremer, 2007; Duflo y Kremer, 2008; Khandker, Koolwal y Samad, 2009, y Leeuw y Vaessen, 2009. El presente libro se distingue de otras publicaciones en que, además de ofrecer una descripción general y no técnica de los métodos cuantitativos de evaluación de impacto, los relaciona directamente con las reglas de funcionamiento de los programas y lleva a cabo un análisis detallado de otros aspectos relativos a su implementación práctica. El libro también está relacionado con los cursos y materiales de apoyo para el desarrollo de capacidades de evaluación de impacto.

Los materiales didácticos en los que se basa este libro han sido presentados de muchas maneras y han sido impartidos por una serie de instructores competentes, quienes han dejado su impronta en los métodos y el modo de enseñar la evaluación de impacto. Paul Gertler y Sebastián Martínez, junto con Sebastián Galiani y

Sigrid Vivo, reunieron un primer conjunto de materiales de enseñanza para un taller celebrado en la sede de la Secretaría de Desarrollo Social de México en 2005. Christel Vermeersch desarrolló y perfeccionó grandes secciones de los módulos técnicos del taller y adaptó un estudio de caso para presentarlo en el taller. Laura Rawlings y Patrick Premand desarrollaron los materiales empleados en las versiones más recientes del taller.

Agradecemos las contribuciones y los considerables insumos de una serie de instructores que han impartido conjuntamente el taller, entre ellos Felipe Barrera, Sergio Bautista-Arredondo, Stefano Bertozzi, Barbara Bruns, Pedro Carneiro, Jishnu Das, David Evans, Claudio Ferraz, Jed Friedman, Emanuela Galasso, Sebastián Galiani, Gonzalo Hernández Licona, Arianna Legovini, Phillippe Leite, Mattias Lundberg, Karen Macours, Juan Muñoz, Plamen Nikolov, Berk Özler, Nancy Qian, Gloria M. Rubio, Norbert Schady y Damien de Walque. Agradecemos los comentarios de nuestros revisores expertos Barbara Bruns, Arianna Legovini, Dan Levy y Emmanuel Skoufias, y de Bertha Briceno, Gloria M. Rubio y Jennifer Sturdy. También agradecemos los esfuerzos del competente equipo encargado de organizar los talleres, compuesto por Paloma Acevedo, Theresa Adobea Bampoe, Febe Mackey, Silvia Paruzzolo, Tatyana Ringland, Adam Ross, Jennifer Sturdy y Sigrid Vivo.

Los documentos mimeografiados en los que se basan algunas partes de este libro fueron redactados en un taller celebrado en Beijing, China, en julio de 2009. Agradecemos a todas las personas que participaron en la redacción de las transcripciones originales del taller, en particular a Paloma Acevedo, Carlos Asenjo, Sebastian Bauhoff, Bradley Chen, Changcheng Song, Jane Zhang y Shufang Zhang. También agradecemos a Kristine Cronin por su excelente asistencia en la investigación, a Marco Guzmán y Martin Ruegenberg por el diseño de las ilustraciones, y a Cindy A. Fisher, Fiona Mackintosh y Stuart K. Tucker por la asistencia editorial durante la producción del libro.

Agradecemos el apoyo a las actividades programáticas de evaluación de impacto en todo el Banco Mundial, lo que incluye el respaldo y la conducción de Ariel Fiszbein, Arianna Legovini y Martin Ravallion.

La versión en español del libro fue traducida por un equipo del Banco Mundial coordinado por María Carolina Mántaras. Estamos inmensamente agradecidos a Paloma Acevedo Alameda y Carlos Asenjo, expertos en evaluación de impacto y miembros del equipo del SIEF, por la cuidadosa revisión del libro y sus innumerables sugerencias para mejorar el contenido. Gracias a su revisión, esperamos haber creado un manual que aporte valor a la escasa bibliografía en español sobre el tema. La terminología empleada ha sido escogida pensando en un público objetivo principalmente compuesto por profesionales, investigadores y responsables de políticas de desarrollo de América Latina. Este libro y su traducción al español han sido financiados por el Gobierno de España a través del SIEF.

Finalmente, queremos agradecer a los participantes de los talleres celebrados en Ciudad de México, Nueva Delhi, Cuernavaca, Ankara, Buenos Aires, Paipa, Fortaleza, Sofía, El Cairo, Managua, Madrid, Washington, Manila, Pretoria, Túnez, Lima, Amán, Beijing, Sarajevo, Ciudad del Cabo, San Salvador, Katmandú, Río de Janeiro y Accra. Gracias a su interés, sus preguntas y su entusiasmo pudimos conocer qué esperan de las evaluaciones de impacto los y las responsables de políticas de desarrollo. Esperamos que este libro refleje sus ideas.

Referencias

Baker, Judy. 2000. *Evaluación del impacto de los proyectos de desarrollo en la pobreza. Manual para profesionales*. Washington, DC: Banco Mundial.

Duflo, Esther; Glennerster, Rachel y Kremer, Michael. 2007. "Using Randomization in Development Economics Research: A Toolkit". CEPR Discussion Paper No. 6059. Center for Economic Policy Research, Londres, Reino Unido.

Duflo, Esther y Kremer, Michael. 2008. "Use of Randomization in the Evaluation of Development Effectiveness". En *Evaluating Development Effectiveness*, vol. 7. Washington, DC: Banco Mundial.

Khandker, Shahidur R.; Koolwal, Gayatri B. y Samad, Hussain. 2009. *Handbook on Quantitative Methods of Program Evaluation*. Washington, DC: Banco Mundial.

Leeuw, Frans y Vaessen, Jos. 2009. *Impact Evaluations and Development. NONIE Guidance on Impact Evaluation*. Washington, DC: NONIE y Banco Mundial.

Ravallion, Martin. 2001. "The Mystery of the Vanishing Benefits: Ms. Speedy Analyst's Introduction to Evaluation". *World Bank Economic Review* 15 (1): 115-40.

———. 2008. "Evaluating Anti-Poverty Programs". En *Handbook of Development Economics*, vol. 4., compilado por Paul Schultz y John Strauss. Amsterdam: North Holland.

———. 2009. "Evaluation in the Practice of Development". *World Bank Research Observer* 24 (1): 29-53.

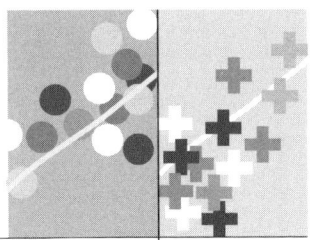

INTRODUCCIÓN A LA EVALUACIÓN DE IMPACTO

En esta primera parte del libro se hace una descripción general de la evaluación de impacto. En el capítulo 1 se analiza su importancia y cómo se ubica dentro del contexto de la formulación de políticas basadas en evidencias. Se compara la evaluación de impacto con otras prácticas de evaluación habituales, como el monitoreo y las evaluaciones de procesos. Finalmente, se presentan diferentes modalidades de evaluación de impacto, como la evaluación prospectiva y retrospectiva, y las pruebas de la eficacia frente a la efectividad.

En el capítulo 2 se examina la manera de formular preguntas e hipótesis de evaluación útiles para la formulación de políticas. Estas preguntas e hipótesis orientan la evaluación y la fundamentan.

CAPÍTULO 1

¿Por qué evaluar?

Los programas y las políticas de desarrollo suelen estar diseñados para conseguir resultados como, por ejemplo, aumentar los ingresos, mejorar el aprendizaje o reducir la enfermedad. Que se logren o no estos resultados es una cuestión que, pese a ser esencial para el éxito de las políticas públicas, no suele abordarse. Habitualmente los administradores de los programas y los responsables de políticas se concentran en medir los insumos y los productos inmediatos del programa (cuánto dinero se gasta, cuántos libros de texto de distribuyen), en lugar de valorar si los programas han alcanzado sus objetivos.

Formulación de políticas basadas en evidencias

Las evaluaciones de impacto forman parte de un programa más amplio de *formulación de políticas basadas en evidencias*. Esta tendencia mundial creciente se caracteriza por un cambio de enfoque: de los insumos a los resultados. Desde los objetivos de desarrollo del milenio hasta los incentivos de pago por desempeño para los proveedores de servicios públicos, esta tendencia mundial está cambiando el modo en que se llevan a cabo las políticas públicas. El enfoque en los resultados no solo se emplea para fijar metas nacionales e internacionales y hacer un seguimiento de ellas, sino que los administradores de los programas cada vez necesitan más conocer los resultados obtenidos para rendir cuentas, informar las asignaciones presupuestarias y orientar las decisiones sobre políticas.

El monitoreo y la evaluación son elementos fundamentales de la formulación de políticas basadas en evidencias. Ofrecen un conjunto fundamental de herramientas que las partes interesadas pueden utilizar para verificar y mejorar la calidad, la eficiencia y la efectividad de las intervenciones en varias etapas de la implementación; dicho de otro modo: les permite centrarse en los resultados. Las partes interesadas pueden formar o no formar parte de los Gobiernos. Frecuentemente, los funcionarios de un organismo público o un ministerio necesitan demostrar ante sus superiores que los programas funcionan para obtener asignaciones presupuestarias que les permitan continuarlos y expandirlos. A nivel nacional, los ministerios compiten entre ellos para obtener financiamiento del ministerio de Finanzas. En paralelo, los Gobiernos están interesados en convencer a sus ciudadanos de que las inversiones que han elegido tienen rendimientos positivos. La información y las evidencias se convierten en un medio para sensibilizar al público y promover la rendición de cuentas del Gobierno. La información generada mediante sistemas de monitoreo y evaluación puede compartirse regularmente con los ciudadanos para informarlos acerca del desempeño de los programas oficiales y desarrollar una base sólida para la transparencia y la rendición de cuentas.

En un contexto en el que los responsables de políticas y la sociedad civil exigen resultados y rendición de cuentas a los programas públicos, la evaluación de impacto puede ofrecer evidencias sólidas y creíbles del desempeño y, lo que es fundamental, puede determinar si un programa ha logrado los resultados deseados. A nivel mundial, las evaluaciones de impacto también son esenciales para generar conocimiento acerca de la efectividad de los programas de desarrollo, al ilustrar lo que funciona y no funciona.

En términos sencillos, una evaluación de impacto evalúa los cambios en el bienestar de las personas que pueden *atribuirse* a un proyecto, programa o política particular. Este enfoque en el análisis de la atribución es la característica distintiva de las evaluaciones de impacto. Por consiguiente, el principal desafío para llevar a cabo evaluaciones eficaces de impacto es identificar la *relación causal* entre el proyecto, el programa o la política y los resultados de interés.

Como se explicará más adelante, las evaluaciones de impacto estiman generalmente los impactos *promedio* de un programa sobre los beneficiarios. Por ejemplo: la introducción de un nuevo programa de estudios, ¿conllevó una mejora en los resultados obtenidos en los exámenes por los estudiantes? ¿Aumentó un programa de agua y saneamiento el acceso al agua potable y mejoró la salud? ¿Logra un programa de capacitación de jóvenes fomentar la actividad empresarial y acrecentar los ingresos? Además, si la evaluación de impacto incluye una muestra de beneficiarios suficientemente grande, los resultados pueden compararse también entre subgrupos de beneficiarios. Por ejemplo, al introducirse un nuevo programa de estudios, ¿aumentaron más las calificaciones de los estudiantes o de las estudiantes? Las evaluaciones de impacto también se pueden emplear para comprobar explícitamente opciones alternativas de diseño de un programa. Por ejemplo, una evaluación podría comparar el desempeño de un programa de capacitación con respecto a una campaña promocional para aumentar el nivel de alfabetización financiera. En cada uno de estos casos la evaluación de impacto aporta información sobre el impacto *total* de un programa, a diferencia de los estudios específicos, de caso o anecdóticos, que solo suministran una información parcial y pueden no ser representativos del impacto general del programa. Las evaluaciones bien diseñadas y bien implementadas

---

Recuadro 1.1: Evaluaciones y sostenibilidad política
El programa Progresa/Oportunidades de transferencias monetarias condicionadas en México

En la década de 1990, el Gobierno de México puso en marcha un programa innovador de transferencias monetarias condicionadas denominado Progresa. Sus objetivos eran ofrecer a los hogares pobres un apoyo monetario a corto plazo e incentivar inversiones en el capital humano de los niños, principalmente mediante una transferencia monetaria a las madres de hogares pobres a condición de que sus hijos asistieran a la escuela y visitaran regularmente un centro de salud.

Desde el principio, el Gobierno consideró que era esencial monitorear y evaluar el programa. Los funcionarios responsables de Progresa contrataron a un grupo de investigadores para que diseñaran una evaluación de impacto basada en la expansión del programa a lo largo del tiempo a nuevas comunidades participantes.

Las elecciones presidenciales de 2000 se saldaron con un cambio en el partido gobernante. En 2001 los evaluadores externos de Progresa presentaron sus conclusiones al Gobierno recién elegido. Los resultados eran impresionantes: el programa estaba bien focalizado en los pobres y había generado cambios prometedores en el capital humano de los hogares. Schultz (2004) observó que Progresa había mejorado considerablemente la matriculación escolar, con un promedio de 0,7 años adicionales de escolarización. Gertler (2004)

encontró que la incidencia de las enfermedades en los niños se había reducido un 23%, mientras que los adultos registraron una reducción del 19% en los días de trabajo o estudio perdidos por enfermedad o discapacidad. En cuanto a los resultados relacionados con la nutrición, Behrman y Hoddinott (2001) observaron que el programa había reducido la probabilidad de retraso del crecimiento en alrededor de un centímetro al año para los niños dentro de la franja crítica de edad de los 12 a los 36 meses.

Estos resultados de las evaluaciones sirvieron de punto de partida para un diálogo sobre políticas basadas en evidencias y contribuyeron a la decisión de continuar el programa. El Gobierno amplió el alcance del programa con la introducción de becas para la educación secundaria básica y la mejora de los programas de salud para adolescentes, en ocasión de lo cual el programa pasó a llamarse Oportunidades. Al mismo tiempo, los resultados se usaron para modificar otros programas de asistencia social, tales como el programa más cuantioso y peor orientado de subsidios para tortillas, cuyo alcance se redujo.

La evaluación exitosa de Progresa contribuyó también a la rápida adopción de los programas de transferencias monetarias condicionadas en todo el mundo, además de la aprobación de nuevas leyes en México que requerían la evaluación de todos los proyectos sociales.

Fuentes: Behrman y Hoddinott, 2001; Fiszbein y Schady, 2009; Gertler, 2004; Levy y Rodríguez, 2005; Schultz, 2004; Skoufias y McClafferty, 2001.

pueden aportar evidencias convincentes y exhaustivas útiles para informar las decisiones sobre políticas e influir en la opinión pública. El recuadro 1.1 ilustra cómo la evaluación de impacto ha contribuido a los debates sobre las políticas relacionadas con la expansión de un programa de transferencias monetarias condicionadas en México[1]. En el recuadro 1.2 se explica la manera en que la evaluación de impacto ayudó a mejorar las asignaciones de recursos del Gobierno de Indonesia al documentar qué políticas eran más efectivas para reducir las tasas de fertilidad.

Recuadro 1.2: Evaluación para mejorar las asignaciones de recursos
Planificación familiar y fertilidad en Indonesia

En la década de 1970 las iniciativas innovadoras de planificación familiar en Indonesia cobraron reconocimiento internacional por haber logrado reducir las tasas de fertilidad del país. Este reconocimiento se debió a dos fenómenos paralelos: 1) las tasas de fertilidad se redujeron un 22% entre 1970 y 1980, un 25% entre 1981 y 1990, y algo más moderadamente entre 1991 y 1994, y 2) durante el mismo período, el Gobierno de Indonesia incrementó considerablemente los recursos destinados a la planificación familiar (especialmente los subsidios para anticonceptivos). Dado que los dos fenómenos fueron contemporáneos, muchos concluyeron que la reducción de la fertilidad se debía al aumento de la inversión en planificación familiar.

Un equipo de investigadores no estaba convencido con las evidencias disponibles y estudió la relación entre ambos fenómenos. Contrariamente a la opinión general, observaron que los programas de planificación familiar solo habían tenido un impacto moderado sobre la fertilidad, y argumentaron que el descenso de las tasas de fertilidad se debía, más bien, a un cambio de la situación de la mujer. Los investigadores señalaron que, antes del comienzo del programa de planificación familiar, muy pocas mujeres en edad reproductiva habían terminado la educación primaria. Sin embargo, durante el mismo período del programa de planificación familiar, el Gobierno emprendió un programa de educación a gran escala para niñas; por lo que, al final del programa, las mujeres que entraban en la edad reproductiva se habían beneficiado de educación adicional. Cuando el auge del petróleo generó una expansión económica y aumentó la demanda de mano de obra en Indonesia, la participación de las mujeres educadas en el mercado laboral se incrementó significativamente. Con el aumento de valor del tiempo de las mujeres en el trabajo, se produjo también un aumento del uso de anticonceptivos. Al final, la subida de los salarios y el empoderamiento de las mujeres explicó el 70% de la disminución observada de la fertilidad, más que la inversión en programas de planificación familiar.

Estos resultados informaron las decisiones posteriores sobre asignación de recursos de los responsables de políticas: los fondos se recondujeron de los subsidios para anticonceptivos a los programas que aumentaban la matriculación escolar de las mujeres. Aunque los objetivos finales de los dos tipos de programas son similares, los estudios de evaluación habían demostrado que, en el contexto indonesio, para generar una reducción de las tasas de fertilidad era más efectiva la inversión en educación que la inversión en planificación familiar.

Fuentes: Gertler y Molyneaux, 1994 y 2000.

¿En qué consiste la evaluación de impacto?

La evaluación de impacto forma parte de una amplia gama de métodos complementarios para apoyar las políticas basadas en evidencias. Aunque este libro se concentra en los métodos cuantitativos de evaluación de impacto, primero los situará en el contexto más amplio de la gestión para resultados, que incluye también el monitoreo y otros tipos de evaluaciones.

El *monitoreo* es un proceso continuo que sigue lo que está ocurriendo con un programa y emplea los datos recolectados para informar la implementación y la administración cotidiana del programa. El monitoreo utiliza principalmente datos administrativos para cotejar el desempeño con los resultados previstos, hacer comparaciones entre programas y analizar tendencias en el tiempo. Normalmente, el monitoreo se centra en los insumos, las actividades y los productos, aunque en ocasiones puede incluir los resultados, como el progreso de los objetivos nacionales de desarrollo.

Las *evaluaciones* son exámenes periódicos y objetivos de un proyecto, programa o política programada, en curso o completada. Las evaluaciones se usan para responder a preguntas específicas, relacionadas con el diseño, la ejecución y los resultados. En contraste con el monitoreo, continuo, se ejecutan en momentos discrecionales y suelen buscar una perspectiva externa de expertos técnicos. Su diseño, método y costo varían considerablemente en función del tipo de pregunta que intenten responder. En términos generales, las evaluaciones pueden abordar tres tipos de preguntas (Imas y Rist, 2009):

- *Preguntas descriptivas*. La evaluación intenta determinar qué está ocurriendo y describe los procesos, condiciones, relaciones organizativas y opiniones de las partes interesadas.

- *Preguntas normativas*. La evaluación compara lo que está ocurriendo con lo que debería ocurrir; evalúa las actividades y si se logran o no los objetivos. Las preguntas normativas pueden aplicarse a los insumos, las actividades y los productos.

- *Preguntas sobre causa y efecto*. La evaluación examina los resultados e intenta determinar la diferencia que ejerce la intervención sobre estos.

Las *evaluaciones de impacto* son un tipo particular de evaluación que intenta responder a preguntas sobre causa y efecto. A diferencia de las evaluaciones generales, que pueden responder a muchos tipos de preguntas, las evaluaciones de impacto se preocupan por saber *cuál es el impacto (o efecto causal) de un programa sobre un resultado de interés*. Solo interesa el *impacto* del programa: el efecto directo que tiene en los resultados. Una evaluación de impacto analiza los cambios en el resultado *directamente atribuibles al programa*.

El enfoque en la causalidad y la atribución es la característica distintiva de las evaluaciones de impacto y determina las metodologías a usar. Para estimar el efecto causal o el impacto de un programa sobre los resultados, cualquier método elegido debe estimar el denominado *contrafactual*, es decir, cuál habría sido el resultado para los participantes en el programa si no hubieran participado en él. En la práctica, la evaluación de impacto requiere que el evaluador encuentre un *grupo de comparación* para estimar lo que habría ocurrido con los participantes sin el programa. La segunda parte del libro describe los principales métodos para encontrar grupos de comparación adecuados.

La pregunta fundamental de la evaluación, *¿Cuál es el impacto (o efecto causal) de un programa sobre un resultado de interés?*, puede aplicarse a muchos contextos. Por ejemplo, ¿cuál es el efecto causal de las becas sobre la asistencia escolar y el logro académico? ¿Cuál es el impacto sobre el acceso a la atención a la salud de la contratación de la atención primaria a proveedores privados? Si se sustituyen los suelos de tierra por suelos de cemento, ¿cuál sería el impacto sobre la salud de los niños? ¿La mejora de las carreteras mejora el acceso a mercados laborales y aumenta el ingreso de los hogares? En caso afirmativo, ¿cuánto? ¿El tamaño de la clase influye en el logro escolar? En caso afirmativo, ¿en qué medida? ¿Qué es más efectivo para aumentar el uso de mosquiteros en zonas afectadas por el paludismo: las campañas de correo o las sesiones de capacitación?

Evaluación de impacto para decidir sobre políticas

Las evaluaciones de impacto son necesarias para informar a los responsables de políticas sobre una serie de decisiones, desde la interrupción de programas ineficientes hasta la expansión de las intervenciones que funcionan, el ajuste de los beneficios de un programa o la elección entre varios programas alternativos. Alcanzan su máxima efectividad cuando se aplican selectivamente para responder a importantes preguntas sobre políticas, y pueden ser especialmente efectivas cuando se aplican a programas piloto innovadores que están poniendo a prueba un enfoque nuevo y no demostrado, pero prometedor. La evaluación del programa Progresa/Oportunidades de México descrita en el recuadro 1.1 cobró tanta influencia no solo por el carácter innovador del programa, sino también porque la evaluación de su impacto aportó evidencias creíbles y sólidas que no pudieron obviarse en las decisiones subsiguientes sobre políticas. La adopción y la expansión del programa se vieron claramente influidas por los resultados de la evaluación. Hoy en día, el programa Oportunidades atiende a cerca de 1 de cada 4 mexicanos y es un elemento fundamental de la estrategia del país para combatir la pobreza.

Las evaluaciones de impacto se pueden usar para explorar diferentes tipos de preguntas sobre políticas. En la forma básica de una evaluación de impacto se comprueba la efectividad de cierto programa. En otras palabras, responderá a la pregunta: *¿Es un programa efectivo comparado con la ausencia del mismo?* Como se explica en la segunda parte, este tipo de evaluación de impacto consiste en comparar un grupo de tratamiento que se benefició de un proyecto, programa o política con un grupo de comparación que no se benefició para estimar la efectividad del programa.

Concepto clave:

La pregunta fundamental de una evaluación de impacto puede formularse así: ¿Cuál es el impacto (o efecto causal) de un programa sobre un resultado de interés?

Además de responder a esta pregunta básica, las evaluaciones también pueden comprobar la efectividad de alternativas de implementación de un programa, es decir, para responder a la pregunta: *Cuando un programa se puede implementar de varias maneras, ¿cuál es la más efectiva?* En este tipo de evaluación, se comparan dos o más métodos dentro de un programa para generar pruebas sobre la mejor forma de alcanzar un objetivo particular. Estas alternativas del programa suelen denominarse "opciones de tratamiento". Por ejemplo, cuando la cantidad de beneficios que debe aportar un programa para ser efectivo no está clara (¿20 horas u 80 horas de capacitación?), las evaluaciones de impacto pueden comprobar el impacto relativo de diversas intensidades del tratamiento (véase el ejemplo del recuadro 1.3). Las evaluaciones de impacto que comprueban tratamientos alternativos del programa incluyen normalmente un grupo de tratamiento para cada opción de tratamiento, así como un grupo "puro" de comparación que no recibe ninguna intervención del programa. Las evaluaciones de impacto también se pueden usar para poner a prueba innovaciones o alternativas de implementación dentro de un programa. Por ejemplo, un programa puede querer probar campañas de información alternativas y seleccionar a un grupo para recibir una campaña de correo, mientras que otros reciben visitas puerta a puerta, para valorar cuál es el método más efectivo.

Recuadro 1.3: Evaluación para mejorar el diseño del programa
Malnutrición y desarrollo cognitivo en Colombia

A principios de la década de 1970, la Estación de Investigación de Ecología Humana, en colaboración con el Ministerio de Educación de Colombia, implementó un programa piloto para enfrentar la malnutrición infantil en Cali mediante la provisión de atención a la salud y actividades educativas, además de alimentos y suplementos nutricionales. Como parte del piloto, se encargó a un equipo de evaluadores que determinaran: 1) cuánto tiempo debería durar el programa para reducir la malnutrición entre niños en preescolar de familias de ingreso bajo, y 2) si las intervenciones podrían generar también mejoras del desarrollo cognitivo.

El programa se puso finalmente a disposición de todas las familias elegibles, pero durante la fase piloto los evaluadores pudieron comparar a grupos similares de niños que recibieron tratamiento durante diferentes períodos. Los evaluadores utilizaron primero un proceso de selección para identificar a 333 niños malnutridos. Estos niños se clasificaron en 20 sectores por barrios, y se asignó aleatoriamente uno de los cuatro grupos de tratamiento a cada sector. La única diferencia entre los grupos fue la secuencia en la que empezaron el tratamiento y, por consiguiente, la duración del programa. El grupo 4 empezó primero y estuvo expuesto al tratamiento durante más tiempo, seguido de los grupos 3, 2 y 1. El tratamiento consistió en seis horas diarias de atención a la salud y actividades educativas, más alimentos y suplementos nutricionales. En intervalos regulares a lo largo del programa, los evaluadores aplicaron exámenes cognitivos para seguir el progreso de los niños de los cuatro grupos.

(continúa)

Recuadro 1.3 *continuación*

Los evaluadores observaron que los niños que pasaron más tiempo en el programa mostraban mejor desarrollo cognitivo. En la prueba de inteligencia Stanford-Binet, que calcula la edad mental menos la edad cronológica, los niños del grupo 4 obtuvieron un resultado promedio de −5 meses, y los niños del grupo 1 obtuvieron un promedio de −15 meses.

Este ejemplo ilustra la manera en que los administradores de un programa y los responsables de políticas pueden usar las evaluaciones de múltiples opciones de tratamiento para determinar la alternativa más efectiva para un programa.

Fuente: McKay y otros, 1978.

La decisión de evaluar

No todos los programas justifican una evaluación de impacto. Las evaluaciones de impacto pueden ser costosas, y deben usar su presupuesto estratégicamente. Si está diseñando un nuevo programa o pensando en expandir un programa existente y se está planteando la posibilidad de realizar una evaluación de impacto, responder a una serie de preguntas básicas puede ayudarle a tomar esta decisión.

La primera pregunta es: *¿Qué está en juego en este programa?* La respuesta dependerá tanto del presupuesto asignado como del número de personas afectadas ahora o en el futuro por el programa. Por lo tanto, a continuación debe preguntarse: *¿El programa requiere o requerirá una parte importante del presupuesto disponible?* Y: *¿El programa afecta o afectará a un gran número de personas?* Si el programa no requiere un presupuesto o solo afecta a unas pocas personas, puede que no valga la pena evaluarlo. Por ejemplo, en un programa que ofrece orientación psicológica a pacientes de hospitales por medio de voluntarios, puede que el presupuesto y el número de personas afectadas no justifiquen una evaluación de impacto. Por el contrario, en un programa de reforma salarial para docentes que afectará eventualmente a todos los profesores de primaria del país habrá mucho más en juego.

Si determina que hay mucho en juego, la siguiente pregunta es si existen evidencias que demuestren que el programa funciona. En concreto, ¿sabe qué nivel de impacto tendrá el programa? ¿Existen evidencias de un país similar con circunstancias similares? Si no se dispone de evidencias acerca del tipo de programa que está considerando, puede empezar con un programa piloto que incorpore una evaluación. Por el contrario, si dispone de evidencias de circunstancias similares, es probable que el costo de emprender una evaluación de impacto solo pueda justificarse si sirve para resolver una pregunta nueva e importante sobre políticas. Este sería el caso si su programa incluye algunas innovaciones importantes que aún no se han puesto a prueba.

Para justificar la movilización de los recursos técnicos y financieros necesarios para una evaluación de impacto de gran calidad, el programa a evaluar debe ser:

- *Innovador*. Pone a prueba un nuevo enfoque prometedor.

- *Replicable*. Puede ampliarse y se puede aplicar en una situación diferente.

- *Estratégicamente pertinente*. El programa es una iniciativa emblemática; requiere considerables recursos; cubre, o puede expandirse para que cubra, a un gran número de personas, o podría generar un ahorro considerable.

- *No comprobado*. Se sabe muy poco sobre la efectividad del programa a nivel mundial o en un contexto particular.

- *Influyente*. Los resultados se usarán para informar decisiones fundamentales sobre políticas.

Análisis de la costo-efectividad

Una vez que se dispone de los resultados de la evaluación de impacto, estos pueden combinarse con información sobre los costos del programa para responder a preguntas adicionales. Para la forma básica de evaluación de impacto, añadir la información sobre el costo permitirá realizar un análisis de costo-beneficio, que responderá a la pregunta: *¿Cuál es el balance entre costos y beneficios del programa analizado?* El análisis de costo-beneficio cuantifica todos los costos y beneficios previstos de un programa para poder compararlos y valorar si los beneficios totales compensan los costos totales.

En un mundo ideal, existiría un análisis de costo-beneficio basado en las evidencias de la evaluación de impacto no solo para un programa particular, sino también para una serie de programas y alternativas de programas, de manera que los responsables de políticas pudieran valorar qué alternativa es más costo-efectiva para lograr cierto objetivo. Cuando una evaluación de impacto comprueba las alternativas de un programa, la agregación de la información sobre costos permite responder a una segunda pregunta: *¿Qué tan costo-efectivas son unas alternativas de implementación con respecto a otras?* El análisis de la costo-efectividad compara el desempeño relativo de dos o más programas o alternativas de programas para lograr un resultado común.

En un análisis de costo-beneficio o de costo-efectividad, la evaluación de impacto evalúa la parte del beneficio y la efectividad, y el análisis de los costos aporta la información sobre costos. Este libro se centra en la evaluación de impacto y no analiza en detalle la manera de recopilar datos sobre costos o realizar análisis

Concepto clave:

El análisis de la costo-efectividad calcula los beneficios totales previstos de un programa en comparación con el total de costos previstos.

Concepto clave:

El análisis de la costo-efectividad compara el desempeño relativo de dos o más programas o alternativas de programas para lograr un resultado común.

de costo-beneficio[2]. Sin embargo, es muy importante completar la evaluación de impacto con información sobre el costo del proyecto, el programa o la política que se evalúa. Una vez que se disponga de información sobre el impacto y el costo de una variedad de programas, el análisis de la costo-efectividad puede identificar qué inversiones producen la mayor tasa de rendimiento y permitir que los responsables de políticas adopten decisiones informadas acerca en qué intervenciones invertir. El recuadro 1.4 ilustra cómo se pueden emplear las evaluaciones de impacto para identificar los programas más costo-efectivos y mejorar la asignación de recursos.

Recuadro 1.4: Evaluación de la costo-efectividad
Comparación de estrategias para aumentar la asistencia escolar en Kenya

Mediante la evaluación de una serie de programas en circunstancias similares, se puede comparar la costo-efectividad de diferentes estrategias para mejorar indicadores de resultados, como la asistencia escolar. En Kenya, la organización no gubernamental International Child Support Africa implementó una serie de intervenciones educativas que incluyen el tratamiento contra parásitos intestinales, la provisión gratuita de uniformes escolares y la oferta de desayunos escolares. Cada una de las intervenciones se sometió a una evaluación de impacto basada en una asignación aleatoria y a un análisis de costo-beneficio. La comparación entre ambos estudios generó observaciones interesantes sobre cómo aumentar la asistencia escolar.

Un programa que suministró tratamiento contra los parásitos intestinales a niños en edad escolar aumentó la asistencia alrededor de 0,14 años para cada niño tratado, con un costo estimado de US$0,49 por niño. Esto equivale a unos US$3,50 por cada año adicional de asistencia a la escuela, a los que hay que agregar las externalidades experimentadas por los niños y los adultos que no asisten a la escuela en las comunidades que se beneficiaron de la reducción de la transmisión de los parásitos.

Una segunda intervención, el Programa de Patrocinio de Niños, redujo el costo de la asistencia a la escuela mediante el suministro de uniformes escolares a los alumnos de siete escuelas seleccionadas aleatoriamente. Las tasas de abandono escolar disminuyeron drásticamente en las escuelas tratadas y, después de cinco años, se estimó que el programa había aumentado los años de escolarización un promedio del 17%. Sin embargo, incluso con supuestos más optimistas, el costo del aumento de la asistencia a la escuela mediante el programa de uniformes escolares se estimó en alrededor de US$99 por cada año adicional de asistencia.

Finalmente, un programa que suministró desayunos gratuitos a niños de 25 centros de preescolar seleccionados aleatoriamente generó un aumento del 30% en la asistencia a las escuelas del grupo de tratamiento, con un costo estimado de US$36 por cada año adicional de escolarización. Los resultados de los exámenes también mejoraron con desviaciones estándar de alrededor de 0,4 puntos, siempre que el profesor hubiera estado bien formado antes del programa.

Aunque intervenciones similares pueden tener distintos objetivos en términos de resultados, como los efectos de la desparasitación para la salud o el logro escolar, además del aumento de la participación, la comparación de una serie de evaluaciones realizadas en el mismo contexto puede determinar qué programas lograron el objetivo deseado con el menor costo.

Fuentes: Kremer y Miguel, 2004; Kremer, Moulin y Namunyu, 2003; Poverty Action Lab, 2005; Vermeersch y Kremer, 2005.

Evaluación prospectiva versus evaluación retrospectiva

Las evaluaciones de impacto pueden dividirse en dos categorías: prospectivas y retrospectivas. Las evaluaciones prospectivas se realizan al mismo tiempo que se diseña el programa y forman parte de la implementación del programa. Para ello, se recolectan datos de línea de base de los grupos de tratamiento y de comparación antes de la implementación del programa. Las evaluaciones retrospectivas examinan el impacto del programa después de su implementación, lo que genera grupos de tratamiento y de comparación *ex post*.

En general, las evaluaciones prospectivas de impacto tienen más probabilidades de producir resultados más sólidos y creíbles, por tres motivos.

Primero, se pueden recopilar datos de línea de base para establecer mediciones previas al programa de los resultados de interés. Los datos de línea de base aportan información sobre los beneficiarios y los grupos de comparación antes de la implementación del programa y son importantes para medir los resultados previos a la intervención. Se deben analizar estos datos sobre los grupos de tratamiento y de comparación para asegurarse de que los grupos sean similares. También se pueden usar los datos de línea de base para determinar la efectividad de la focalización, es decir, si un programa atenderá o no a sus beneficiarios previstos.

Concepto clave:

Las evaluaciones prospectivas se diseñan al mismo tiempo que el programa y se llevan a cabo como parte de su implementación.

Segundo, en la fase de planificación la definición de la medida del éxito del programa centra la atención tanto de este como de la evaluación en los resultados previstos. Como se verá más adelante, las evaluaciones de resultado se basan en la teoría del cambio y en la cadena de resultados de un programa. El diseño de una evaluación de impacto ayuda a aclarar los objetivos de un programa, especialmente porque requiere medidas bien definidas de su éxito. Los responsables de políticas deben fijar objetivos claros para que la evaluación garantice que los resultados sean pertinentes para las políticas. De hecho, el pleno respaldo de los responsables de políticas es un requisito previo para llevar a cabo con éxito una evaluación: no se deben emprender evaluaciones de impacto a menos que estos responsables estén convencidos de la legitimidad de la evaluación y de su valor para informar decisiones importantes sobre políticas.

Tercero y más importante desde el punto de vista técnico, en una evaluación prospectiva los grupos de tratamiento y de comparación se identifican *antes* de la implementación del programa. Como se explicará más detenidamente en los siguientes capítulos, existen muchas más opciones para llevar a cabo evaluaciones válidas cuando estas se planifican desde el principio y se basan en la implementación de un proyecto. En la segunda y la tercera partes se afirma que casi siempre se puede obtener una estimación válida del contrafactual en cualquier programa que cuente con reglas de asignación claras y transparentes, siempre que la evaluación se diseñe prospectivamente. En resumen, las evaluaciones prospectivas tienen más probabilidades de generar contrafactuales válidos. En la fase de diseño se pueden considerar maneras alternativas de estimar un contrafactual válido. El diseño de la evaluación de impacto también puede ser totalmente compatible con las reglas de funcionamiento, así como con el proceso de desarrollo o expansión del programa.

Por el contrario, en las evaluaciones retrospectivas, el evaluador suele contar con una información tan limitada que le resulta difícil analizar si el programa se implementó con éxito y si sus participantes se beneficiaron realmente de él. Esto se debe en parte a que muchos programas no recolectan datos de línea de base a menos que incorporen una evaluación desde el principio y, una vez que están en marcha, es demasiado tarde para hacerlo.

Las evaluaciones retrospectivas que usan los datos existentes son necesarias para evaluar programas realizados en el pasado. En general, en estos casos las opciones para obtener una estimación válida del contrafactual son mucho más limitadas. La evaluación depende de la claridad de las reglas de funcionamiento del programa con respecto a la asignación de beneficios, así como de la disponibilidad de datos con suficiente cobertura acerca de los grupos de tratamiento y de comparación, tanto antes como después de la implementación del programa. Como consecuencia, la viabilidad de una evaluación retrospectiva depende del contexto y nunca está garantizada. Incluso cuando son factibles, las evaluaciones retrospectivas suelen usar métodos cuasi experimentales y depender de mayores suposiciones, lo que hace que puedan generar evidencias más discutibles.

Estudios de la eficacia y estudios de la efectividad

La función principal de la evaluación de impacto consiste en hallar evidencias sobre la efectividad de un programa para que puedan usarla los funcionarios públicos, los administradores del programa, la sociedad civil y otras partes interesadas. Los resultados de la evaluación de impacto son especialmente útiles cuando las conclusiones pueden aplicarse a una población general de interés. Poder generalizar los resultados (lo que se conoce como "validez externa" en la documentación sobre métodos de investigación) es fundamental para los responsables de políticas, ya que determina si los resultados identificados en la evaluación pueden replicarse para otros grupos no estudiados en la evaluación en caso de expandirse el programa.

En la primera época de las evaluaciones de impacto de programas de desarrollo, una gran parte de las evidencias estaban basadas en *estudios de la eficacia* realizados en circunstancias muy específicas; desafortunadamente, con frecuencia los resultados de estos estudios no podían generalizarse más allá del ámbito de la evaluación. Los estudios de la eficacia se llevan normalmente a cabo en una situación muy específica, con una intensa participación técnica de los investigadores durante la implementación del programa. Dichos estudios de la eficacia suelen emprenderse para demostrar la viabilidad de un nuevo programa. Si el programa no genera los impactos previstos dentro de estas condiciones que suelen controlarse cuidadosamente, es improbable que funcione en circunstancias normales. Dado que los estudios de la eficacia suelen realizarse como pruebas piloto en condiciones cuidadosamente controladas, los impactos de estas comprobaciones, con frecuencia a pequeña escala, pueden no ser necesariamente representativos del impacto de un proyecto similar implementado a mayor escala en circunstancias normales. Por ejemplo, una intervención piloto que introduce nuevos protocolos de tratamiento puede funcionar en un hospital con administradores y personal médico excelentes, pero la misma intervención puede no funcionar en un hospital corriente con administradores menos atentos y limitaciones de personal. Además, los cálculos de costo-beneficio variarán, ya que los costos fijos y las economías de escala no pueden computarse en los estudios de la eficacia a pequeña escala. Como consecuencia, aunque las evidencias de los estudios de la eficacia pueden ser interesantes para comprobar una estrategia, sus resultados suelen tener una validez externa limitada y no siempre representan adecuadamente situaciones más generales, que son normalmente la principal preocupación de los responsables de políticas.

En contraste, los *estudios de la efectividad* aportan evidencias de intervenciones en circunstancias normales, mediante vías regulares de implementación. Cuando las evaluaciones de la efectividad se diseñan e implementan adecuadamente, los resultados obtenidos son válidos no solo para la muestra de evaluación, sino también para otros beneficiarios previstos fuera de la muestra. Esta validez externa es muy importante para los responsables de políticas, porque les permite usar los resultados de la evaluación para informar decisiones programáticas que se aplican a beneficiarios previstos más allá de la muestra de evaluación.

Combinación de fuentes de información para evaluar tanto el "qué" como el "por qué"

Las evaluaciones de impacto realizadas sin contar con otras fuentes de información son vulnerables tanto técnicamente como en términos de su posible efectividad. Al no disponer de información acerca del carácter y el contenido del programa para contextualizar los resultados de la evaluación, se crea desconcierto entre responsables de políticas sobre las razones por las que ciertos resultados se lograron o no. Si bien las evaluaciones de impacto pueden producir estimaciones confiables de los efectos causales de un programa, su diseño no está normalmente orientado a informar la implementación del programa. Es más, las evaluaciones de impacto deben estar bien coordinadas con la implementación de un programa y, por lo tanto, necesitan estar basadas en información sobre cómo, cuándo y dónde se implementa el programa que se está evaluando.

Es necesario contar con datos cualitativos, de monitoreo y evaluaciones de proceso para hacer un seguimiento de la implementación del programa y examinar cuestiones esenciales para informar e interpretar los resultados de las evaluaciones de impacto. En este sentido, las evaluaciones de impacto y otras formas de evaluación son complementarias, más que sustitutivas.

Por ejemplo, un Gobierno provincial puede decidir anunciar que pagará primas a clínicas de salud rurales si aumentan el porcentaje de partos asistidos por un profesional de la salud en la clínica. Si la evaluación determina que no se registran cambios en el porcentaje de partos asistidos en la clínica, pueden existir muchas explicaciones posibles y necesidades correspondientes de actuación. Primero, es posible que el personal de las clínicas rurales no tenga suficiente información sobre las primas o no entienda las reglas del programa. En dicho caso, puede ser necesario que el Gobierno provincial potencie su campaña de información y educación para los centros de salud. Si la falta de equipo o la escasez de electricidad impiden a las clínicas de salud admitir más pacientes, puede ser necesario mejorar el sistema de asistencia y mejorar el suministro energético. Finalmente, es posible que las mujeres embarazadas de las zonas rurales no quieran asistir a las clínicas, y prefieran parteras tradicionales y dar a luz en su casa por razones culturales. En este caso, puede ser más eficiente abordar los obstáculos para el acceso de las mujeres que ofrecer primas a las clínicas. Por lo tanto, una buena evaluación de impacto permitirá al Gobierno determinar si la tasa de partos asistidos ha cambiado o no como consecuencia del programa de primas, pero hacen falta métodos complementarios de evaluación para entender si el programa se llevó a cabo según lo previsto y cuáles son los eslabones perdidos. En este ejemplo, los evaluadores querrán complementar su análisis de impacto entrevistando al personal de las clínicas de salud acerca de su conocimiento del programa, examinando la disponibilidad de equipo en las clínicas, organizando grupos de discusión con mujeres embarazadas para entender sus preferencias y barreras al acceso, y analizando todos los datos disponibles sobre el acceso a clínicas de salud en zonas rurales.

Uso de datos cualitativos

Los *datos cualitativos* son un complemento esencial de las evaluaciones cuantitativas de impacto porque aportan perspectivas complementarias sobre el desempeño de un programa. Las evaluaciones que integran análisis cualitativos y cuantitativos se caracterizan por el uso de "métodos combinados" (Bamberger, Rao y Woolcock, 2010). Los métodos cualitativos incluyen grupos focales y entrevistas con beneficiarios seleccionados y otros informantes clave (Rao y Woolcock, 2003). Aunque los puntos de vista y las opiniones recopiladas durante las entrevistas y los grupos focales pueden no ser representativos de los beneficiarios del programa, son especialmente útiles durante las tres fases de una evaluación de impacto:

1. Cuando se diseña una evaluación de impacto, los evaluadores pueden usar grupos focales y entrevistas con informantes clave para formular hipótesis acerca de cómo y por qué funcionará el programa, y aclarar cuestiones de investigación que deben resolverse en el trabajo de evaluación cuantitativa de impacto.

2. En la fase intermedia, antes de disponer de los resultados de la evaluación cuantitativa de impacto, el trabajo cualitativo puede contribuir a que los responsables de políticas comprendan lo que está ocurriendo en el programa.

3. En la fase de análisis, los evaluadores pueden aplicar métodos cualitativos para aportar contexto y explicaciones para los resultados cuantitativos, examinar los casos "atípicos" de éxito o fracaso y dar explicaciones sistemáticas del desempeño del programa observado en los resultados cuantitativos. En este sentido, el trabajo cualitativo puede ayudar a conocer las razones por las que se observan ciertos resultados en el análisis cuantitativo, y se puede usar para abrir la "caja negra" de lo sucedido en el programa (Bamberger, Rao y Woolcock, 2010).

Uso de datos de monitoreo y evaluaciones del proceso

Los *datos de monitoreo* son también un recurso fundamental en una evaluación de impacto. Permiten que el evaluador verifique qué participantes recibieron el programa, con cuánta rapidez se expande el programa, cómo se gastan los recursos y, en general, si las actividades se implementan de acuerdo con lo previsto. Esta información es esencial para la evaluación, por ejemplo, para asegurar que se recolecten datos de línea de base antes de la introducción del programa y para comprobar la integridad de los grupos de tratamiento y de comparación. Además, el sistema de monitoreo puede aportar información sobre el costo de la implementación del programa, que también es necesaria para el análisis de costo-beneficio.

Finalmente, las *evaluaciones del proceso* se centran en cómo se implementa y funciona el programa, analizan si cumple su diseño original y documentan su desarrollo y funcionamiento. Normalmente, las evaluaciones de proceso se pueden ejecutar con relativa rapidez y a un costo razonable. En las fases piloto o iniciales de un programa, pueden ser una valiosa fuente de información sobre la manera de mejorar la implementación del programa.

Notas

1. Para una descripción general de programas de transferencias monetarias condicionadas y la influencia ejercida por Progresa/Oportunidades por su evaluación de impacto, véase Fiszbein y Schady, 2009.

2. Para un análisis detallado del análisis de costo-beneficio, véase Belli y otros, 2001; Boardman y otros, 2001; Brent, 1996, o Zerbe y Dively, 1994.

Referencias

Bamberger, Michael; Rao, Vijayendra y Woolcock, Michael. 2010. "Using Mixed Methods in Monitoring and Evaluation: Experiences from International Development". Documento de trabajo del Banco Mundial sobre investigaciones relativas a políticas de desarrollo 5245. Banco Mundial, Washington, DC.

Behrman, Jere R. y Hoddinott, John. 2001. "An Evaluation of the Impact of PROGRESA on Pre-school Child Height." FCND Briefs 104, Instituto Internacional de Investigación sobre Políticas Alimentarias, Washington, DC.

Belli, Pedro; Anderson, Jock; Barnum, Howard; Dixon, John y Tan, Jee-Peng. 2001. *Handbook of Economic Analysis of Investment Operations*. Washington, DC: Banco Mundial.

Boardman, Anthony; Vining, Aidan; Greenberg, David y Weimer, David. 2001. *Cost-Benefit Analysis: Concepts and Practice*. New Jersey: Prentice Hall.

Brent, Robert. 1996. *Applied Cost-Benefit Analysis*. Cheltenham (RU): Edward Elgar.

Fiszbein, Ariel y Schady, Norbert. 2009. *Conditional Cash Transfer, Reducing Present and Future Poverty*. Informe del Banco Mundial sobre investigaciones relativas a políticas de desarrollo. Banco Mundial, Washington, DC.

Gertler, Paul J. 2004. "Do Conditional Cash Transfers Improve Child Health? Evidence from Progresa's Control Randomized Experiment". *American Economic Review* 94 (2): 336-41.

Gertler, Paul J. y Molyneaux, John W. 1994. "How Economic Development and Family Planning Programs Combined to Reduce Indonesian Fertility". *Demography* 31 (1): 33-63.

——. 2000. "The Impact of Targeted Family Planning Programs in Indonesia". *Population and Development Review* 26: 61-85.

Imas, Linda G. M. y Rist, Ray C. 2009. *The Road to Results: Designing and Conducting Effective Development Evaluations*. Washington, DC: Banco Mundial.

Kremer, Michael y Miguel, Edward. 2004. "Worms: Identifying Impacts on Education and Health in the Presence of Treatment Externalities". *Econometrica* 72 (1): 159-217.

Kremer, Michael; Moulin, Sylvie y Namunyu, Robert. 2003. "Decentralization: A Cautionary Tale". Poverty Action Lab Paper 10, Massachusetts Institute of Technology, Cambridge, MA.

Levy, Santiago y Rodríguez, Evelyne. 2005. *Sin herencia de pobreza: El programa Progresa-Oportunidades de México*. Washington, DC: Banco Interamericano de Desarrollo.

McKay, Harrison; McKay, Arlene; Siniestra, Leonardo; Gómez, Hernando y Lloreda, Pascuala. 1978. "Improving Cognitive Ability in Chronically Deprived Children". *Science* 200 (21): 270-78.

Poverty Action Lab. 2005. "Primary Education for All". *Fighting Poverty: What Works?* 1 (Fall): n.p. http://www.povertyactionlab.org.

Rao, Vijayendra y Woolcock, Michael. 2003. "Integrating Qualitative and Quantitative Approaches in Program Evaluation". En *The Impact of Economic Policies on Poverty and Income Distribution: Evaluation Techniques and Tools*, F. J. Bourguignon y L. Pereira da Silva compiladores, 165-90. Nueva York: Oxford University Press

Schultz, Paul. 2004. "Public Policy for the Poor? Evaluating the Mexican Progresa Poverty Program". *Journal of Development Economics* 74 (1): 199-250.

Skoufias, Emmanuel y McClafferty, Bonnie. 2001. "¿Está dando buenos resultados Progresa? Informe de los resultados de una evaluación realizada por el IFPRI". Instituto Internacional de Investigación sobre Políticas Alimentarias, Washington, DC.

Vermeersch, Christel y Kremer, Michael. 2005. "School Meals, Educational Achievement and School Competition: Evidence from a Randomized Evaluation". Documento de trabajo del Banco Mundial sobre investigaciones relativas a políticas de desarrollo 3523. Banco Mundial, Washington, DC.

Zerbe, Richard y Dively, Dwight. 1994. *Benefit Cost Analysis in Theory and Practice*. Nueva York: Harper Collins Publishing.

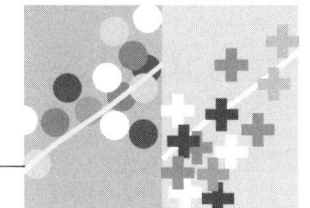

CAPÍTULO 2

Definir las preguntas de evaluación

Este capítulo describe los pasos iniciales para poner en marcha una evaluación. Estos incluyen determinar el tipo de pregunta a la que responderá la evaluación, especificar una teoría del cambio que describa cómo se supone que el proyecto logrará los resultados previstos, elaborar una cadena de resultados, formular qué hipótesis serán comprobadas por la evaluación y seleccionar los indicadores de desempeño.

Estos pasos contribuyen a determinar las preguntas que responderá la evaluación y es mejor emprenderlos al comienzo del programa, con la participación de los agentes implicados en el proceso, desde los responsables de políticas hasta los administradores del programa. Así se forjará una visión común de los objetivos del programa y de la manera de lograrlos y se fortalecerá el vínculo entre la evaluación, la implementación del programa y las políticas públicas. Todos estos pasos son necesarios para el desarrollo de una buena evaluación de impacto y para el diseño y la implementación de un programa efectivo. Cada paso, desde la especificación clara de los objetivos y las preguntas hasta la definición de las ideas incorporadas a la teoría del cambio y los resultados que espera generar el programa, está claramente definido y articulado dentro de un modelo lógico incorporado a la cadena de resultados.

Tipos de preguntas de evaluación

Toda evaluación empieza con una pregunta de estudio sobre una política o un programa y será el objetivo central de la investigación. Por lo tanto, la evaluación consiste en la generación de evidencias creíbles para responder a esa pregunta. Como se explicará más adelante, la pregunta fundamental de la evaluación de impacto puede formularse como: *¿Cuál es el impacto (o efecto causal) de un programa sobre un resultado de interés?* Por ejemplo, en el caso que se usará como ejemplo en la segunda parte del libro, la pregunta de estudio es: *¿Cuál es el efecto del Programa de Subsidio del Seguro de Salud sobre el gasto directo en salud de los hogares?* La pregunta también puede comparar opciones de diseño, por ejemplo: *¿Qué combinación de campañas de correo y orientación familiar funciona mejor para fomentar el uso exclusivo de la lactancia materna?* Formular claramente preguntas de evaluación es fundamental para diseñar una evaluación de manera efectiva.

Teorías del cambio

Una teoría del cambio es una descripción de cómo se supone que una intervención conseguirá los resultados deseados. Describe la lógica causal de cómo y por qué un proyecto, un programa o una política lograrán los resultados deseados o previstos. La teoría del cambio es fundamental para cualquier evaluación de impacto, ya que esta se basa en relaciones de causalidad. Al tratarse de uno de los primeros pasos en el diseño de la evaluación, formular una teoría del cambio puede ayudar a especificar las preguntas de investigación.

Las teorías del cambio describen una secuencia de eventos que generan resultados: examinan las condiciones y las suposiciones necesarias para que se produzca el cambio, explicitan la lógica causal detrás del programa y trazan el mapa de las intervenciones del programa a lo largo de las vías lógicas causales. La colaboración de las partes interesadas en el programa en la formulación de la teoría del cambio puede ayudar a mejorar el diseño del programa. Esto es especialmente importante en programas que intentan influir en el comportamiento de los beneficiarios: las teorías del cambio pueden ayudar a determinar qué insumos y actividades se requieren, qué productos se generan y cuáles son los resultados finales derivados de los cambios de comportamiento de los beneficiarios.

El mejor momento para desarrollar una teoría del cambio para un programa es al principio del diseño, cuando se puede reunir a las partes interesadas para que definan una visión común del programa, de sus objetivos y de la vía para lograrlos. Así, al comenzar la fase de implementación las partes interesadas tienen una idea y unos objetivos comunes que se reflejarán en el funcionamiento del programa y de la evaluación.

Además, al diseñar el programa se debe revisar la bibliografía especializada en busca de documentos que describan experiencias y programas similares, y deben comprobar los contextos y las suposiciones de la teoría del cambio. Por ejemplo, en el caso del proyecto de suelos de cemento en México, que se describe en el recuadro 2.1, la bibliografía aporta información importante acerca de la transmisión de parásitos del suelo y la manera en que esta infección provoca diarrea infantil.

Recuadro 2.1: Teoría del cambio
De los suelos de cemento a la felicidad en México

En su evaluación del proyecto Piso Firme, Cattaneo y otros (2009) examinaron el impacto de la mejora de las viviendas sobre la salud y el bienestar. Tanto el proyecto como la evaluación estuvieron motivados por una clara teoría del cambio.

El objetivo del proyecto Piso Firme es mejorar los niveles de vida, especialmente de la salud, de los grupos vulnerables que viven en zonas densamente pobladas y con bajos ingresos de México. El programa se puso en marcha primero en el estado norteño de Coahuila y se hizo en una evaluación contextual realizada por el gobernador Enrique Martínez y su equipo de campaña.

La cadena de resultados del programa está clara. Se realizan visitas puerta a puerta en los barrios elegidos para ofrecer a los hogares la instalación de 50 metros cuadrados de suelo de cemento. El Gobierno compra y entrega el cemento, y los hogares y los voluntarios comunitarios aportan la mano de obra. El producto de la evaluación es la construcción de un suelo de cemento, que puede completarse en alrededor de un día. Entre los resultados previstos por este programa de mejora de los hogares se encuentran una mayor limpieza, una mejora en la salud de los habitantes de la casa y un aumento de la felicidad.

La lógica de esta cadena de resultados es que los suelos de tierra son un foco de enfermedades parasitarias porque es difícil mantenerlos limpios. Los parásitos, que viven y se multiplican en las heces, pueden ser portados al interior de la casa en los zapatos o a través de los animales o de los niños y pueden terminar siendo ingeridos si entran en contacto con los alimentos. Las evidencias demuestran que los niños pequeños que viven en casas con suelos de tierra tienen más probabilidades de contraer infecciones parasitarias intestinales, que pueden provocar diarrea y malnutrición, y suelen conllevar retrasos del desarrollo cognitivo e incluso la muerte. Los suelos de cemento interrumpen la transmisión de infecciones parasitarias y además permiten un mejor control de la temperatura y son más agradables a la vista.

Estos resultados previstos sirvieron de base para las preguntas de investigación abordadas en la evaluación de Cattaneo y sus colegas. El equipo planteó la hipótesis de que reemplazar los suelos de tierra reduciría la incidencia de la diarrea, la malnutrición y la deficiencia de micronutrientes y que esto conduciría a su vez a una mejora del desarrollo cognitivo de los niños pequeños. Los investigadores también anticiparon y comprobaron las mejoras en el bienestar de los adultos, medido por el aumento de la satisfacción de la población con las condiciones de sus viviendas y la reducción de tasas de depresión y estrés percibido.

Fuente: Cattaneo y otros, 2009.

La cadena de resultados

Una teoría del cambio puede diseñarse de varias maneras, por ejemplo, mediante modelos teóricos, modelos lógicos, marcos lógicos, modelos de resultados y cadenas de resultados[1]. Todos ellos incluyen los elementos básicos de una teoría del cambio, es decir, la cadena causal, que debe ser capaz de discernir entre los logros del programa y las condiciones o influencias ajenas al programa. En este libro, se usará el modelo de la cadena de resultados porque creemos que es el más sencillo y claro para describir la teoría del cambio en el contexto operativo de los programas de desarrollo.

Una cadena de resultados da una definición lógica y plausible de cómo una secuencia de insumos, actividades y productos relacionados directamente con el proyecto interactúan y establecen las vías por las que se logran los impactos (gráfico 2.1). La cadena de resultados define la lógica causal desde el comienzo del programa, empezando por los recursos disponibles, hasta el final, los objetivos a largo plazo. Una cadena de resultados básica representará los siguientes elementos:

Insumos: Los recursos de que dispone el proyecto, que incluyen el personal y el presupuesto.

Actividades: Las acciones emprendidas y el trabajo realizado para transformar los insumos en productos.

Productos: Los bienes tangibles y los servicios que producen las actividades del programa (están directamente bajo el control del organismo ejecutor).

Resultados: Los resultados que se espera alcanzar una vez que la población se beneficie de los productos del proyecto (los resultados se dan normalmente a corto o mediano plazo).

Resultados finales: Los objetivos finales del proyecto (pueden estar influidos por múltiples factores y se alcanzan normalmente después de un largo período).

La cadena de resultados tiene tres partes principales:

Implementación: El trabajo programado producido por el proyecto, que incluye los insumos, las actividades y los productos. Se trata de los aspectos que puede supervisar directamente el organismo ejecutor para medir el desempeño del programa.

Resultados: Se refiere a lo que se ha denominado resultados y resultados finales en la cadena de resultados. No dependen solo del control directo del proyecto sino también de cambios de comportamiento de los beneficiarios del programa. En otras palabras, dependen de las interacciones entre el lado de la oferta (implementación) y el lado de la demanda (beneficiarios). Estos son los aspectos que se someten a la evaluación de impacto para medir la efectividad.

Gráfico 2.1 ¿Qué es una cadena de resultados?

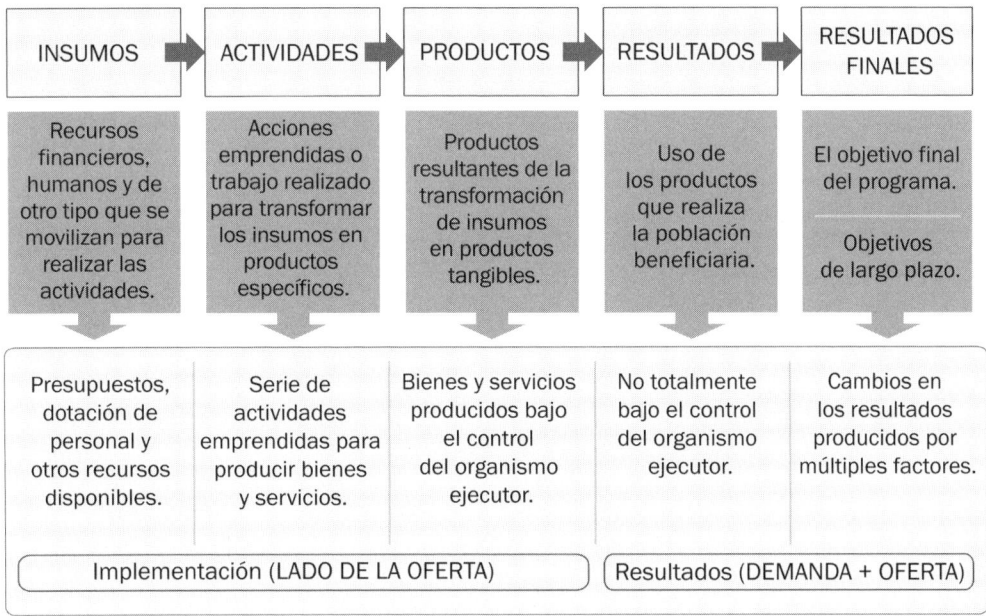

Suposiciones y riesgos: No se muestran en el gráfico 2.1. Hacen referencia a los riesgos que pueden afectar a la consecución de los resultados esperados y a cualquier estrategia para solventar dichos riesgos. Incluyen cualquier evidencia en la bibliografía especializada sobre la lógica de causalidad propuesta y las suposiciones en que se basa.

Por ejemplo, imagine que el ministerio de Educación de un país A está pensando en introducir una nueva estrategia para la enseñanza de matemáticas en centros de secundaria. Como se muestra en el gráfico 2.2, los insumos del programa incluirán al personal del ministerio, a los profesores de secundaria, un presupuesto para el nuevo programa de matemáticas y las instalaciones municipales donde se capacitará a los profesores de matemáticas. Las actividades del programa consisten en el diseño de un nuevo programa de estudios de matemáticas, la definición de un programa de capacitación de profesores, la capacitación de profesores, y el encargo, la impresión y la distribución de nuevos libros de texto. Los productos son el número de profesores capacitados, el número de libros de texto entregados en las clases y la adaptación de los exámenes estandarizados al nuevo programa de estudios.

Gráfico 2.2 Cadena de resultados de un programa de matemáticas en la educación secundaria

Los resultados a corto plazo consisten en el uso de los nuevos métodos y libros de texto por parte de los profesores en sus clases y la aplicación de nuevos exámenes. Los resultados a mediano plazo son las mejoras del desempeño de los estudiantes en los exámenes estandarizados de matemáticas. Los resultados finales son el aumento de las tasas de finalización de la educación secundaria y el incremento de las tasas de empleo y los ingresos de los graduados.

Las cadenas de resultados son útiles para todos los proyectos, independientemente de que incluyan o no una evaluación de impacto, ya que permiten a los responsables de políticas y a los administradores especificar los objetivos del programa,, lo que los ayuda a entender la lógica causal y la secuencia de eventos en los que se basa el programa. Las cadenas de resultados también facilitan el debate en torno al monitoreo y la evaluación, al poner de manifiesto qué información es necesario recoger y qué cambios de los resultados hay que tener en cuenta cuando se evalúa el proyecto.

Para comparar diseños alternativos para el programa, se pueden crear diagramas de árbol que representan todas las opciones viables consideradas durante el diseño o la reestructuración del programa. Estos diagramas recogen políticas y operaciones alternativas para alcanzar objetivos específicos; se pueden usar para considerar qué opciones de programas podrían comprobarse y evaluarse. Por ejemplo, si el objetivo es la mejora de la alfabetización financiera, se pueden considerar diversas opciones, como por ejemplo una campaña publicitaria frente a la instrucción presencial.

Hipótesis para la evaluación

Una vez que se haya descrito la cadena de resultados, se puede formular la hipótesis que se quiere comprobar mediante la evaluación de impacto. En el ejemplo anterior, la hipótesis podría ser la siguiente:

- El nuevo programa de estudios es mejor para impartir conocimientos de matemáticas que el anterior.

- Los profesores capacitados usan el nuevo programa de estudios de manera más efectiva que otros profesores.

- Si se capacita a los profesores y se distribuyen los libros de texto, los profesores usarán los nuevos libros de texto y el programa de estudios en clase, y los estudiantes seguirán el nuevo programa de estudios.

- Si se capacita a los profesores y se distribuyen los libros de texto, los resultados de los exámenes de matemáticas mejorarán un promedio de 5 puntos.

- El desempeño en los estudios de matemáticas en secundaria influye en las tasas de finalización y el desempeño en el mercado laboral.

Selección de indicadores del desempeño

Una cadena de resultados claramente definida ofrece un mapa útil para la selección de los indicadores que se medirán a lo largo de la cadena. Incluirá indicadores tanto para seguir la implementación del programa como para evaluar los resultados. Una vez más, es útil que las partes interesadas en el programa participen en la selección de estos indicadores, para asegurar que constituyen una buena medida del desempeño del programa. Como regla general, los indicadores deberán cumplir con determinados criterios, en otras palabras deben ser *EMARF*[2]

- *Específicos:* para medir la información necesaria con la máxima proximidad

- *Medibles:* para asegurar que es factible obtener la información

- *Atribuibles:* para asegurar que cada indicador está relacionado con los logros del proyecto

- *Realistas:* para asegurar que los datos se pueden obtener puntualmente, con una frecuencia razonable y a un costo razonable

- *Focalizados:* en la población objetivo.

Concepto clave:

Los buenos indicadores son específicos, medibles, atribuibles, realistas y focalizados.

Al elegir indicadores, es importante identificarlos a lo largo de toda la cadena, y no solo al nivel de los resultados. Así, se podrá seguir la lógica causal de cualquier resultado observado del programa. Incluso al implementar una evaluación de impacto sigue siendo importante seguir los indicadores de la implementación, para determinar si las intervenciones se han ejecutado según lo programado, si han alcanzado a sus beneficiarios previstos y si han llegado a tiempo (véase Kusek y Rist, 2004 o Imas y Rist, 2009, para un análisis de la manera de seleccionar indicadores del desempeño). Sin estos indicadores a lo largo de la cadena de resultados, la evaluación de impacto solo producirá una "caja negra" que determinará si se han materializado o no los resultados previstos, pero no podrá explicar las causas de ello.

Aparte de seleccionar los indicadores, también resulta útil considerar los mecanismos para la producción de datos. El cuadro 2.1 enumera los elementos básicos de un plan de monitoreo y evaluación, y menciona los mecanismos necesarios para producir cada uno de los indicadores de manera fiable y puntual.

Cuadro 2.1 Elementos de un plan de monitoreo y evaluación

Elemento	Descripción
Resultados esperados (resultados y productos)	Obtenido de los documentos de diseño del programa y la cadena de resultados.
Indicadores (con líneas de base y objetivos indicativos)	Derivados de la cadena de resultados (los indicadores deben ser EMARF).
Fuente de datos	Fuente y lugar de donde se obtienen los datos; por ejemplo, una encuesta, un examen, una reunión de partes interesadas.
Frecuencia de los datos	Frecuencia de disponibilidad de datos.
Responsabilidades	¿Quién es responsable de organizar la recolección de datos y comprobar la calidad y el origen de los datos?
Análisis e información	Frecuencia del análisis, método de análisis y responsabilidad de informar.
Recursos	Estimación de los recursos necesarios y comprometidos para llevar a cabo las actividades programadas de monitoreo y evaluación.
Uso final	¿Quién recibirá y revisará la información? ¿Qué finalidad cumple?
Riesgos	¿Cuáles son los riesgos y las suposiciones que conlleva la ejecución de las actividades programadas de monitoreo y evaluación? ¿Cómo podrían afectar a las actividades programadas y a la calidad de los datos?

Fuente: Adaptado de PNUD, 2009.

La evaluación de impacto en la práctica

Contenidos de la segunda y la tercera partes del libro

En esta primera parte del libro, se analizaron las razones por las que se podría emprender una evaluación de impacto y cuándo vale la pena hacerlo. Se examinaron los diversos objetivos de una evaluación de impacto y se subrayaron las preguntas fundamentales sobre políticas que puede abordar. Se insistió en la necesidad de detectar cuidadosamente la teoría del cambio que explica las vías mediante las que el programa puede influir en los resultados finales. Las evaluaciones de impacto comprueban esencialmente si la teoría del cambio funciona o no en la práctica.

En la segunda parte se analiza *cómo evaluar*, mediante la revisión de varias metodologías alternativas para producir buenos grupos de comparación y permitir la estimación válida de impactos del programa. Se comienza por presentar el *contrafactual* como el elemento esencial de cualquier evaluación de impacto, se explican las propiedades que debe tener la estimación del contrafactual y se ofrecen ejemplos de estimaciones inadecuadas o falsas. Luego se presentan una serie de opciones de evaluación de impacto que pueden producir estimaciones válidas del contrafactual. En concreto, se analiza la intuición básica que hay detrás de cuatro metodologías: *métodos de selección aleatoria, diseño de regresión discontinua, diferencias en diferencias y pareamiento*. Se analizan las razones y la manera por las que cada método puede producir una estimación válida del contrafactual, en qué contexto de políticas puede aplicarse cada uno y sus principales limitaciones. A lo largo de la segunda parte se usa un estudio de caso, el Programa del Subsidio del Seguro de Salud, para ilustrar la aplicación de los distintos métodos. Además, se presentan ejemplos de evaluaciones de impacto que han empleado cada uno de ellos.

La tercera parte describe los pasos para implementar, administrar o encargar una evaluación de impacto. Hasta ahora se han definido los objetivos de la evaluación, se ha formulado la teoría del cambio y se han especificado las preguntas de la evaluación; todos estos son pasos esenciales cuando se formula un plan de evaluación de impacto. A partir de ahora nos centraremos en establecer cuáles son los criterios para generar grupos de comparación en el marco del programa. En particular, se tratará de determinar cuál de las metodologías de evaluación de impacto presentadas en la segunda parte es más adecuada para un programa determinado. Luego, se revisarán las cuatro fases esenciales en la implementación de una evaluación: hacer operativo el diseño, elegir una muestra, recolectar los datos y producir y divulgar los resultados.

Notas

1. University of Wisconsin-Extension (2010) contiene un análisis detallado de la manera de elaborar cadenas de resultados, así como listas integrales de referencias. Imas y Rist (2009) ofrecen un buen estudio de las teorías del cambio.

2. En inglés, la sigla es SMART (specific, measureable, attributable, realistic, targeted), que puede ser traducido como "inteligente".

Referencias

Cattaneo, Matías; Galiani, Sebastián; Gertler, Paul; Martínez, Sebastián y Titiunik, Rocío. 2009. "Housing, Health and Happiness". *American Economic Journal: Economic Policy* 1 (1): 75-105.

Imas, Linda G. M. y Rist, Ray C. 2009. *The Road to Results: Designing and Conducting Effective Development Evaluations*. Washington, DC: Banco Mundial.

Kusek, Jody Zall y Rist, Ray C. 2004. *Diez pasos hacia un sistema de monitoreo y evaluación basado en resultados*. Washington, DC: Banco Mundial.

PNUD (Programa de las Naciones Unidas para el Desarrollo). 2009. *Manual de planificación, monitoreo y evaluación de los resultados de desarrollo*. Nueva York: PNUD

University of Wisconsin-Extension. 2010. "Enhancing Program Performance with Logic Models". Curso en red. http://www.uwex.edu/ces/pdande/evaluation/evallogicmodel.html.

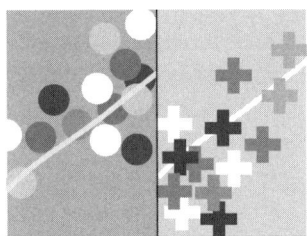

Segunda parte
CÓMO EVALUAR

En la primera parte de este libro se han visto las razones para evaluar el impacto de los programas y las políticas; la segunda parte explica cómo funcionan las evaluaciones de impacto, a qué preguntas responden y con qué métodos se realizan, así como las ventajas y desventajas de cada una de ellas. Las opciones analizadas incluyen los métodos de selección aleatoria, el diseño de regresión discontinua, las diferencias en diferencias y el pareamiento.

Como se dijo en la primera parte, el objetivo de una evaluación de impacto es determinar y cuantificar la manera en que una intervención afecta a los resultados de interés para analistas y responsables de políticas. En esta parte, se presentará y examinará el caso del Programa de Subsidios del Seguro de Salud (PSSS). A partir de las mismas fuentes de datos, se responderá varias veces a la misma pregunta de evaluación con respecto al PSSS; según la metodología empleada, las respuestas serán diferentes y hasta contradictorias. (Se supone que los datos utilizados han sido debidamente depurados para eliminar cualquier problema relacionado con ellos). La tarea del lector consistirá en determinar por qué la estimación de impacto del PSSS cambia en función del método, y qué resultados considera suficientemente confiables para formular recomendaciones sobre políticas.

El caso del PSSS es un ejemplo de reforma a gran escala del sector de la salud. El programa pretende mejorar la calidad y aumentar el acceso a los servicios de salud en las áreas rurales, para equiparar los estándares y la cobertura del servicio al nivel de las áreas urbanas. Este modelo innovador y potencialmente costoso está en etapa de prueba. El programa subvenciona el seguro de salud para los hogares pobres rurales, y cubre los costos relacionados con la atención primaria y las medicinas. El objetivo fundamental del PSSS es reducir el costo de la atención sanitaria para las familias pobres y, así, mejorar los resultados de la salud. Los responsables de políticas están considerando la expansión del PSSS a todo el país, lo que costaría cientos de millones de dólares. Pero los responsables de políticas temen que los hogares pobres no puedan asumir el costo de la atención sanitaria básica sin un subsidio oficial, lo que les dificultaría el acceso a estos servicios y, en consecuencia, tendría implicaciones perjudiciales para su salud. La pregunta clave de la evaluación es: *¿Qué efecto tiene el PSSS sobre los gastos directos en salud y la situación de la salud de las familias pobres?* Las respuestas a preguntas como esta guían a los responsables de políticas al momento de decidir qué políticas y programas adoptan. A su vez, esas políticas y programas pueden afectar el bienestar de millones de personas. Esta parte del libro analizará cómo responder rigurosamente a las preguntas de evaluación fundamentales.

CAPÍTULO 3

Inferencia causal
y contrafactuales

En primer lugar, se examinarán dos conceptos esenciales para realizar evaluaciones precisas y confiables: la inferencia causal y los contrafactuales.

Inferencia causal

La pregunta básica de la evaluación de impacto es esencialmente un problema de *inferencia causal*. Evaluar el impacto de un programa sobre una serie de resultados es equivalente a evaluar el efecto causal del programa sobre ellos. La mayoría de las preguntas de políticas conllevan relaciones de causa y efecto: ¿La capacitación de los profesores *mejora* las calificaciones de los estudiantes en los exámenes? ¿Los programas de transferencias monetarias condicionadas *mejoran* la salud de los niños? ¿Los programas de formación profesional *incrementan* los ingresos de quienes los han cursado?

Aunque las preguntas sobre causa y efecto son habituales, determinar que una relación es causal no es tan sencillo. Por ejemplo, en el contexto de un programa de formación profesional, el hecho de que los ingresos de la persona formada aumenten después de completar el programa no es suficiente para establecer la causalidad. Los ingresos de dicha persona podrían haber aumentado debido a sus propios esfuerzos, el cambio de las condiciones del mercado laboral o por alguno de los tantos factores que afectan a los ingresos. Las evaluaciones de impacto nos ayudan a atribuir causalidad al establecer empíricamente en qué medida cierto programa, y *solo ese programa*, ha contribuido a cambiar un resultado. Para atribuir causalidad entre un programa y un resultado se usan los métodos de evaluación de impacto, que descartan la posibilidad de que cualquier factor distinto del programa de interés explique el impacto observado.

La respuesta a la pregunta básica de la evaluación de impacto, *¿Cuál es el impacto o efecto causal de un programa P sobre un resultado de interés Y?*, se obtiene mediante la fórmula básica de la evaluación de impacto:

$$\alpha = (Y \mid P = 1) - (Y \mid P = 0).$$

Según esta fórmula, el impacto causal (α) de un programa (P) sobre un resultado (Y) es la diferencia entre el resultado (Y) con el programa (es decir, cuando $P = 1$) y el mismo resultado (Y) sin el programa (es decir, cuando $P = 0$).

Por ejemplo, si P representa un programa de formación profesional e Y representa el ingreso, el impacto causal del programa de formación profesional (α) es la diferencia entre el ingreso de la persona (Y) cuando participa en el programa de formación profesional (es decir, cuando $P = 1$) y el ingreso de la misma persona (Y) en ese mismo momento si no hubiera participado en el programa (es decir, cuando $P = 0$). Dicho de otro modo, sería necesario medir el ingreso en un momento para la misma unidad de observación (en este caso una persona), pero en dos realidades diferentes. Si esto fuera posible, se observaría el nivel de ingresos de una persona en un mismo momento, tanto con el programa como sin él, de manera que la *única* explicación posible de cualquier diferencia en su ingreso sería el programa. Al comparar a la misma persona consigo misma, en el mismo momento, se eliminaría cualquier factor externo que pudiera explicar también la diferencia en los resultados. En este caso se podría confiar en que la relación entre el programa de formación profesional y el ingreso es causal.

La fórmula básica de la evaluación de impacto es válida para cualquier cosa que se analice: una persona, un hogar, una comunidad, un negocio, una escuela, un hospital o cualquier otra unidad de observación que pueda beneficiarse o verse afectada por un programa. La fórmula también es válida para cualquier resultado (Y) que esté relacionado con el programa en cuestión. Una vez medidos los dos componentes esenciales de esta fórmula, el resultado (Y) tanto con el programa como sin él, se puede responder a cualquier pregunta acerca del impacto del programa.

Contrafactuales

Como se explicó anteriormente, el impacto (α) de un programa es la diferencia entre los resultados (Y) de la misma persona cuando ha participado y cuando no ha participado en el programa. Sin embargo, es imposible medir a la misma persona en dos situaciones diferentes en el mismo momento. Una persona habrá participado en un programa, o no lo habrá hecho. No se la puede observar simultáneamente en dos estados diferentes. Este es el "problema contrafactual": ¿cómo se mide lo que habría ocurrido si hubiera prevalecido la otra circunstancia? Aunque se puede observar y medir el resultado (Y) para los participantes en el programa ($Y \mid P = 1$), no se cuenta con datos para establecer cuál habría sido el resultado en ausencia del programa ($Y \mid P = 0$). En la fórmula básica de la evaluación de impacto, la expresión ($Y \mid P = 0$) *representa el contrafactual*, que puede entenderse como *lo que habría pasado* si un participante no hubiera participado en el programa. En otras palabras, el contrafactual es lo que habría sido el resultado (Y) en ausencia de un programa (P).

Por ejemplo, imagine que el señor Desafortunado toma una píldora roja y muere cinco días después. Solo porque el señor Desafortunado haya muerto después de haber tomado la píldora roja no se puede concluir que esta le *haya causado* la muerte. El señor Desafortunado puede haber estado muy enfermo al tomar la píldora; es posible que la enfermedad, en lugar de la pastilla, provocara su muerte. Para inferir la causalidad se deben descartar otros factores que puedan afectar al resultado que se considera. Para determinar la causa de la muerte del señor Desafortunado, un evaluador tendría que establecer qué habría sucedido si el señor Desafortunado *no* hubiera tomado la píldora, algo imposible de observar directamente. Eso es el contrafactual, y el desafío principal del evaluador es determinarlo (véase el recuadro 3.1).

Cuando se realiza una evaluación de impacto, es relativamente fácil obtener la primera expresión de la fórmula básica ($Y \mid P = 1$), ya que es el resultado con tratamiento. Solo se debe medir el resultado de interés para la población que participó en el programa. Sin embargo, la segunda expresión de la fórmula ($Y \mid P = 0$) no se puede observar directamente en el caso de los participantes en el programa, y de ahí la necesidad de completar esta información mediante la *estimación del contrafactual*. Para ello se recurre habitualmente a *grupos de comparación* (denominados también "grupos de control"). El resto de la segunda parte de este libro se centrará en los métodos o estrategias que se pueden utilizar para identificar grupos de comparación válidos que reproduzcan o imiten exactamente el contrafactual. La identificación de esos grupos de comparación es el quid de cualquier evaluación de impacto, independientemente del programa que se evalúe. En pocas palabras, sin una estimación válida del contrafactual, no se puede conocer el impacto de un programa.

Concepto clave:
El contrafactual es una estimación de cuál habría sido el resultado (Y) para un participante en el programa en ausencia del programa (P).

Recuadro 3.1: Estimación del contrafactual
La señorita Única y el programa de transferencia monetaria

La señorita Única es una recién nacida cuya madre recibe una transferencia monetaria mensual a cambio de que someta a la niña a chequeos regulares en el centro de salud local, la inmunice y dé seguimiento a su crecimiento. Según el Gobierno, la transferencia monetaria motivará a la madre de la señorita Única a cumplir con los requerimientos de salud del programa, y ayudará al crecimiento saludable de la señorita Única. Para evaluar el impacto, el Gobierno define a la altura como un indicador de resultado para la salud a largo plazo, y mide a la señorita Única tres años después del comienzo del programa de transferencia monetaria.

Suponga que puede medir la altura de la señorita Única cuando tiene tres años. Lo ideal para evaluar el impacto del programa sería medir la altura de la señorita Única habiendo su madre recibido transferencias monetarias, y hacerlo también sin que las reciba. Luego se compararían las dos alturas. Si pudiera comparar la altura de la señorita Única a los tres años con y sin el programa, sabría que cualquier diferencia provendría del programa. Al ser el resto de la información de la señorita Única la misma, no habría otras características que explicaran la diferencia de altura.

Sin embargo, es imposible observar al mismo tiempo a la señorita Única con y sin el programa: su familia se beneficia del programa o no se beneficia. En otras palabras, no se conoce el contrafactual. Dado que de hecho la madre de la señorita Única se benefició del programa de transferencia monetaria, no se puede conocer cuál habría sido su altura si su madre no hubiera recibido las transferencias monetarias. Encontrar un punto de comparación alternativo es complicado porque la señorita Única es, precisamente, única. Su contexto socioeconómico, atributos genéticos y características personales no pueden encontrarse exactamente en ninguna otra persona. Si se compara a la señorita Única con un niño cuya madre no participa en el programa de transferencia monetaria, por ejemplo el señor Inimitable, la comparación podría ser inadecuada. La señorita Única no es idéntica al señor Inimitable. La señorita Única y el señor Inimitable pueden tener una apariencia diferente, no vivir en el mismo sitio, tener padres diferentes y no medir lo mismo cuando nacieron. Por lo tanto, si se observa que el señor Inimitable es más bajo que la señorita Única a la edad de tres años, no es posible saber si la diferencia se debe al programa de transferencia monetaria o a alguna de las otras muchas diferencias entre ambos.

Estimación del contrafactual

Para ilustrar la estimación del contrafactual se usará un ejemplo hipotético. A nivel conceptual, resolver el problema del contrafactual requiere que el evaluador identifique un "clon perfecto" para cada beneficiario (gráfico 3.1). Por ejemplo, supóngase que a través de un programa el señor Fulanito recibe US$12 para sus gastos de bolsillo, y se quiere medir el impacto de este tratamiento sobre su consumo de dulces. Si pudiera identificar a un clon perfecto del señor Fulanito, la evaluación sería fácil: solo tendría que comparar el número de dulces consumido por el señor Fulanito (por ejemplo 6) con el número de dulces consumidos por su clon (por ejemplo 4). En este caso, el impacto del dinero adicional sería la diferencia entre estas dos cifras, es decir dos dulces. Sin embargo, en la práctica es imposible identificar clones perfectos: hay diferencias importantes incluso entre gemelos genéticamente idénticos.

Aunque no existe el clon perfecto, con herramientas estadísticas se pueden definir dos grupos numerosos de personas que sean estadísticamente indistinguibles entre sí. Un objetivo clave de una evaluación de impacto es identificar a un grupo de participantes en el programa (el grupo de tratamiento) y a un grupo de no participantes (el grupo de comparación) estadísticamente idénticos en ausencia del programa. Si los dos grupos son iguales, a excepción de que uno de ellos participa en el programa y el otro no, cualquier diferencia en los resultados deberá provenir del programa.

Gráfico 3.1 El clon perfecto

Beneficiario

Clon

6 dulces

4 dulces

Impacto = 6 − 4 = 2 dulces

Por lo tanto, el reto principal es identificar a un grupo de comparación con las mismas características que el grupo de tratamiento. Al menos en tres aspectos deben ser iguales. Primero, ambos grupos deben ser idénticos en ausencia del programa. Aunque no es necesario que todas las unidades del grupo de tratamiento sean idénticas a todas las unidades del grupo de comparación, las características promedio de los grupos de tratamiento y de comparación deben ser las mismas. Por ejemplo, la edad media debe ser la misma. Segundo, los grupos deben reaccionar de la misma manera al programa. Por ejemplo, las probabilidades de que los ingresos del grupo de tratamiento mejoren gracias a la formación deben ser las mismas para el grupo de comparación. Tercero, ambos grupos no pueden estar expuestos de manera diferente a otras intervenciones durante el período de la evaluación. Por ejemplo, el grupo de tratamiento no puede haber contado con más visitas a la tienda de dulces que el grupo de control, ya que esto podría confundir los efectos del dinero adicional con los efectos de un mayor acceso a los dulces.

Si se cumplen estas tres condiciones, solo la existencia del programa de interés explicará cualquier diferencia en el resultado (Y) de los grupos. Esto se debe a que la única diferencia entre los grupos de tratamiento y de comparación es si se beneficiarán del programa. Si las diferencias en los resultados se pueden atribuir totalmente al programa, se ha identificado el impacto causal del programa. Por lo tanto, en lugar de analizar el impacto del dinero adicional solo en el señor Fulanito, se puede analizar el impacto en un grupo de niños (gráfico 3.2). Si se puede identificar a otro grupo idéntico de niños —a excepción de que no reciben dinero adicional— la estimación del impacto del programa será la diferencia del consumo medio de dulces entre los dos grupos. Por lo tanto, si el *grupo tratado* consume un promedio de 6 dulces por persona y el *grupo de comparación* consume una media de 4, el impacto promedio del dinero adicional sobre el consumo de dulces equivaldría a 2.

Ahora que se ha definido el concepto de grupo de comparación válido, queda claro que un grupo de comparación no válido difiere del grupo de tratamiento de alguna manera distinta a la ausencia del tratamiento. Estas diferencias adicionales pueden hacer que una estimación del impacto sea inválida o, en términos estadísticos, sesgada: no estimará el verdadero impacto del programa. En cambio, estimará el efecto del programa en combinación con el efecto de otras diferencias.

Gráfico 3.2   Un grupo de comparación válido

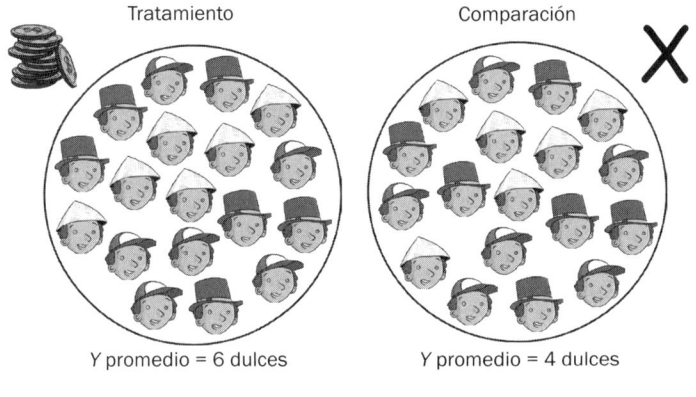

Tratamiento

Comparación

X

Y promedio = 6 dulces

Y promedio = 4 dulces

Impacto = 6 − 4 = 2 dulces

Dos tipos de estimaciones del impacto

Después de haber estimado el impacto del programa, el evaluador debe saber interpretar los resultados. Una evaluación siempre estima el impacto de un programa comparando los resultados del grupo de tratamiento con la estimación del contrafactual de un grupo comparable, mediante la ecuación básica de la evaluación de impacto. La interpretación del impacto de un programa variará en función de lo que representen realmente el tratamiento y el contrafactual.

El impacto estimado α se denomina el estimador de la "intención de tratar" (IDT) cuando la fórmula básica se aplica a las unidades a las que se ha ofrecido el programa, independientemente de que participen o no en él. La intención de tratar es importante cuando se intenta determinar el impacto promedio de un programa sobre la población *a la que va focalizado* el programa. Por el contrario, la estimación del impacto α se denomina "tratamiento en tratados" (TET) cuando la fórmula básica de la evaluación de impacto se aplica a las unidades a las que se ha ofrecido el programa y que se han beneficiado de él. Las estimaciones de la intención de tratar y del tratamiento en tratados serán iguales cuando haya pleno cumplimiento en el programa, es decir, cuando todas las unidades a las que se ha ofrecido un programa participen en él.

En futuras secciones se volverá a analizar en detalle la diferencia entre las estimaciones de la intención de tratar y del tratamiento en tratados, pero considérese primero un ejemplo: el Programa de Subsidio de Seguro de Salud (PSSS) descrito en la introducción de la segunda parte, en el que cualquier hogar de la comunidad de tratamiento puede solicitar un subsidio de seguro de salud. A pesar de que todos los hogares de las comunidades de tratamiento tienen derecho a participar en el programa, cierta fracción de los hogares, supóngase que el 10%, puede decidir no hacerlo (porque ya cuentan con seguro a través de sus trabajos, porque son más ricos y no prevén la necesidad de atención sanitaria, o por otras razones). En esta hipótesis, el 90% de los hogares de la comunidad de tratamiento decide participar en el programa y recibe de hecho sus servicios. La estimación de la intención de tratar se obtendría calculando la fórmula básica de la evaluación de impacto para todos los hogares a los que se ofreció el programa, es decir, el 100% de los hogares en las comunidades de tratamiento. Por el contrario, la estimación del tratamiento en tratados se obtendría calculando la fórmula básica del impacto solo para los hogares que decidieron participar del programa, es decir, solo el 90%.

Dos estimaciones falsas del contrafactual

En el resto de la segunda parte de este libro se analizarán los métodos para conseguir grupos de comparación que nos permitan estimar el contrafactual. No obstante, antes de ello es interesante analizar dos métodos habituales, y muy arriesgados, para definir grupos de comparación, que pueden generar estimaciones inadecuadas del contrafactual. Estas dos estimaciones "falsas" de los contrafactuales son: 1) comparaciones *antes-después*, que comparan los resultados de los mismos participantes del programa antes y después de la introducción de un programa, y 2) comparaciones *con-sin* entre unidades que deciden inscribirse y unidades que deciden no inscribirse.

Contrafactual falso 1: Comparación antes-después

Una comparación antes-después intenta conocer el impacto de un programa mediante un seguimiento temporal de los resultados de los participantes. Si se retoma la fórmula básica de la evaluación de impacto, el resultado para el grupo de tratamiento ($Y \mid P = 1$) es simplemente el resultado posterior a la intervención. Sin embargo, el contrafactual ($Y \mid P = 0$) se define como el resultado previo a la intervención. Esta comparación supone esencialmente que si el programa nunca hubiera existido, el resultado (Y) para los participantes del programa habría sido equivalente a su situación previa al programa. Sin embargo, en la gran mayoría de los casos este supuesto no puede sostenerse.

Considérese el caso de la evaluación de un programa de microfinanzas para agricultores rurales pobres. El programa ofrece microcréditos a agricultores para que puedan comprar fertilizante y aumentar su producción de arroz. El año anterior al comienzo del programa, se observa que los agricultores cosecharon un promedio de 1000 kilogramos de arroz por hectárea. Un año después de la puesta en marcha del microfinanciamiento, la producción de arroz ha aumentado a 1100 kilogramos por hectárea. Si se intentara evaluar el impacto mediante una comparación antes-después, se tomaría el resultado previo a la intervención como contrafactual. Después de aplicar la fórmula básica de la evaluación de impacto, la conclusión sería que el programa ha aumentado la producción de arroz en 100 kilogramos por hectárea.

Sin embargo, supóngase que la lluvia era un fenómeno normal durante el año anterior al comienzo del programa, pero que se produjo una sequía durante el año en que se puso en marcha. En este contexto, el resultado previo a la intervención no puede ser un contrafactual adecuado. El gráfico 3.3 explica las razones. Considerando que los agricultores se beneficiaron del programa durante un año de sequía, su producción media sin el mecanismo de microcrédito habría sido aún menor, en el nivel D, y no en el nivel B, como se supone con la comparación antes-después. En ese caso, el verdadero impacto del programa es superior a 100 kilogramos por hectárea. Por el contrario, si las condiciones ambientales hubieran mejorado, el contrafactual de la producción de arroz podría situarse en el nivel C, en cuyo caso el verdadero impacto del programa habría sido inferior a 100 kilogramos por hectárea.

Gráfico 3.3   Estimaciones antes-después de un programa de microfinanzas

Producción de arroz (kg/ha)

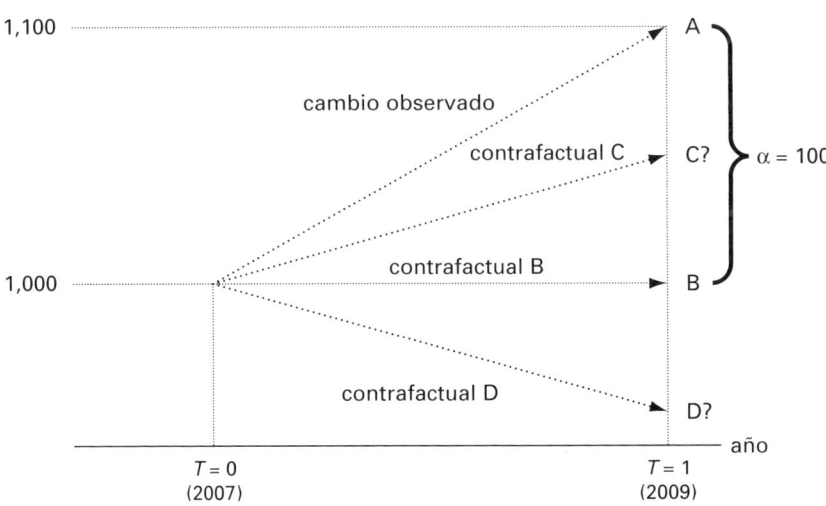

En otras palabras, a menos que se tenga en cuenta estadísticamente la lluvia y *cualquier otro factor* que pueda afectar a la producción de arroz, no se puede calcular el verdadero impacto del programa mediante una comparación antes-después.

Aunque las comparaciones antes-después pueden no ser válidas para la evaluación de impacto, esto no significa que no sean valiosas para otros fines. Los sistemas de administración de datos de muchos programas recopilan normalmente datos acerca de los participantes a lo largo del tiempo. Por ejemplo, un sistema de información sobre la gestión de la educación puede reunir datos sobre la matriculación de estudiantes en una serie de escuelas en las que funciona un programa de almuerzos escolares. Estos datos permiten a los gerentes del programa observar si el número de niños matriculados en la escuela aumenta con el tiempo, información valiosa para el sistema educativo. Sin embargo, afirmar que el programa de almuerzos escolares ha *causado* el cambio observado en la matriculación es mucho más complicado porque muchos factores afectan a la matriculación de estudiantes. Por lo tanto, aunque el monitoreo de los cambios a lo largo del tiempo para un grupo de participantes es sumamente valioso, no nos permite determinar concluyentemente si un programa ha contribuido, o cuánto ha contribuido, a la mejora.

En el ejemplo anterior se vio que muchos factores pueden afectar a la producción de arroz a lo largo del tiempo. Asimismo, muchos factores pueden afectar a la mayoría de los resultados de interés de los programas de desarrollo. Por esto, el resultado previo al programa casi nunca es una buena estimación del contrafactual, y por eso se lo considera un "contrafactual falso".

Comparación antes-después del Programa de Subsidio del Seguro de Salud

El PSSS es un nuevo programa en su país que subvenciona el seguro de salud a los hogares rurales pobres, que cubre los gastos de atención primaria y medicinas. El objetivo del PSSS es reducir el gasto directo en salud de las familias pobres para así mejorar los resultados de la salud. Aunque podría considerar muchos indicadores de resultado para evaluar el programa, su Gobierno está especialmente interesado en analizar los efectos del PSSS sobre el gasto de las familias pobres en atención primaria y medicinas, medido en función de los gastos directos en salud per cápita de los hogares (a partir de ahora, "gasto en salud").

El PSSS representará una parte considerable del presupuesto del país si se extiende su cobertura a nivel nacional: tanto como el 1,5% del producto interno bruto según algunas estimaciones. La gestión de un programa de estas características conlleva una considerable complejidad administrativa y logística. Por estos motivos, los máximos niveles del Gobierno han resuelto comenzar el PSSS como un programa piloto para luego, según los resultados de la primera fase, extenderlo gradualmente. Sobre la base de los resultados de los análisis financieros y de costo-beneficio, la presidenta y su Gabinete han anunciado que para que el PSSS sea viable y se extienda a todo el país debe reducir el promedio de gasto en salud per cápita de los hogares rurales pobres en al menos US$9 en un plazo de dos años.

El PSSS se introducirá en 100 pueblos durante la fase piloto. Justo antes del comienzo del programa, su Gobierno contrata a una empresa consultora para que realice una encuesta a los 4959 hogares de estos pueblos. La encuesta recolecta información detallada, incluida la composición demográfica de los hogares, sus activos, su acceso a servicios de salud y su gasto en salud durante el año anterior. Poco después de la encuesta, se implementa el PSSS en los pueblos a bombo y platillo, con eventos comunitarios y otras campañas promocionales para fomentar la inscripción de los hogares elegibles.

De los 4959 hogares de la muestra, 2907 se inscriben durante los primeros dos años del programa. A lo largo de estos dos años, la mayoría de las medidas indican que el PSSS funciona con éxito. Las tasas de cobertura son altas y las encuestas demuestran que la mayoría de los hogares inscritos están satisfechos. Al final del período de dos años, se recopila una segunda ronda de datos de evaluación de la misma muestra de 4959 hogares[1].

La presidenta y el ministro de Salud le han encargado a usted la supervisión de la evaluación de impacto del PSSS, y que recomiende si el programa se debe extender a nivel nacional. La pregunta de su evaluación de impacto es: *¿Cuánto ha reducido el PSSS el gasto en salud de los hogares rurales pobres?* Hay mucho en juego. Si se concluye que el PSSS reduce el gasto en salud por lo menos US$9, se extenderá a nivel nacional. Si el programa no alcanzó ese objetivo, la recomendación será que el programa no se extienda.

El primer consultor "experto" en evaluaciones que contrata señala que, para estimar el impacto del PSSS, debe calcular el cambio en el gasto en salud a lo largo del tiempo de los hogares inscritos en el programa. El consultor afirma que, dado que el PSSS cubre los gastos relacionados con la atención primaria y las medicinas, cualquier reducción del gasto a lo largo del tiempo puede atribuirse en gran medida al PSSS. Por lo tanto, solo con los datos de los hogares inscritos, estima su promedio de gasto en salud antes de la implementación del programa y dos años más tarde. En otras palabras, realiza una evaluación antes-después. Los resultados se muestran en el cuadro 3.1.

Cuadro 3.1 Primer caso: Impacto del PSSS según comparación antes-después (comparación de medias)

	Antes	Después	Diferencia	*t*-estadístico
Gasto en salud de los hogares	7.8	14.4	−6.6	−28.9

Los hogares que se inscribieron en el PSSS redujeron sus gastos directos en salud de US$14,4 antes de la introducción del PSSS a US$7,8 dos años después, una reducción de US$6,6 (o del 45%) durante ese período. Como se deduce del valor del *t*-estadístico, la diferencia entre el gasto en salud antes y después del programa es *estadísticamente significativa*, es decir que la probabilidad de que el efecto estimado sea estadísticamente nula es muy baja.

Sin embargo, a usted le preocupa que otros factores puedan haber cambiado con el tiempo y afectado el gasto en salud. Por ejemplo, mientras se implementaba el piloto se han llevado a cabo una serie de intervenciones en salud en los mismos pueblos. Además, algunos cambios en los gastos de los hogares podrían ser consecuencia de la crisis financiera que ha experimentado recientemente su país. Para abordar algunas de estas preocupaciones, su consultor realiza un *análisis de regresión* más sofisticado, que considerará los factores externos adicionales. Los resultados se muestran en el cuadro 3.2.

En este caso, la regresión lineal corresponde al gasto en salud con una variable binaria (0-1) que indica si la observación es de referencia (0) o de seguimiento (1). La regresión lineal multivariante también considera, o mantiene constantes, otras características que se observan en los hogares de la muestra, como indicadores de riqueza (activos), composición del hogar, etcétera. Usted constata que la regresión lineal simple es equivalente a la diferencia simple entre antes y después del gasto en salud (una reducción de US$6,59). Después de considerar otros factores disponibles en sus datos, vuelve a obtener el mismo resultado: una disminución de US$6,65.

Cuadro 3.2 Primer caso: Impacto del PSSS según comparación antes-después (análisis de regresión)

	Regresión lineal	Regresión lineal multivariante
Impacto estimado sobre el gasto en salud de los hogares	−6.59** (0.22)	−6.65** (0.22)

Nota: Los errores estándar están entre paréntesis.

** Significativos al nivel del 1%.

A. De acuerdo con los resultados del primer caso, ¿se debería extender el PSSS a nivel nacional?

B. ¿Es probable que este análisis tenga en cuenta todos los factores que afectan el gasto en salud a lo largo del tiempo?

Contrafactual falso 2: Comparación inscritos-no inscritos

La comparación de las unidades que se benefician del programa con las que no se benefician (con-sin) es otro contrafactual falso. Considérese, por ejemplo, un programa de formación profesional para jóvenes desempleados. Dos años después de la puesta en marcha del programa, una evaluación intenta estimar su impacto sobre el ingreso comparando la media de ingresos de un grupo de jóvenes que decidió inscribirse con la de otro grupo que eligió no hacerlo. Supóngase que, según los resultados, los jóvenes inscritos ganan el doble que los que no se inscribieron.

¿Cómo se deben interpretar estos resultados? El contrafactual se estima mediante los ingresos de quienes decidieron no inscribirse en el programa. Sin embargo, es posible que haya diferencias fundamentales entre ambos grupos. Quienes deciden participar pueden tener muchos medios para mejorar su ingreso y pueden esperar un gran beneficio del programa. Por el contrario, los que deciden no inscribirse pueden ser jóvenes desanimados que no esperan beneficiarse de este tipo de programa. Es posible que el desempeño de estos grupos en el mercado laboral sea diferente y tengan diferentes ingresos incluso sin el programa de formación profesional.

Por lo tanto, el grupo que decide no inscribirse no es una buena estimación del contrafactual. Si se observara una diferencia en los ingresos de ambos grupos, no se podría determinar si esta se debe al programa de formación o a diferencias previas entre ambos grupos como, por ejemplo, la motivación.. Cuando las personas menos motivadas deciden no inscribirse en un programa se genera un sesgo en la evaluación de impacto del programa[2] llamado "sesgo de selección". En este caso, si los jóvenes inscritos hubieran tenido ingresos mayores incluso en ausencia del programa, el sesgo de la selección sería positivo; es decir, se estaría sobreestimando el impacto del programa de formación profesional sobre los resultados.

Concepto clave:

El sesgo de selección se produce cuando las razones por las que una persona participa en un programa se correlacionan con los resultados. Este sesgo se produce normalmente cuando el grupo de comparación no es elegible para el programa o decide no participar en él.

Comparación entre inscritos y no inscritos del Programa de Subsidio del Seguro de Salud

Tras examinar más detenidamente con su equipo de evaluación la comparación antes-después, se da cuenta de que sigue habiendo muchos factores que varían con el tiempo, y que pueden explicar parte del cambio en el gasto en salud (en concreto, el ministro de Finanzas está preocupado porque la reciente crisis financiera haya afectado al gasto en salud de los hogares y pueda explicar el cambio observado). Otro consultor sugiere que sería más apropiado estimar el contrafactual en el período posterior a la intervención, es decir, dos años después del comienzo del programa. El consultor constata que de los 4959 hogares de la muestra, solo 2907 participaron del programa, por lo que un 41% de los hogares siguen sin cobertura del PSSS. El consultor sostiene que los hogares dentro de la misma comunidad estarán expuestos a la misma oferta de intervenciones sanitarias y a las mismas condiciones económicas locales, por lo que los resultados posteriores a la intervención del grupo no inscrito ayudarán a considerar muchos de los factores del entorno que afectan tanto a los hogares inscritos como no inscritos.

Por consiguiente, tras la intervención usted decide calcular el gasto promedio en salud de los hogares que participaron en el programa y de quienes no lo hicieron, y obtiene los datos del cuadro 3.3.

Al usar el gasto promedio en salud de los hogares no inscritos para estimar el contrafactual, observa que el programa ha reducido el gasto promedio en salud en alrededor de US$14. Al analizar más detenidamente este resultado con el consultor, usted pregunta si los hogares que decidieron no inscribirse no serán sistemáticamente diferentes de los que sí lo hicieron. Por ejemplo, los hogares inscritos pueden ser los que prevén mayores gastos en salud, o haber sido informados mejor acerca del programa, o estar más preocupados por la salud de sus miembros. Además, es posible que los hogares inscritos sean generalmente más pobres que los no inscritos. El consultor le asegura que el análisis de regresión puede contemplar las posibles diferencias entre los dos grupos. Considerando las características de los hogares registradas en las series de datos, el consultor estima el impacto del programa como se muestra en el cuadro 3.4.

Cuadro 3.3   Segundo caso: Impacto del PSSS según comparación inscritos-no inscritos (comparación de medias)

	Inscritos	No inscritos	Diferencia	*t*-estadístico
Gasto en salud de los hogares	7.8	21.8	−13.9	−39.5

Cuadro 3.4   Segundo caso: Impacto del PSSS según comparación inscritos-no inscritos (análisis de regresión)

	Regresión lineal	Regresión lineal multivariante
Impacto estimado sobre el gasto en salud de los hogares	−13.9** (0.35)	−9.4** (0.32)

Nota: Los errores estándar están entre paréntesis.

** Significativos al nivel del 1%.

Con una simple regresión lineal del gasto en salud en función de una variable binaria de la inscripción o no inscripción de los hogares en el programa, usted obtiene un impacto de US$13,90 menos; es decir, que el programa ha disminuido el gasto promedio en salud en US$13,90. Sin embargo, cuando se mantienen constantes todas las demás características de la muestra, estima que el programa ha reducido el gasto de los hogares inscritos en US$9,40 al año.

PREGUNTA 2

A. De acuerdo con los resultados del segundo caso, ¿se debería extender el PSSS a nivel nacional?

B. ¿Es probable que este análisis tenga en cuenta todos los factores que afectan el gasto en salud a lo largo del tiempo?

Notas

1. Nótese que se supone que el desgaste de la muestra es nulo durante el período de dos años, es decir, la muestra no habrá perdido ningún hogar. Este supuesto no es realista en la mayoría de las encuestas de hogares. En la práctica, a veces no se puede determinar la nueva ubicación de las familias que se trasladan, y algunos hogares se disuelven y dejan de existir.

2. Por poner otro ejemplo, si los jóvenes que prevén beneficiarse considerablemente del programa de formación tienen más probabilidades de inscribirse (por ejemplo, porque esperan aumentar sus salarios con la formación), se estará comparando a un grupo de personas que preveían un aumento de sus ingresos con un grupo de personas que no esperaban dicho aumento.

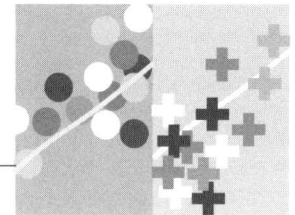

CAPÍTULO 4

Métodos de selección aleatoria

Después de analizar dos métodos que, pese a ser empleados frecuentemente para estimar contrafactuales, adolecen de un alto sesgo potencial (las comparaciones antes-después y con tratamiento-sin tratamiento), a continuación se verán otros métodos que permiten estimar con mucha mayor precisión el impacto de los programas. Obtener tal estimación no siempre es tan sencillo como puede parecer a primera vista. La mayoría de los programas se diseñan e implementan dentro de un entorno complejo y cambiante, en el que muchos factores pueden influir en los resultados, tanto de quienes participan del programa como de quienes no lo hacen. Las sequías, los terremotos, las recesiones, los cambios de Gobierno y los vaivenes de las políticas internacionales y nacionales forman parte del mundo real; como evaluadores, es preciso asegurarse de que la estimación del impacto de un programa siga siendo válida a pesar de esta gran variedad de factores.

Como se verá en esta parte del libro, las reglas para la inscripción de los participantes de un programa serán el principal parámetro a considerar al seleccionar el método de evaluación de impacto. En general, el diseño de la evaluación de impacto debe adaptarse al contexto de las reglas operativas de un programa (con algunos pequeños ajustes), y no al contrario. También es importante partir de la premisa de que *todos los programas sociales deben tener reglas justas y transparentes para su asignación*. Una de las reglas más justas y transparentes para asignar recursos escasos entre poblaciones que los merecen de igual manera es que tengan la misma oportunidad de participar en el programa. Una manera sencilla de hacerlo es mediante un sorteo. En este capítulo se examinarán varios métodos de selección aleatoria comparables a sorteos para decidir quién participa en un programa. Estos *métodos de selección aleatoria* no solo ofrecen a los administradores del programa una regla justa y transparente para asignar recursos escasos *entre poblaciones con igual derecho a ellos*, sino que son también los métodos más sólidos para evaluar el impacto del mismo.

Los métodos de selección aleatoria pueden derivarse con frecuencia de las reglas operativas de un programa. En muchos casos, el conjunto de unidades a las que se querría llegar es mayor que el número de participantes a los que realmente se puede atender. Por ejemplo, en un solo año un programa de educación puede suministrar material escolar y mejorar el programa de estudios en 500 escuelas entre los miles de centros elegibles en el país. O un programa de empleo para jóvenes puede tener el objetivo de atender durante su primer año a 2000 desempleados, aunque haya decenas de miles de jóvenes en esa situación. Son varias las razones por las que los programas no pueden atender a toda la población de interés. Las restricciones presupuestarias pueden impedir que un programa llegue desde el principio a todas las unidades elegibles. Incluso cuando hay presupuesto suficiente para atender a un gran número de participantes, las limitaciones de capacidad pueden impedir que un programa se ocupe de todo el mundo al mismo tiempo. En el ejemplo del programa de formación profesional para jóvenes, el número de jóvenes desempleados que quieren cursar esta formación puede ser superior a la cantidad de plazas disponibles en los centros técnicos durante el primer año del programa, y esto puede limitar el número de personas que pueden matricularse.

La mayoría de los programas tiene una capacidad presupuestaria u operativa limitada, que les impide atender a todos los participantes previstos al mismo tiempo. Cuando los participantes elegibles superan las plazas disponibles de un programa, los administradores deben definir un mecanismo de selección. En otras palabras, alguien debe decidir quién participará y quién no participará en el programa. A veces se recurre al orden de llegada o a características observadas (por ejemplo, privilegiar mujeres y niños, o a los municipios más pobres); la selección también puede basarse en características no observadas (por ejemplo, dejar que se inscriban los participantes en función de su motivación y de su conocimiento de las oportunidades), o recurrir a un sorteo.

Asignación aleatoria del tratamiento

Cuando se asigna aleatoriamente a los beneficiarios de un programa entre una población elegible numerosa, se puede hacer una estimación robusta del contrafactual, lo que se considera la regla de oro de la evaluación de impacto. La asignación aleatoria del tratamiento se puede llevar a cabo mediante un sorteo en el que se decidirá quién participa en el programa de entre una población de individuos con igual derecho a participar[1]. De esta manera, todas las unidades elegibles para el tratamiento (por ejemplo, una persona, un hogar, una comunidad, una escuela, un hospital, etc.) tienen la misma probabilidad de resultar seleccionadas[2].

Antes de ver cómo aplicar la asignación aleatoria y por qué esta genera un contra-factual sólido, considérense las razones por las que la asignación aleatoria también es una manera justa y transparente de asignar los recursos escasos de un programa. Este método es una regla de selección justa porque permite a los administradores de un programa garantizar que todas las personas o unidades elegibles tengan la misma probabilidad de ser seleccionadas, y que las personas seleccionadas no habrán sido elegidas en función de criterios arbitrarios o subjetivos, por favoritismo o mediante otras prácticas injustas. Ante un exceso de demanda, la asignación aleatoria es una regla sencilla de explicar y que todas las partes interesadas pueden entender fácil-mente. Si los beneficiarios son seleccionados mediante un proceso abierto y replica-ble, la regla de asignación aleatoria no puede manipularse fácilmente, y protege por lo tanto a los administradores del programa de posibles acusaciones de favoritismo o corrupción. En otras palabras, la asignación aleatoria es un mecanismo de selección cuya utilidad trasciende la evaluación de impacto. En muchos programas se elige por sorteo entre el conjunto de personas elegibles a las que participarán en ellos por sus ventajas administrativas y de gestión de gobierno[3].

¿Por qué la asignación aleatoria genera una estimación excelente del contrafactual?

Como se señaló previamente, el grupo de comparación ideal será lo más similar posible al grupo de tratamiento, excepto por la inscripción en el programa a evaluar. El propio proceso de asignar aleatoriamente unidades a los grupos de tratamiento y de comparación producirá dos grupos con muchas probabilidades de ser estadística-mente idénticos, siempre que el número al que se aplique la asignación aleatoria sea lo suficientemente grande. Con un gran número de observaciones, la asignación aleatoria producirá grupos con un promedio de todas sus características estadística-mente equivalente. A su vez, estos promedios también tenderán a parecerse a los de la población de la que se extraen los participantes[4].

El gráfico 4.1 representa la asignación aleatoria. Supóngase que el conjunto de unidades elegibles está compuesto por mil personas, entre las cuales se selecciona aleatoriamente la mitad para asignarla al grupo de tratamiento y la otra mitad al grupo de comparación. Por ejemplo, se escriben los nombres de las 1000 personas en trozos de papel individuales, se los mezcla en una bolsa y se le pide a alguien que extraiga 500 nombres. Así, se obtendrá un grupo de tratamiento asignado aleatoriamente (por ejemplo los primeros 500 nombres extraídos), y un grupo de comparación asignado del mismo modo (los 500 nombres que quedan en la bolsa).

Supóngase que el 40% de las 1000 personas son mujeres. Dado que la selección fue aleatoria, de los 500 nombres extraídos de la bolsa alrededor del 40% también serán mujeres. Si el 20% de las 1000 personas tenían los ojos azules, la misma proporción se repetirá aproximadamente en los grupos de tratamiento y de comparación. Si el conjunto de unidades elegibles es lo suficientemente numeroso, cualquier característica de esta población se verificará en los grupos de tratamiento y de comparación. Es decir que si las características observadas como el sexo o el color de los ojos se reproducen en los grupos de tratamiento y de comparación, es esperable que características más difíciles de detectar (variables no observadas), como la motivación, las preferencias y otros aspectos personales también se repitan en ambos grupos. Por ejemplo, no se puede observar o medir el nivel de "amabilidad" de las personas, pero si usted supiera que el 20% de la población elegible es amable,

Gráfico 4.1   Características de los grupos con la asignación aleatoria del tratamiento

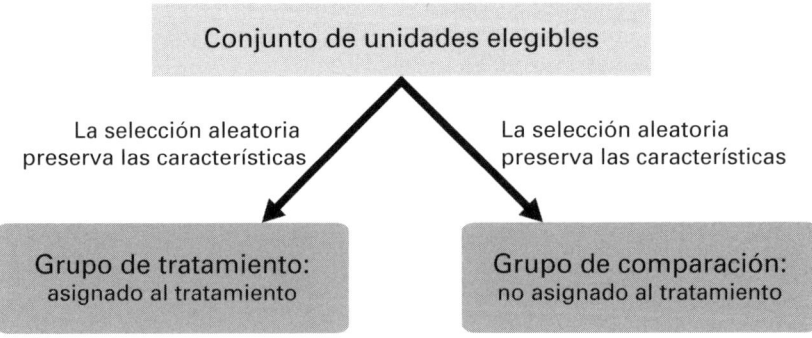

entonces aproximadamente el 20% de las unidades de los grupos de tratamiento y de comparación serán también amables. La asignación aleatoria ayuda a garantizar que, en general, los grupos de tratamiento y de comparación sean similares en todos los sentidos, tanto en sus características observadas como en las no observadas.

Cuando en una evaluación se emplea la asignación aleatoria se generan grupos de tratamiento y de comparación equivalentes. Con los datos del ejemplo anterior es posible comprobar empíricamente este supuesto y verificar que no existen diferencias sistemáticas en las características de los grupos de tratamiento y de comparación antes del comienzo del programa. Por lo tanto, si después de poner en marcha el programa se observan diferencias en los resultados entre los grupos de tratamiento y de comparación, se sabrá que solo pueden deberse a la introducción del programa, ya que la selección de los dos grupos fue idéntica y ambos están expuestos a los mismos factores externos. En otras palabras, el grupo de comparación contiene todos los factores que podrían explicar también el resultado de interés. En este caso se puede confiar en que la diferencia entre el resultado bajo tratamiento (el resultado medio del grupo de tratamiento asignado aleatoriamente) y la estimación del contrafactual (el resultado medio del grupo de comparación asignado aleatoriamente), representa el verdadero impacto del programa, ya que en el proceso de selección se han eliminado todos los factores observados y no observados que podrían explicar de otro modo la diferencia de los resultados.

En el gráfico 4.1 todas las unidades de la población elegible son asignadas al grupo de tratamiento o de comparación. Sin embargo, no es necesario incluir todas las unidades en la evaluación. Por ejemplo, si el conjunto de unidades elegibles incluye un millón de madres, una muestra representativa de, por ejemplo, 1000 madres para el grupo de tratamiento o de comparación puede ser suficiente (gráfico 4.2). La selección de una muestra aleatoria entre el conjunto de unidades elegibles para formar una muestra de evaluación preserva las características de la población de unidades elegibles. La selección aleatoria de los grupos de tratamiento y de comparación de entre la muestra de evaluación vuelve a preservar esas características.

Gráfico 4.2 Muestreo aleatorio y asignación aleatoria del tratamiento

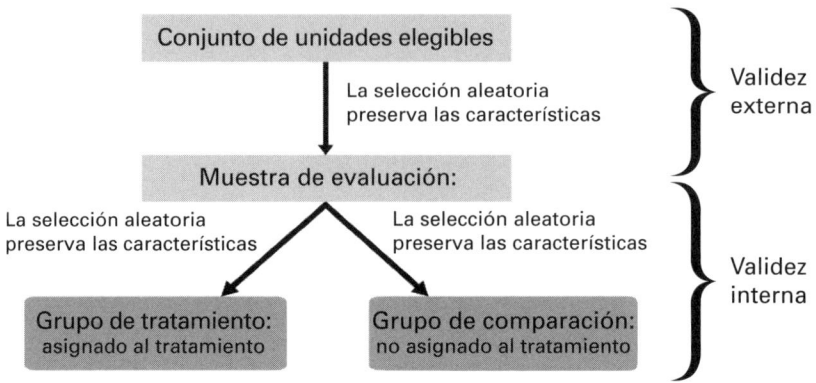

Validez externa e interna

Los pasos descritos anteriormente para la asignación aleatoria del tratamiento aseguran tanto la validez interna como externa de la evaluación de impacto, siempre que la muestra de la evaluación sea suficientemente grande (gráfico 4.2).

Validez interna significa que el impacto estimado del programa está libre de todos los otros factores que pueden afectar el resultado de interés, o que el grupo de comparación representa el verdadero contrafactual, por lo que se estima el verdadero impacto del programa. Recuérdese que la asignación aleatoria produce un grupo de comparación que es estadísticamente equivalente al grupo de tratamiento en la línea de base, antes del comienzo del programa. Al empezar el programa, el grupo de comparación está expuesto a la misma serie de factores externos que el grupo de tratamiento, con la única excepción del propio programa.. Por lo tanto, si aparece alguna diferencia entre los grupos de tratamiento y de comparación, solo puede deberse a la existencia del programa en el grupo de tratamiento. La validez interna de una evaluación de impacto se garantiza a través de la *asignación aleatoria del tratamiento*.

Validez externa significa que el impacto estimado en la muestra de evaluación puede generalizarse al conjunto de todas las unidades elegibles. Para que esto sea posible, la muestra de evaluación debe ser representativa del conjunto de unidades elegibles, es decir que la muestra de evaluación debe seleccionarse de entre la población mediante alguna de las variaciones del *muestreo aleatorio*[5].

Nótese que se han mencionado dos tipos diferentes de selección aleatoria: una para fines de muestreo (para la validez externa) y otra como método de evaluación de impacto (para la validez interna). Una evaluación de impacto puede producir estimaciones internamente válidas mediante la asignación aleatoria del tratamiento; sin embargo, si se realiza una evaluación a partir de una muestra no aleatoria de la población, el impacto estimado puede no ser generalizable al conjunto de unidades elegibles. Inversamente, si en la evaluación se emplea una muestra aleatoria del conjunto de unidades elegibles, pero el tratamiento no es asignado de manera aleatoria, la muestra será representativa pero el grupo de comparación puede no ser válido.

¿Cuándo se puede usar la asignación aleatoria?

En la práctica, se debe considerar la asignación aleatoria siempre que el número de posibles participantes sea superior al número de plazas disponibles y sea necesario implementar progresivamente el programa. En algunas circunstancias también es necesaria la asignación aleatoria como un instrumento de evaluación, aunque los recursos del programa no estén limitados. Por ejemplo, los Gobiernos pueden usar la asignación aleatoria para poner a prueba programas nuevos o que puedan resultar costosos, cuyas consecuencias previstas o imprevistas sean desconocidas. En este caso, la asignación aleatoria está justificada durante un período de evaluación piloto para comprobar rigurosamente los efectos del programa antes de extenderlo a una población mayor.

Existen normalmente dos situaciones en las que la asignación aleatoria es viable como un método de evaluación de impacto:

1. *Cuando la población elegible es superior al número de plazas disponibles en el programa.* Cuando la demanda de un programa supera a la oferta, se puede usar un simple sorteo para seleccionar el grupo de tratamiento dentro de la población elegible. Así, cada unidad de la población tiene la misma posibilidad de resultar seleccionada para el programa. El grupo seleccionado en el sorteo es el grupo de tratamiento, y el resto de la población al que no se ofrece el programa es el grupo de comparación. En la medida en que exista una limitación de recursos que impida la extensión del programa a toda la población, se pueden mantener los grupos de comparación para medir el impacto en el corto, mediano y largo plazos del programa. Mantener indefinidamente un grupo de comparación no genera dilemas éticos, ya que un subgrupo de la población quedará necesariamente excluido del programa.

   Por ejemplo, el ministerio de Educación quiere equipar con bibliotecas a las escuelas públicas de todo el país, pero el ministerio de Finanzas solo asigna presupuesto suficiente para un tercio de ellas. Si el ministerio de Educación quiere que cada escuela pública tenga las mismas posibilidades de recibir una biblioteca, organizará un sorteo en el que cada escuela tenga la misma probabilidad (1 en 3) de resultar seleccionada. Las escuelas elegidas en el sorteo reciben una nueva biblioteca y constituyen el grupo de tratamiento, y no se ofrece una biblioteca a los otros dos tercios de escuelas públicas del país, que se convierten en el grupo de comparación. A menos que se asignen fondos adicionales al programa de bibliotecas, seguirá habiendo un grupo de escuelas que no reciban financiamiento para bibliotecas a través del programa, y pueden usarse como grupo de comparación para medir el contrafactual

2. *Cuando es necesario ampliar un programa gradualmente hasta que cubra a toda la población elegible.* Cuando un programa se amplía en etapas, establecer aleatoriamente el orden en el que los participantes se benefician del programa ofrece a cada unidad elegible la misma posibilidad de recibir tratamiento en la primera fase o en una fase posterior. En la medida en que no se haya incorporado todavía el "último" grupo al programa, este servirá de grupo de comparación válido a partir del cual se podrá estimar el contrafactual para los grupos que ya se hayan incorporado.

Por ejemplo, supóngase que el ministro de Salud quiere capacitar a los 15 000 profesionales de enfermería del país en el uso de un nuevo protocolo sanitario, pero necesita tres años para capacitar a todos. En el contexto de una evaluación de impacto, el ministro podría seleccionar aleatoriamente a un tercio de las enfermeras para que reciban capacitación durante el primer año, un tercio para el segundo año y un tercio para el tercer año. Para evaluar el efecto del programa de capacitación un año después de la implementación, el grupo de enfermeras capacitadas durante el primer año constituirá el grupo de tratamiento, y el grupo de enfermeras seleccionadas aleatoriamente para recibir capacitación durante el tercer año será el grupo de comparación, ya que todavía no habrá recibido dicha capacitación.

¿Cómo asignar aleatoriamente el tratamiento?

Ahora que se ha analizado cómo funciona la asignación aleatoria y por qué produce un buen grupo de comparación, se retomarán los pasos para asignar exitosamente el tratamiento de manera aleatoria. En el gráfico 4.3 se ilustra este proceso.

El primer paso de la asignación aleatoria consiste en definir las unidades elegibles. Según el programa, una unidad puede ser una persona, un centro de salud, una escuela o incluso todo un pueblo o municipalidad. El conjunto de unidades elegibles está formado por aquellas acerca de las cuales interesa conocer el impacto de un programa. Por ejemplo, si se está implementando un programa de formación para los maestros de escuelas primarias en áreas rurales, los profesores de centros de secundaria o los maestros de escuelas de primaria de áreas urbanas no formarán parte del conjunto de unidades elegibles.

Gráfico 4.3   Pasos para la asignación aleatoria del tratamiento

Primer paso:
Unidades elegibles

Segundo paso:
Muestra de evaluación

Tercer paso:
Asignación aleatoria
del tratamiento

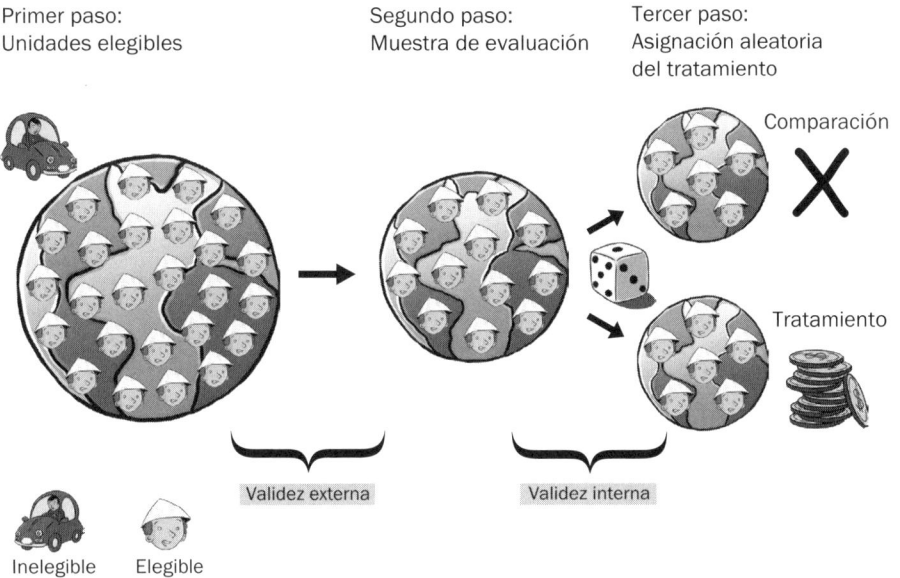

Comparación

Tratamiento

Validez externa

Validez interna

Inelegible   Elegible

Una vez que se haya determinado la población de unidades elegibles, será necesario comparar el tamaño del grupo con el número de observaciones requeridas para la evaluación. Este número se determina mediante cálculos de la potencia y se basa en las preguntas a responder (véase el capítulo 11). Si la población elegible es pequeña, puede ser necesario incluir todas las unidades en la evaluación. Si hay más unidades elegibles que las requeridas para la evaluación, el siguiente paso consiste en seleccionar una muestra de la población. Nótese que este segundo paso se realiza principalmente para limitar los costos de la recolección de datos. Si se observa que los datos de los sistemas de monitoreo existentes pueden emplearse para la evaluación, y que estos sistemas abarcan al conjunto de unidades elegibles, no se necesitará extraer una muestra de evaluación diferente. Sin embargo, considérese una evaluación en la que el conjunto de las unidades elegibles incluye a decenas de miles de profesores de todas las escuelas públicas del país, y se necesita recolectar información detallada acerca de los conocimientos pedagógicos de los profesores. Aunque entrevistar a todos ellos puede no ser viable, podría bastar con seleccionar una muestra de 1000 profesores distribuidos en 100 escuelas. En la medida en que la muestra de escuelas y profesores sea representativa de la población total de profesores de escuelas públicas, cualquier resultado de la evaluación puede generalizarse. La recolección de datos sobre esta muestra de 1000 profesores será por supuesto menos costosa que recopilar datos de todos los profesores de escuelas públicas del país.

Finalmente, el tercer paso consistirá en formar los grupos de tratamiento y de comparación a partir de las unidades de la muestra de evaluación. Esto requiere definir primero una regla para la asignación de participantes basada en cifras aleatorias. Por ejemplo, si se necesita asignar 40 de las 100 unidades de la muestra de evaluación al grupo de tratamiento, puede decidirse asignar las unidades con las cifras aleatorias más altas a este grupo, y dejar el resto para el de comparación. A continuación, mediante una hoja de cálculo o un software especializado en estadística (gráfico 4.4) se asigna un número aleatorio a cada unidad de observación de la muestra de evaluación, y se usa la regla elegida para formar ambos grupos. Nótese que es importante definir la regla antes de aplicar el software que asigna cifras aleatorias a las unidades; de otro modo, puede existir la tentación de decidir una regla basada en las cifras aleatorias obtenidas, lo que invalidaría la asignación.

La lógica en que se basa el proceso automatizado no es diferente de la de arrojar una moneda al aire o sacar nombres de un sombrero: se trata siempre de un mecanismo que determina aleatoriamente para cada unidad si forma parte del grupo

Gráfico 4.4   Asignación aleatoria del tratamiento mediante una hoja de cálculo

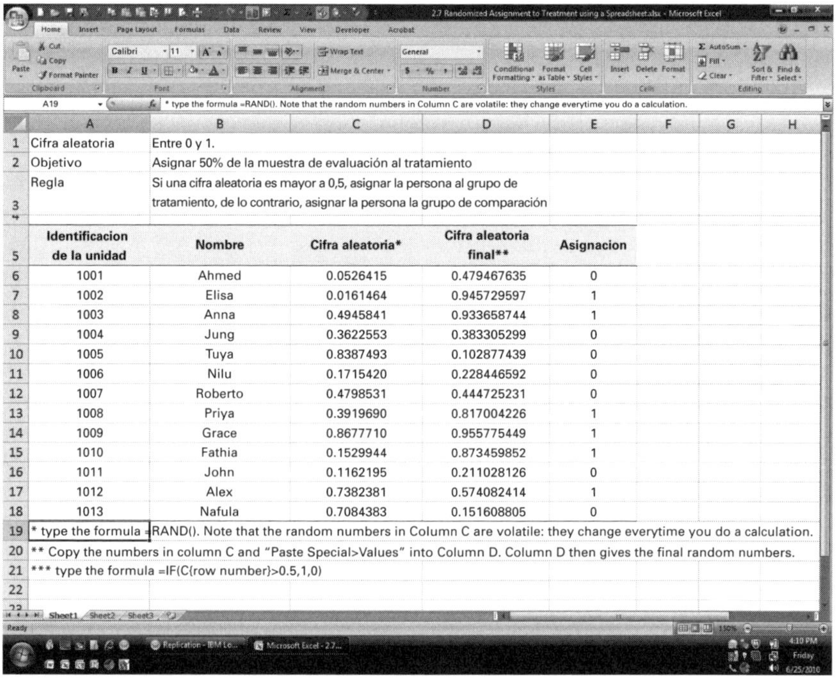

La evaluación de impacto en la práctica

de tratamiento o de comparación. Cuando es necesario que la asignación aleatoria se realice en un foro público, se pueden utilizar técnicas más "artesanales". En los siguientes ejemplos se supone que la unidad seleccionada aleatoriamente es una persona individual:

1. Si quiere asignar el 50% de las personas al grupo de tratamiento y el 50% al grupo de comparación, arroje una moneda al aire para cada persona. Debe decidir con antelación qué lado de la moneda significa que una persona será asignada al grupo de tratamiento.

2. Si quiere asignar un tercio de la muestra de evaluación al grupo de tratamiento, puede arrojar un dado para cada persona. Primero, debe decidir una regla. Por ejemplo, un 1 o 2 significarán la asignación al grupo de tratamiento, mientras que un 3, 4, 5 o 6 significarán la asignación al grupo de comparación. Arrojará el dado una vez por cada persona en la muestra de evaluación y las asignará a un grupo en función del número resultante.

3. Escriba los nombres de todas las personas en trozos de papel de igual tamaño y forma. Doble los papeles de manera que no puedan verse los nombres y mézclelos bien dentro de un sombrero u otro tipo de recipiente. Antes de empezar a extraer papeles, decida la regla, es decir, cuántos papeles sacará, y que esos nombres se asignarán al grupo de tratamiento. Una vez que esté clara la regla, pida a alguna persona entre los presentes (alguien imparcial, como un niño) que extraiga tantos papeles como el número de participantes que necesite para el grupo de tratamiento.

Independientemente de que se apele a un sorteo público, un dado o software, es importante documentar el proceso para garantizar su transparencia. Esto significa, en primer lugar, que la regla de asignación debe decidirse con antelación y comunicarse a todos los presentes. En segundo lugar, debe acatarse la regla después de obtener los números aleatorios, y tercero, debe poder demostrarse que el proceso fue aleatorio. Cuando se arroje una moneda o un dado, puede grabarse el sorteo en video; la asignación informática de cifras aleatorias exige que se ofrezca un registro de los cómputos para que el proceso pueda ser auditado[6].

¿A qué nivel se realiza una asignación aleatoria?

La asignación aleatoria puede hacerse a nivel de individuos, hogares, comunidades o regiones. En general, el nivel al que se asignan aleatoriamente unidades de tratamiento y grupos de comparación dependerá de dónde y cómo se implementa el programa. Por ejemplo, si se aplica un programa sanitario al nivel de las clínicas de salud, primero se elegirá una muestra aleatoria de las clínicas de salud y después se asignará algunas de ellas al grupo de tratamiento y otras al grupo de comparación.

Cuando el nivel de asignación aleatoria es superior, por ejemplo a nivel regional o provincial en un país, puede resultar muy difícil realizar una evaluación de impacto porque el número de regiones o provincias en la mayoría de los países no es suficientemente grande para obtener grupos equilibrados de tratamiento y de comparación. Si un país tiene seis provincias, solo podrá haber tres provincias de tratamiento y tres de comparación, una cantidad insuficiente para garantizar que las características de los grupos de tratamiento y de comparación estén equilibradas.

Sin embargo, a medida que el nivel de asignación se reduce, aumentan las posibilidades de efectos de derrame y contaminación[7]. Por ejemplo, si el programa consiste en suministrar medicinas antiparasitarias a los hogares, y un hogar del grupo de tratamiento se encuentra cerca de un hogar del grupo de comparación, este puede verse positivamente afectado por el efecto de derrame del tratamiento de aquel, al reducirse sus posibilidades de contraer parásitos procedentes de sus vecinos. Los hogares de tratamiento y de comparación tienen que encontrarse lo suficientemente lejos para evitar el efecto de derrame. Sin embargo, conforme aumenta la distancia entre los hogares, se vuelve más costoso tanto implementar el programa como administrar las encuestas. Por regla general, si se pueden descartar razonablemente los efectos de derrame, es mejor realizar una asignación aleatoria del tratamiento en el nivel más bajo posible de implementación del programa; esto garantizará que el número de unidades en los grupos de tratamiento y de comparación sea el mayor posible. El efecto derrame se trata en el capítulo 8.

Estimación del impacto con la asignación aleatoria

Una vez que se ha definido una muestra aleatoria de evaluación y se ha asignado el tratamiento de manera aleatoria, es bastante fácil estimar el impacto de un programa. Después de que el programa lleve funcionando algún tiempo, deben medirse los resultados de las unidades tanto de tratamiento como de comparación. El impacto del programa es simplemente la diferencia entre el resultado promedio (Y) para el grupo de tratamiento y el resultado promedio (Y) para el grupo de comparación. Por ejemplo, en el gráfico 4.5, el resultado promedio para el grupo de tratamiento es 100, y el resultado promedio para el grupo de comparación es 80, por lo que el impacto del programa equivale a 20.

Gráfico 4.5 Estimación del impacto con la asignación aleatoria

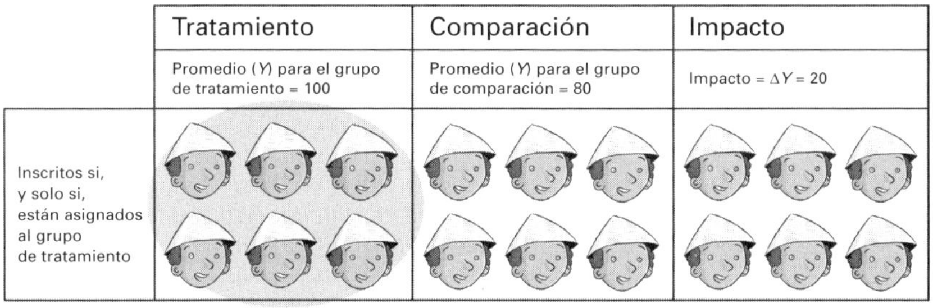

	Tratamiento	Comparación	Impacto
	Promedio (*Y*) para el grupo de tratamiento = 100	Promedio (*Y*) para el grupo de comparación = 80	Impacto = ΔY = 20
Inscritos si, y solo si, están asignados al grupo de tratamiento			

Estimación del impacto del Programa de Subsidio del Seguro de Salud con la asignación aleatoria

Retomemos ahora el ejemplo del PSSS. Recuérdese que está intentando estimar el impacto del programa con una prueba piloto en la que participan un centenar de comunidades de tratamiento.

Después de realizar dos evaluaciones de impacto a partir de contrafactuales posiblemente sesgados (y llegar a recomendaciones contradictorias sobre políticas; véase el capítulo 3), se decide volver al punto de partida para replantear cómo obtener un contrafactual más preciso. Tras volver a deliberar con su equipo de evaluación, está convencido de que una estimación válida del contrafactual requerirá la identificación de un grupo de comunidades idénticas a las 100 comunidades de tratamiento, con la única diferencia de no haber participado en el PSSS. Teniendo en cuenta que el programa se puso en marcha como prueba piloto, y que las 100 comunidades se seleccionaron aleatoriamente, constata que estas deberían tener generalmente las mismas características que la población general de las comunidades rurales. Por lo tanto, se puede estimar de manera válida el contrafactual midiendo el gasto en salud de los hogares elegibles de las comunidades que no formaron parte del programa.

Supóngase que durante las encuestas de línea de base y de seguimiento la empresa encargada recolectó datos sobre otras 100 comunidades rurales a las que no se había ofrecido el programa. Estas 100 comunidades adicionales también se seleccionaron aleatoriamente de entre el conjunto de comunidades elegibles, lo que significa que también tenderán a contar con las mismas características que la población general de comunidades rurales. Por lo tanto, la manera en que se eligieron los dos grupos de comunidades garantiza características idénticas, salvo que las 100 comunidades de tratamiento recibieron el PSSS y las 100 comunidades de comparación no.

Gracias a la asignación aleatoria del tratamiento, confía en que ningún factor externo además del PSSS explicará cualquier diferencia de los resultados de las comunidades de tratamiento y de comparación. Para validar este supuesto, usted comprueba si los hogares de las comunidades de tratamiento y de comparación tienen características básicas similares, como se muestra en el cuadro 4.1.

Observa que las características generales de los hogares en las comunidades de tratamiento y de comparación son de hecho muy similares. La única diferencia estadísticamente significativa es el número de años de educación del cónyuge, y la diferencia es pequeña. Nótese que, incluso con un experimento aleatorio con una muestra grande, se puede esperar un pequeño número de diferencias[8]. Una vez que se ha establecido la validez del grupo de comparación, su estimación del contrafactual corresponde al promedio del gasto en salud de los hogares elegibles en las 100 comunidades de comparación (cuadro 4.2).

Cuadro 4.1 Tercer caso: Equilibrio básico entre las comunidades de tratamiento y de comparación

Características de los hogares	Comunidades de tratamiento (N = 2964)	Comunidades de comparación (N = 2664)	Diferencia	t-estadístico
Gasto en salud (US$ anuales per cápita)	14.48	14.57	−0.09	−0.39
Edad del jefe de hogar (años)	41.6	42.3	−0.7	−1.2
Edad del cónyuge (años)	36.8	36.8	0.0	0.38
Educación del jefe de hogar (años)	2.9	2.8	0.1	2.16*
Educación del cónyuge (años)	2.7	2.6	0.1	0.006
Jefe de hogar es mujer = 1	0.07	0.07	−0.0	−0.66
Indígena = 1	0.42	0.42	0.0	0.21
Número de miembros del hogar	5.7	5.7	0.0	1.21
Tiene baño = 1	0.57	0.56	0.01	1.04
Hectáreas de terreno	1.67	1.71	−0.04	−1.35
Distancia a un hospital (km)	109	106	3	1.02

* Significativo al nivel del 5%.

Cuadro 4.2   Tercer caso: Impacto del PSSS según la asignación aleatoria (comparación de medias)

	Tratamiento	Comparación	Diferencia	t-estadístico
Linea de base:gasto en salud de los hogares	14.48	14.57	−0.09	−0.39
Encuesta de seguimiento: gasto en saludde los hogares	7.8	17.9	−10.1**	−25.6

** Significativa al nivel del 1%.

Cuadro 4.3   Tercer caso: Impacto del PSSS según la asignación aleatoria (análisis de regresión)

	Regresión lineal	Regresión lineal multivariante
Impacto estimado sobre el gasto en salud de los hogares	−10.1** (0.39)	−10.0** (0.34)

Nota: Los errores estándares están entre paréntesis.
** Significativa al nivel del 1%.

Ahora que cuenta con una estimación válida del contrafactual, puede determinar el impacto del PSSS calculando simplemente la diferencia entre el gasto directo en salud de los hogares elegibles dentro de las comunidades de tratamiento y la estimación del contrafactual. El impacto es una reducción de US$10,10 a lo largo de dos años. Si se vuelve a calcular este resultado mediante un análisis de regresión se obtiene el mismo resultado, como se muestra en el cuadro 4.3.

Con la asignación aleatoria se puede confiar en que no existen factores sistemáticamente diferentes entre los grupos de tratamiento y de comparación que expliquen también la diferencia en el gasto en salud. Ambas comunidades han estado expuestas a la misma serie de políticas y programas nacionales durante los dos años de tratamiento. Por lo tanto, la razón más posible para que el gasto de los hogares pobres de las comunidades de tratamiento sea inferior al de los hogares de las comunidades de comparación es que los primeros participaron en el programa de seguro de salud y los segundos no.

PREGUNTA 3

A. ¿Por qué la estimación del impacto obtenida mediante una regresión lineal multivariante se mantiene básicamente constante cuando se tienen en cuenta otros factores?

B. De acuerdo con los resultados del tercer caso, ¿se debería extender el PSSS a nivel nacional?

Aplicación práctica de la asignación aleatoria

La asignación aleatoria se usa con frecuencia en evaluaciones rigurosas del impacto de programas tanto de gran escala como en pilotos. La evaluación del programa Progresa de México (Schultz, 2004) es uno de los ejemplos de evaluación de impacto a gran escala más conocidos (recuadro 4.1).

Dos variaciones de la asignación aleatoria

A continuación se analizan dos variaciones que aprovechan muchas de las características de la asignación aleatoria: la oferta aleatoria del tratamiento y la promoción aleatoria del tratamiento.

Recuadro 4.1:   Transferencias monetarias condicionadas y educación en México

El programa Progresa, ahora llamado Oportunidades, comenzó en 1998 y ofrece transferencias monetarias a madres pobres de zonas rurales de México a condición de que sus hijos asistan a la escuela. Este programa social a gran escala fue uno de los primeros que consideró una evaluación rigurosa durante la etapa de diseño, para lo cual empleó la asignación aleatoria para identificar el efecto de las transferencias monetarias sobre una serie de resultados, especialmente la matriculación escolar.

Las subvenciones, para niños de tercero a noveno grado, equivalen aproximadamente a entre el 50% y el 75% del costo privado de la escolarización, y están garantizadas para un período de tres años. Las comunidades y hogares elegibles se determinaron mediante un índice de pobreza creado con datos del censo y una encuesta de línea de base. Ante la necesidad de introducir gradualmente este programa social a gran escala, se seleccionó aleatoriamente a dos tercios de las comunidades (314 de 495) para que se beneficiaran del programa durante los primeros dos años, y las 181 restantes sirvieron de grupo de control hasta que ingresaron en el programa en el tercer año.

A partir de la asignación aleatoria, Schultz (2004) observó un aumento medio de la matriculación del 3,4% para todos los estudiantes de primero a octavo grado. El aumento mayor, un 14,8 %[a], se registró entre las niñas que habían terminado el sexto grado. La razón probable de este aumento es que la proporción de niñas que abandonan la escuela tiende a aumentar conforme las niñas crecen, por lo que se les ofreció un monto ligeramente superior para que siguieran en la escuela después del nivel de primaria. Este impacto a corto plazo se extrapoló después para predecir el impacto a más largo plazo de Progresa sobre el nivel de escolarización y de ingresos durante toda su vida.

Fuente: Schultz 2004.

a. Para ser más preciso, Schultz combinó la asignación aleatoria con el método de diferencias en diferencias. En el capítulo 8 se analizan las ventajas de combinar varias metodologías de evaluación de impacto.

Oferta aleatoria: Cuando no todos cumplen su asignación

En el análisis anterior de la asignación aleatoria se ha supuesto que el administrador de un programa tiene potestad para asignar unidades a los grupos de tratamiento o de comparación, y que los asignados al grupo de tratamiento participan en el programa y los asignados al grupo de comparación no. En otras palabras, las unidades *cumplen* su asignación. Sin embargo, el pleno cumplimiento se logra con más frecuencia en las pruebas de laboratorio o médicas, en las que el investigador puede asegurar, primero, que todas las unidades del grupo de tratamiento tomen la píldora y, segundo, que ninguna de las unidades de comparación la tomen[9].

En los programas sociales el pleno cumplimiento de los criterios de selección es la situación óptima, y tanto los encargados de formular políticas como los evaluadores se esfuerzan por acercarse lo máximo posible a él. Sin embargo, en la práctica no siempre se consigue un cumplimiento del 100% de las asignaciones al grupo de tratamiento y de comparación, a pesar de que el encargado de ejecutar el programa y el evaluador hagan todo lo posible. Por ejemplo, el hecho de que un profesor sea asignado a un grupo de tratamiento para recibir capacitación no garantiza que asista. Asimismo, un profesor asignado al grupo de comparación puede encontrar la manera de asistir al curso de todos modos. Una comparación de las unidades asignadas al grupo de tratamiento con las asignadas al grupo de comparación producirá una *estimación de la "intención de tratar"*. Este criterio es en sí una medida muy interesante y pertinente del impacto, ya que los encargados de formular políticas y los administradores de programas solo pueden ofrecer el programa, y no pueden obligar a la población a participar en él.

Sin embargo, también puede interesar conocer el impacto del programa sobre quienes realmente se inscriben y aceptan el tratamiento. Para ello es necesario considerar que algunas unidades asignadas al grupo de tratamiento no lo recibieron realmente, y que algunas unidades del grupo de comparación sí lo recibieron. En otras palabras, se estima el impacto del programa sobre las unidades que de hecho recibieron el tratamiento. Esta medida es la *estimación del "tratamiento en tratados"*.

Oferta aleatoria de un programa y aceptación final

Imagine que evalúa el impacto de un programa de formación para el empleo en los salarios de las personas. El programa se asigna aleatoriamente a nivel individual, y tiene un grupo de tratamiento y uno de comparación. Lo más probable es que encuentre tres tipos de personas:

- *Inscritos si se lo ofrecen.* Son quienes cumplen la asignación que les toca. Si es el grupo de tratamiento, lo aceptan y se inscriben; si es el grupo de comparación, no lo hacen.

- *Nuncas*. Son quienes nunca se inscriben ni aceptan el programa, incluso si los asignan al grupo de tratamiento. Son quienes no cumplen dentro del grupo de tratamiento.

- *Siempres*. Son quienes encontrarán una manera de inscribirse o aceptar el programa, aunque se los asigne al grupo de comparación. Son quienes no cumplen dentro del grupo de comparación.

In the context of the job training program, the *Never* group might be unmotivated people who, even if offered a place in the course, do not show up. The *Always* group, in contrast, are so motivated that they find a way to enter the program even if they were originally assigned to the comparison group. The *Enroll-if-offered* group are those who would enroll in the course if it is offered (the treatment group) but do not seek to enroll if they are assigned to the comparison group.

El gráfico 4.6 muestra la oferta aleatoria del programa y la aceptación (inscripción), considerando los grupos de *inscritos si se lo ofrecen, nuncas y siempres*. Supóngase que el conjunto de unidades se divide en un 80% de *inscritos si se lo ofrecen*, un 10% de *nuncas* y un 10% de *siempres*. Si se tomara una muestra aleatoria de la población para la muestra de evaluación, esta también tendría un 80% de *inscritos si se lo ofrecen*, un 10% de *nuncas* y un 10% de *siempres*. A continuación se divide la muestra de evaluación en un grupo de tratamiento y un grupo de comparación, y una vez más se debería llegar a un 80% de *inscritos si se lo ofrecen*, un 10% de *nuncas* y un 10% de *siempres* en ambos grupos. En el grupo al que se ofrece el tratamiento, *los inscritos si se lo ofrecen* y los *siempres* se inscribirán, y solo los *nuncas* se mantendrán al margen. En el grupo al que no se ofrece tratamiento, los *siempres* se inscribirán, mientras que los grupos de *inscritos si se lo ofrecen* y *nuncas* se quedarán fuera.

Estimación del impacto con la oferta aleatoria

Después de establecer la diferencia entre la oferta aleatoria de un programa y la inscripción o aceptación real, se analiza una técnica que puede usarse para estimar el impacto del tratamiento en tratados, es decir, el impacto del programa sobre aquellos a quienes se ofreció el tratamiento y se inscribieron. Esta estimación se realiza en dos fases, que se ilustran en el gráfico 4.7[10].

En primer lugar, se estima el impacto de la intención de tratar, que es la diferencia directa en el indicador de resultado (Y) entre el grupo de tratamiento y el grupo de comparación. Por ejemplo, si el resultado promedio (Y) del grupo de tratamiento es US$110, y el resultado promedio del de comparación es US$70, el impacto de la intención de tratar equivaldría a US$40.

Gráfico 4.6 Oferta aleatoria de un programa

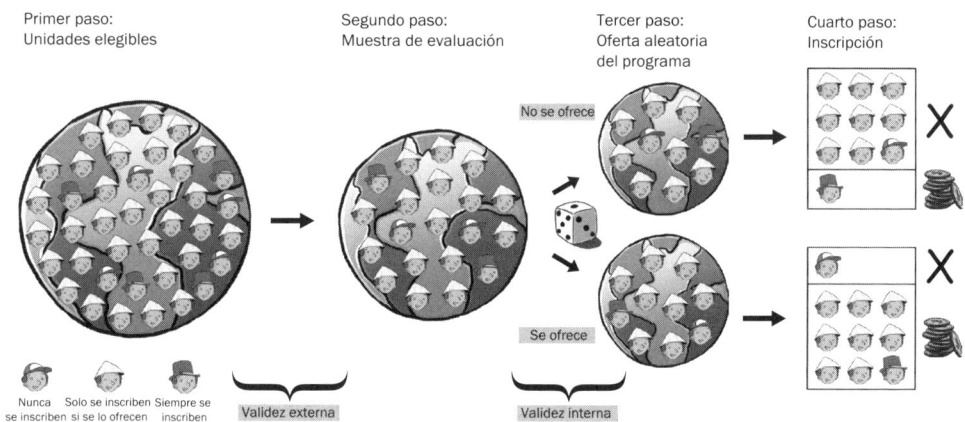

Primer paso:
Unidades elegibles

Segundo paso:
Muestra de evaluación

Tercer paso:
Oferta aleatoria
del programa

Cuarto paso:
Inscripción

No se ofrece

Se ofrece

Nunca
se inscriben

Solo se inscriben
si se lo ofrecen

Siempre se
inscriben

Validez externa

Validez interna

Gráfico 4.7 Estimación del impacto del tratamiento en tratados con la oferta aleatoria

	Grupo al que se ofreció tratamiento	Grupo al que no se ofreció tratamiento	Impacto
	% inscritos = 90% Y promedio para aquellos a quienes se ofreció tratamiento = 110	% inscritos = 10% Y promedio para aquellos a quienes no se ofreció tratamiento = 70	Δ% inscritos = 80% ΔY = IDT = 40 TET = 40/80% = 50
Nunca se inscriben			—
Solo se inscriben si se les ofrece el programa			
Siempre se inscriben			—

Nota: IDT es la estimación de la "intención de tratar", que se obtiene comparando los resultados de aquellos a quienes se ofreció el tratamiento con los de aquellos a quienes no se les ofreció (independientemente de la inscripción real). TET es la estimación del "tratamiento en tratados", es decir, el impacto estimado del programa para aquellos a quienes se ofreció el programa y sí se inscribieron. Los que aparecen sobre un fondo oscuro son quienes sí se inscribieron.

En segundo lugar, es necesario determinar la estimación del tratamiento en tratados a partir de la intención de tratar. Para ello, se debe identificar de dónde proviene la diferencia de US$40. Se procede por eliminación. Primero, se sabe que la diferencia no puede deberse a diferencias entre los *nuncas*, ya que estos no se inscriben en el programa. En otras palabras, no importa si están en el grupo de tratamiento o de comparación. Segundo, la diferencia de US$40 tampoco puede deberse a diferencias entre los *siempres*, ya que estos siempre se inscriben en el programa. Tampoco importa que formen parte del grupo de tratamiento o de comparación. Por lo tanto, la diferencia de resultados entre los dos grupos tiene que deberse necesariamente al efecto del programa sobre el único grupo afectado por su asignación al grupo de tratamiento o de comparación, es decir, los *inscritos si se lo ofrecen*. Si se identifica a los *inscritos si se lo ofrecen* en ambos grupos, será fácil estimar el impacto del programa sobre ellos.

En la práctica, aunque se sabe que existen estos tres tipos de personas, no es tan simple distinguirlos. En el grupo de las personas a quienes se ofreció tratamiento se puede identificar a los *nuncas* (no se han inscrito), pero no se puede diferenciar entre los *siempres* y los *inscritos si se lo ofrecen* (ambos están inscritos). En el grupo de las personas a quienes no se ofreció tratamiento, se puede identificar a los *siempres* (se inscriben al programa), pero no se puede diferenciar entre los *nuncas* y los *inscritos si se lo ofrecen*.

Sin embargo, si se observa que el 90% de las unidades del grupo al que se ofreció tratamiento se inscriben, es posible deducir que el 10% restante de las unidades deben ser *nuncas*. Además, si se observa que el 10% de las unidades del grupo al que no se ofreció tratamiento se inscriben, se sabe que son *siempres*. Esto significa que el 80% de las unidades pertenecen al grupo de *inscritos si se lo ofrecen*. El impacto total de US$40 proviene entonces de la diferencia en la inscripción del 80% de las unidades de nuestra muestra, los *inscritos si se lo ofrecen*. Si el 80% de las unidades dan cuenta de un impacto promedio de US$40 en todo el grupo al que se ofreció tratamiento, el impacto sobre ese 80% de *inscritos si se lo ofrecen* debe ser de 40/0,8, o US$50. Dicho de otro modo, el impacto del programa para los *inscritos si se lo ofrecen* es de US$50, pero cuando este impacto se extiende a todo el grupo al que se ofreció tratamiento, el efecto medio se diluye por el 20% que incumplió la asignación aleatoria original.

Recuérdese que uno de los problemas básicos de la autoselección en los programas es que no siempre se pueden conocer las razones por las que unas personas deciden participar y otras no. Cuando se asignan aleatoriamente unidades a un programa pero la participación es voluntaria, o existe una manera de que las unidades del grupo de comparación participen en él, surge un problema similar: no siempre se entenderá por qué una persona se comporta como un *nunca*, un *siempre* o un *inscrito si se lo ofrecen*, siguiendo el ejemplo anterior. No obstante, siempre que el nivel de incumplimiento no sea demasiado grande, la asignación aleatoria inicial seguirá siendo un instrumento potente para estimar el impacto. El aspecto negativo de la asignación aleatoria con un cumplimiento imperfecto es que no es válida para toda la población. En cambio, solo puede aplicarse a un subgrupo específico dentro de nuestra población designada, los *inscritos si se lo ofrecen*.

La oferta aleatoria de un programa tiene dos características importantes que nos permiten estimar el impacto, incluso sin el pleno cumplimiento (véase el recuadro 4.2)[11]:

1. Puede servir para predecir la inscripción real en el programa si la mayoría de las personas se comportan como *inscritos si se lo ofrecen*.

2. Dado que los grupos de tratamiento y comparación se generan mediante selección aleatoria, las características de las personas de ambos grupos no están correlacionadas con ningún otro factor, como la capacidad o la motivación, que pueda afectar también al resultado (Y).

Promoción aleatoria o diseño de incentivos

En la sección anterior, se vio cómo estimar el impacto a partir de la asignación aleatoria del tratamiento, incluso cuando el cumplimiento de la asignación original a los grupos de tratamiento y comparación sea incompleto. A continuación se propone un método muy similar que puede aplicarse a la evaluación de programas con elegibilidad universal o inscripción abierta, o en los que el administrador no puede controlar quién participa y quién no.

Muchas veces los Gobiernos implementan programas en los que es difícil excluir participantes u obligarlos a participar. Muchos programas permiten que los posibles participantes decidan si se inscriben o no. Otros tienen un presupuesto

Recuadro 4.2: La oferta aleatoria de vales escolares en Colombia

El Programa de Ampliación de Cobertura de la Educación Secundaria, en Colombia, suministró vales a más de 125 000 estudiantes para cubrir algo más de la mitad del costo de asistencia a la educación secundaria. Dado el presupuesto limitado del programa, los vales se asignaron mediante un sorteo. Angrist y otros (2002) aprovecharon este tratamiento asignado aleatoriamente para determinar el efecto del programa sobre los resultados educativos y sociales.

Observaron que los ganadores del sorteo tenían un 10% más de probabilidades de terminar el octavo grado, y registraron una desviación estándar de 0,2 puntos más en los exámenes estandarizados tres años después del sorteo inicial. También observaron que los efectos educativos fueron mayores en las niñas que en los niños. Los investigadores examinaron a continuación el impacto del programa sobre varios resultados no educativos y observaron que era menos probable que los ganadores del sorteo estuvieran casados,

y trabajaban alrededor de 1,2 horas menos por semana.

Hubo cierto incumplimiento con el diseño aleatorio, ya que alrededor del 90% de los ganadores del sorteo habían usado el vale u otra forma de beca y el 24% de los perdedores del sorteo habían recibido becas. Angrist y sus colegas usaron también la intención de tratar, o la condición de ganador o perdedor del sorteo de los estudiantes, como una variable instrumental para estimar el tratamiento en tratados, la recepción real de la beca. Finalmente, los investigadores pudieron calcular un análisis de costo-beneficio para entender mejor el impacto del programa de vales sobre los gastos tanto de los hogares como del Gobierno. Concluyeron que los costos sociales totales del programa son pequeños y se ven compensados por los rendimientos previstos para los participantes y sus familias, lo que sugiere que los programas orientados a la demanda, como este, pueden ser una manera costo-efectiva de aumentar los logros educativos.

Fuente: Angrist y otros, 2002.

---

suficientemente grande para atender a toda la población elegible, por lo que la selección aleatoria de grupos de tratamiento y de comparación y la exclusión de participantes con fines de evaluación no serían éticas. Por lo tanto, es necesaria una manera alternativa de evaluar el impacto de los programas con inscripción voluntaria y los de cobertura universal.

Los programas de inscripción voluntaria permiten que las personas decidan por sí mismas inscribirse y participar. Considérese de nuevo el programa de formación para el empleo mencionado anteriormente, pero esta vez sin que sea posible la asignación aleatoria y que todas las personas que quieran inscribirse puedan hacerlo libremente. Se prevén entonces tres tipos de personas: un grupo de cumplidores, un grupo de *nuncas* y uno de *siempres*. Como en el caso anterior, los *siempres* se inscribirán en el programa y los *nuncas* no. Pero, ¿qué ocurre con los cumplidores? Cualquier persona que quiera inscribirse en el programa puede hacerlo libremente. ¿Qué sucede con quienes estén interesados en inscribirse pero, por una variedad de razones, no tengan suficiente información o el incentivo adecuado para hacerlo? Los cumplidores son precisamente este grupo. En este caso, los cumplidores serán los *inscritos si se promueve*: personas que solo se inscribirán en el programa si se las informa y se les facilita la participación, o si se les ofrece un incentivo adicional que las impulse a hacerlo. Sin estímulos adicionales, los *inscritos si se promueve* quedarán fuera del programa.

Para seguir con el ejemplo anterior, si el organismo que organiza la capacitación tiene fondos y capacidad suficiente para formar a quienes quieran participar del programa, este estará abierto a todas las personas desempleadas. No obstante, es improbable que todas ellas quieran participar o sepan de la existencia del programa. Algunas personas desempleadas pueden tener reticencia a inscribirse por saber muy poco acerca del contenido de la formación, o porque les resulte difícil obtener información adicional. Supóngase ahora que el organismo de formación para el empleo contrata a una responsable de divulgación para que inscriba a personas desempleadas en el programa. La responsable llama a las puertas de las personas desempleadas, les describe el programa y les ofrece asistencia para inscribirse en ese momento. Desde luego, no puede obligar a nadie a participar. Las personas desempleadas que no reciban la visita de la responsable de divulgación también pueden inscribirse, aunque para hacerlo deben personarse en el organismo. Por lo tanto, ahora hay dos grupos de personas desempleadas: quienes fueron visitados por la responsable de divulgación y quienes no recibieron su visita. Si la iniciativa de divulgación es eficaz, la tasa de inscripción de las personas desempleadas que fueron visitadas será superior a la tasa de quienes no fueron visitadas.

Considérese ahora la manera de evaluar este programa. Como se sabe, no se puede comparar a las personas desempleadas que se inscriben con las que no se inscriben, ya que ambos grupos probablemente sean muy diferentes en cuanto a características observadas y no observadas: quienes se inscriben pueden tener más educación (algo fácil de observar) y estar más motivados y ansiosos por encontrar un trabajo (algo difícil de observar y medir).

Considérese por un momento si es posible comparar al grupo visitado por la responsable de divulgación con el grupo no visitado. En ambos hay personas muy motivadas (*siempres*) que se inscribirán independientemente de que llamen a su puerta. En ambos también hay personas desmotivadas (*nuncas*) que no se inscribirán en el programa a pesar de los esfuerzos de la responsable de divulgación. Finalmente, algunas personas (*inscritos si se promueve*) solo se inscribirán si la responsable de divulgación las visita.

Si la responsable de divulgación selecciona aleatoriamente a las personas que visita, se podría usar el método del tratamiento en tratados. La única diferencia sería que, en lugar de *ofrecer* aleatoriamente el programa, se lo *promovería* aleatoriamente. Siempre que haya personas *inscritas si se promueve* habrá una variación entre el grupo *con* la promoción y el grupo *sin* la promoción, que nos permitirá identificar el impacto de la capacitación sobre los *inscritos si se promueve*. En lugar de cumplir con la oferta del tratamiento, los *inscritos si se promueve* cumplen con la promoción.

Se pretende que la estrategia de divulgación sea eficaz y aumente considerablemente la inscripción dentro del grupo de *inscritos si se promueve*. Al mismo tiempo, las actividades de promoción no deben estar tan generalizadas y ser tan eficaces como para que influyan en el resultado de interés. Por ejemplo, si los responsables de la divulgación ofrecen grandes cantidades de dinero a personas desempleadas para que se inscriban al programa, sería difícil determinar si los cambios finales en los ingresos se deben a la capacitación o a la propia promoción.

La promoción aleatoria es una estrategia creativa que genera el equivalente a un grupo de comparación para los fines de la evaluación de impacto. Es útil cuando se puede organizar una campaña de promoción dirigida a una muestra aleatoria de la población de interés. Los lectores con conocimientos de econometría pueden reconocer la terminología introducida en la sección anterior: la promoción aleatoria es una variable instrumental que nos permite crear variación en el tratamiento entre unidades y aprovechar dichas variaciones para crear un grupo de comparación válido.

¿Ha dicho "promoción"?

El objetivo de la promoción aleatoria es aumentar la participación en un programa voluntario de una submuestra de la población. Puede ser de varios tipos. Por ejemplo, una campaña informativa dirigida a quienes no se inscriben zporque no conocen o no entienden el contenido del programa, u ofrecer incentivos para la inscripción, como pequeños regalos o premios, o que los participantes tengan acceso a transporte o asistencia.

Se debe cumplir una serie de condiciones para que la promoción aleatoria permita una evaluación válida de impacto.

1. El grupo en el que se ha promovido el programa y el grupo en el que no se ha promovido tienen que ser comparables. Las características de ambos deben ser similares. Esto se logra mediante la asignación aleatoria de las actividades de divulgación o promoción entre las unidades de la muestra de evaluación.

2. La campaña de promoción debe aumentar la inscripción del grupo en que se ha realizado la promoción sustancialmente por encima de la del grupo sin promoción. Esto puede verificarse comprobando que las tasas de inscripción del primer grupo sean superiores a las del segundo.

3. Es importante que la promoción no afecte directamente a los resultados de interés, para que se pueda afirmar que los cambios en los resultados de interés se deben al programa y no a la promoción.

El proceso de promoción aleatoria

El proceso de promoción aleatoria se presenta en el gráfico 4.8. Como en los métodos anteriores, se empieza con el conjunto de unidades elegibles para el programa. A diferencia de la asignación aleatoria, ya no es posible elegir aleatoriamente quién va a participar en el programa y quién no, ya que el programa es voluntario. Sin embargo, dentro del conjunto de unidades elegibles, habrá tres tipos de unidades:

• *Siempres*—los que siempre querrán inscribirse al programa

• *Inscritos si se promueve*—los que solo se inscribirán en el programa si reciben promoción adicional

• *Nuncas*—los que nunca quieren inscribirse al programa, independientemente de que les ofrezcan la promoción

Nótese una vez más que la condición de *siempres, inscritos si se promueve* o *nuncas* es una característica de las unidades que no puede medir el evaluador del programa, porque está relacionada con factores como la motivación intrínseca y la inteligencia.

Una vez definida la población elegible, el siguiente paso consiste en seleccionar aleatoriamente una muestra de la población que formará parte de la evaluación. Estas son las unidades sobre las que se recolectarán datos. En algunos casos, por ejemplo cuando hay datos del conjunto de unidades elegibles, se puede incluir a toda esta población en la muestra de evaluación.

Gráfico 4.8 Promoción aleatoria

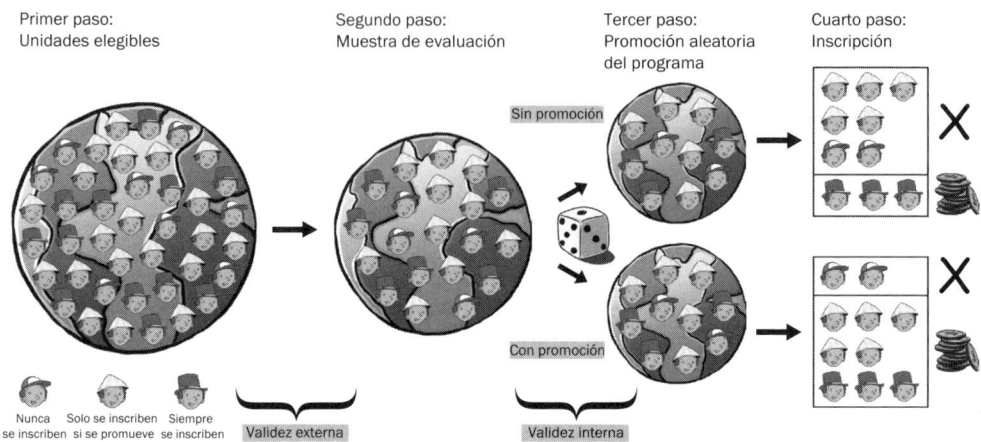

Primer paso:
Unidades elegibles

Segundo paso:
Muestra de evaluación

Tercer paso:
Promoción aleatoria
del programa

Cuarto paso:
Inscripción

Sin promoción

Con promoción

Nunca
se inscriben

Solo se inscriben
si se promueve

Siempre
se inscriben

Validez externa

Validez interna

Una vez que se define la muestra de evaluación, la promoción aleatoria asigna las unidades de la muestra de evaluación a un grupo con promoción y a uno sin promoción. Dado que se procede aleatoriamente, ambos grupos compartirán las características de la muestra general de evaluación, y estas serán equivalentes a las del conjunto de unidades elegibles. Por lo tanto, el grupo con promoción y el grupo sin promoción tendrán características similares.

Cuando haya terminado la campaña de promoción, se pueden observar las tasas de inscripción en ambos grupos. En el grupo sin promoción solo se inscribirán los *siempres*. Por lo tanto no se podrá distinguir entre los *nuncas* y los *inscritos si se promueve* en dicho grupo. Por el contrario, en el grupo con promoción se inscribirán tanto los *inscritos si se promueve* como los *siempres*, mientras que los *nuncas* no se inscribirán. Por ello en el grupo con promoción se podrá identificar a los *nuncas*, pero no se podrá distinguir entre los *inscritos si se promueve* y los *siempres*.

Estimación del impacto con la promoción aleatoria

La estimación del impacto con la promoción aleatoria es un caso especial de tratamiento en tratados (gráfico 4.9). Imagine que la campaña de promoción aumenta la inscripción, del 30% en el grupo sin promoción (3 *siempres*) al 80% en el grupo con promoción (3 *siempres* y 5 *inscritos si se promueve*). Suponga que el ingreso medio de las personas del grupo sin promoción (10 personas) es 70, y que el ingreso medio de todas las personas del grupo con promoción (10 personas) es 110. ¿Cuál sería entonces el impacto del programa?

La evaluación de impacto en la práctica

Gráfico 4.9 Estimación del impacto con la promoción aleatoria

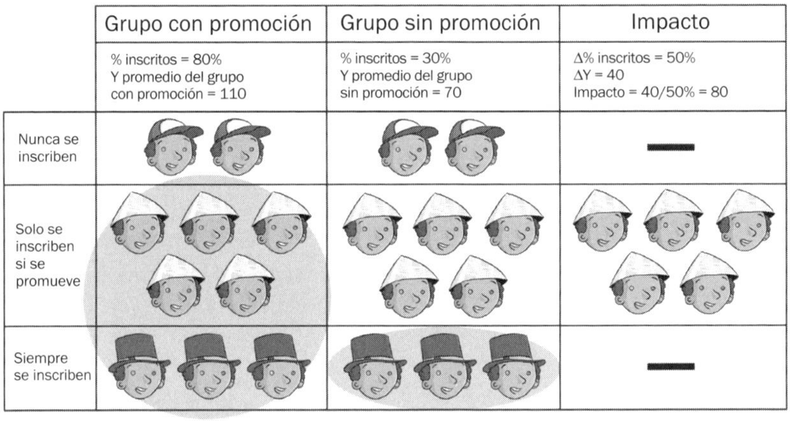

	Grupo con promoción	Grupo sin promoción	Impacto
	% inscritos = 80% Y promedio del grupo con promoción = 110	% inscritos = 30% Y promedio del grupo sin promoción = 70	Δ% inscritos = 50% ΔY = 40 Impacto = 40/50% = 80
Nunca se inscriben			—
Solo se inscriben si se promueve			
Siempre se inscriben			—

Nota: Sombreados, quienes sí se inscribieron.

En primer lugar, es posible computar la diferencia directa entre los grupos con y sin promoción, que es de 40. Se sabe que esta diferencia no se debe a los *nuncas* de ninguno de los dos grupos, porque nunca se inscriben. Tampoco se debe a los *siempres*, porque *siempre* se inscriben.

El segundo paso es determinar el impacto del programa sobre los *inscritos si se promueve*. Todo el efecto de 40 puede atribuirse a los *inscritos si se promueve*, que constituyen solo el 50% de la población. Para valorar el efecto promedio del programa, se divide 40 por el porcentaje de *inscritos si se promueve* dentro de la población. Aunque no se puede identificar directamente a los *inscritos si se promueve*, es posible deducir cuál es su *porcentaje* en la población: la diferencia en las tasas de inscripción entre los grupos con y sin promoción (50%, o 0,5). Por lo tanto, el impacto promedio del programa sobre una persona que participa en el programa (cumplidor) es 40/0,5 = 80.

Dado que la promoción se asigna aleatoriamente, las características de los grupos con y sin promoción son las mismas en general. Por lo tanto, las diferencias de los resultados promedio entre los dos grupos tienen que deberse a la inscripción de los *inscritos si se promueve* en el grupo con promoción, y a la no inscripción de los del grupo sin promoción[12].

Uso de la promoción aleatoria para estimar el impacto del Programa de Subsidio del Seguro de Salud

Intentemos ahora usar el método de promoción aleatoria para evaluar el impacto del PSSS. Supóngase que el ministerio de Salud resuelve que cualquier hogar que quiera inscribirse tenga acceso inmediato al subsidio del seguro de salud. Sin embargo, usted sabe que esta cobertura nacional irá ampliándose con el tiempo, por lo que acuerda acelerar la participación en una subserie aleatoria de comunidades mediante una campaña de promoción. Emprende una intensa iniciativa de promoción dentro de la submuestra aleatoria de comunidades, que incluye campañas de comunicación y divulgación social destinadas a aumentar el conocimiento sobre el PSSS. Tras dos años de promoción e implementación del programa, observa que el 49,2% de los hogares de las comunidades asignadas aleatoriamente a la promoción se han inscrito al programa, contra solo el 8,4% de los hogares de las comunidades sin promoción (cuadro 4.4).

Como las comunidades con y sin promoción se asignaron aleatoriamente, usted sabe que las características generales de ambos grupos deben ser las mismas en ausencia del programa. Puede comprobar este supuesto comparando el gasto en salud de línea de base (así como cualquier otra característica) de estas dos poblaciones. Tras dos años de implementación del programa, observa que el gasto promedio en salud en las comunidades con promoción es US$14,9, en comparación con US$18,8 en las comunidades sin promoción (una diferencia de menos US$3,9). Sin embargo, dado que la única diferencia entre las comunidades con y sin promoción es que las primeras tienen más inscritos en el programa (gracias a la promoción), esta diferencia de US$3,9 en el gasto en salud debe provenir del 40,4% de hogares inscritos en las comunidades con promoción, a consecuencia de dicha

Cuadro 4.4 Cuarto caso: Impacto del PSSS según la promoción aleatoria (comparación de medias)

	Comunidades con promoción	Comunidades sin promoción	Diferencia	*t*-estadístico
Linea de base: gasto en salud de los hogares	17.1	17.2	−0.1	−0.47
Encuesta de seguimiento: gasto en salud de los hogares	14.9	18.8	−3.9	−18.3
Participación en el PSSS	49.2%	8.4%	40.4%	

** Significativa al nivel del 1%.

Cuadro 4.5   Cuarto caso: Impacto del PSSS según la promoción aleatoria (análisis de regresión)

	Regresión lineal	Regresión lineal multivariante
Impacto estimado sobre el gasto en salud de los hogares	−9.4** (0.51)	−9.7** (0.45)

Nota: Los errores estándares están entre paréntesis.

** Significativa al nivel del 1%.

promoción. Por lo tanto, es necesario ajustar la diferencia en el gasto en salud para determinar el impacto del programa sobre los *inscritos si se promueve*. Para ello, se divide la diferencia directa entre los dos grupos por el porcentaje de *inscritos si se promueve*: −3,9/0,404 = −US$9,65. Su colega, que cursó estudios de econometría, estima a continuación el impacto del programa mediante una regresión de los mínimos cuadrados en dos fases y obtiene los resultados que se muestran en el cuadro 4.5. Esta estimación del impacto es válida para aquellos hogares que se inscribieron al programa debido a la promoción, pero que no se habrían inscrito sin ella, es decir, para los *inscritos si se promueve*. Para extrapolar este resultado a toda la población se debe suponer que todos los demás hogares habrían reaccionado de manera similar si se hubieran inscrito al programa.

PREGUNTA 4

A. ¿Qué supuestos básicos son necesarios para aceptar el resultado del cuarto caso?

B. De acuerdo con los resultados del cuarto caso, ¿se debería extender el PSSS a nivel nacional?

Aplicación práctica de la promoción aleatoria

El método de promoción aleatoria puede emplearse en diversas situaciones. Gertler, Martínez y Vivo (2008) lo usaron para evaluar el programa de seguro de salud materno-infantil en Argentina. Tras la crisis económica de 2001, el Gobierno de Argentina observó que los indicadores de salud de la población habían empezado a deteriorarse y, en especial, que estaba aumentando la mortalidad infantil. Decidió introducir un sistema de seguro nacional para las madres y sus hijos, que se extendería a todo el país en el plazo de un año. No obstante, los funcionarios querían evaluar el impacto del programa y asegurarse de que mejoraría el estado de salud de la población. ¿Cómo podía encontrarse un grupo de comparación si todas las madres y los niños tenían derecho a participar en el sistema de seguro si lo deseaban? Los datos de las primeras provincias que implementaron la intervención mostraron que solo entre el 40% y el 50% de los hogares se inscribían realmente en el programa. Por lo tanto, el Gobierno lazó una intensa campaña de información. Sin embargo, la promoción solo se implementó en una muestra aleatoria de comunidades, no en todo el país.

Otros ejemplos incluyen la asistencia de organizaciones no gubernamentales en una evaluación de la gestión comunitaria de las escuelas en Nepal, y el Fondo de Inversión Social de Bolivia (que se analiza en el recuadro 4.3).

Limitaciones del método de promoción aleatoria

La promoción aleatoria es una estrategia útil para la evaluación de impacto de programas voluntarios y con elegibilidad universal, especialmente porque no requiere la exclusión de ninguna unidad elegible. No obstante, este método tiene algunas limitaciones que merecen mencionarse.

Primero, la promoción debe ser eficaz. Si no aumenta la inscripción, no se registrará una diferencia entre los grupos con y sin promoción, y no habrá nada que comparar. Por lo tanto, es esencial someter a intensas pruebas la campaña de promoción para asegurarse de que será eficaz. El diseño de la campaña de promoción puede enseñar a los administradores del programa cómo aumentar la inscripción.

Recuadro 4.3: Promoción de inversiones en infraestructura educativa en Bolivia

En 1991, Bolivia institucionalizó y expandió un exitoso Fondo de Inversión Social (FIS) que ofrecía financiamiento a comunidades rurales para infraestructura de educación, salud y agua. El Banco Mundial, que contribuía al financiamiento fondo, incorporó una evaluación de impacto al diseño del programa.

Como parte de la evaluación de impacto del componente educativo, se seleccionaron aleatoriamente comunidades de la región de Chaco para la promoción activa del Fondo de Inversión Social. Estas recibieron visitas adicionales e incentivos para participar. El programa estaba abierto a todas las comunidades elegibles de la región y estaba orientado a la demanda, ya que las comunidades debían solicitar fondos para un proyecto específico. La participación fue mayor entre las comunidades con promoción.

Newman y otros (2002) usaron la promoción aleatoria como una variable instrumental. Observaron que las inversiones en educación lograron mejorar la calidad de aspectos de la infraestructura escolar como la electricidad, las instalaciones de saneamiento, el número de libros de texto por estudiante y la proporción de estudiantes por profesor. Sin embargo, detectaron un escaso impacto sobre los resultados educativos, a excepción de un descenso de alrededor del 2,5% en la tasa de abandono. Como consecuencia de estas observaciones, el Ministerio de Educación y el Fondo de Inversión Social dedican ahora más atención y recursos al "software" de la educación, y solo financian mejoras de la infraestructura física cuando forman parte de una intervención integral.

Fuente: Newman y otros, 2002.

Segundo, esta metodología solo estima el impacto del programa para una subserie del conjunto de unidades elegibles. En concreto, el impacto promedio del programa se calcula a partir del grupo de personas que solo se inscriben al programa cuando las animan a hacerlo. Sin embargo, las personas de este grupo pueden tener características muy diferentes de las personas que siempre o nunca se inscriben y, por lo tanto, el efecto general del tratamiento para toda la población puede ser diferente del efecto promedio estimado para las personas que solo participan cuando se las anima a que lo hagan.

Notas

1. La asignación aleatoria del tratamiento también se llama habitualmente "diseños de controles aleatorios", "evaluaciones aleatorias", "evaluaciones experimentales" y "experimentos sociales", entre otras denominaciones.

2. Nótese que esta probabilidad no conlleva necesariamente una posibilidad del 50% de ganar el sorteo. De hecho, la mayoría de las asignaciones aleatorias de evaluaciones otorgarán a cada unidad elegible una probabilidad de selección determinada de manera que el número de ganadores (tratamientos) equivalga al número total de beneficios disponibles. Por ejemplo, si un programa cuenta con fondos suficientes para atender solamente a 1000 comunidades de una población total de 10 000 comunidades elegibles, cada comunidad tendrá una posibilidad de 1 entre 10 de resultar seleccionada para el tratamiento. La potencia estadística (un concepto que se analiza más detenidamente en el capítulo 11) se maximizará cuando la muestra de evaluación se divida equitativamente entre los grupos de tratamiento y de control. En este ejemplo, con un tamaño total de la muestra de 2000 comunidades, la potencia estadística se maximizará si se selecciona la totalidad de las 1000 comunidades de tratamiento y una submuestra de 1000 comunidades de control, en lugar de extraer una muestra aleatoria simple del 20% de las 10 000 comunidades elegibles originalmente (lo que produciría una muestra de evaluación de alrededor de 200 comunidades de tratamiento y 1800 comunidades de control).

3. Por ejemplo, los programas de vivienda que ofrecen viviendas subvencionadas seleccionan habitualmente a los participantes en el programa mediante sorteo.

4. Esta propiedad corresponde a la ley de los grandes números.

5. Una muestra de evaluación puede estratificarse por subtipos de población y también puede agruparse por unidades de muestreo. El tamaño de la muestra dependerá del tipo particular de muestreo aleatorio empleado (véase la tercera parte de este libro).

6. La mayoría de los programas informáticos permiten fijar un "número aleatorio" para que los resultados de la asignación sean totalmente transparentes y replicables.

7. En el capítulo 8, se analizarán más detenidamente conceptos como el efecto de derrame o contaminación.

8. Por razones estadísticas, no todas las características observadas tienen que ser similares en los grupos de tratamiento y de comparación para que la selección aleatoria se realice con éxito. Por regla general, este proceso se considerará exitoso si alrededor del 95% de las características observadas son similares. Por "similar" se entiende que no se puede rechazar la hipótesis nula de que las medias de los dos grupos son diferentes cuando se usa un intervalo de confianza del 95%. Incluso cuando las características de los dos grupos son verdaderamente idénticas, se puede esperar que alrededor del 5% de las características muestren una diferencia estadística significativa.

9. En las ciencias médicas normalmente se administra un placebo a los pacientes del grupo de comparación. Esto sirve también para considerar el "efecto placebo": los posibles cambios en el comportamiento y los resultados por el hecho de recibir un tratamiento, aunque este sea ineficaz.

10. Estos dos pasos corresponden al método econométrico de mínimos cuadrados en dos etapas, que genera una media local del efecto del tratamiento.

11. Los lectores con conocimientos de econometría pueden reconocer el concepto: en términos estadísticos, la oferta aleatoria del programa se usa como una variable instrumental de la inscripción real. Las dos características mencionadas son los requisitos para una buena variable instrumental:
   - La variable instrumental debe estar correlacionada con la participación en el programa.
   - La variable instrumental no puede estar correlacionada con los resultados (Y) (a excepción de la participación en el programa) o con variables no observadas.

12. Una vez más, los lectores versados en econometría pueden reconocer que el impacto se estima mediante la asignación aleatoria a los grupos con y sin promoción, como una variable instrumental de la participación real en el programa.

Referencias

Angrist, Joshua; Bettinger, Eric; Bloom, Erik; King, Elizabeth y Kremer, Michael. 2002. "Vouchers for Private Schooling in Colombia: Evidence from a Randomized Natural Experiment". *American Economic Review* 92 (5): 1535-58.

Gertler, Paul; Martínez, Sebastián y Vivo, Sigrid. 2008. "Child-Mother Provincial Investment Project *Plan Nacer*". University of California Berkeley y Banco Mundial, Washington, DC.

Newman, John; Pradhan, Menno; Rawlings, Laura B.; Ridder, Geert; Coa, Ramiro y Evia, José Luis. 2002. "An Impact Evaluation of Education, Health, and Water Supply Investments by the Bolivian Social Investment Fund". *World Bank Economic Review* 16 (2): 241-74.

Schultz, Paul. 2004. "Public Policy for the Poor? Evaluating the Mexican Progresa Poverty Program". *Journal of Development Economics* 74 (1): 199-250.

CAPÍTULO 5

Diseño de regresión discontinua

Los programas sociales usan frecuentemente un índice para decidir quién tiene derecho y quién no a inscribirse. Por ejemplo, los programas de lucha contra la pobreza suelen estar dirigidos a hogares pobres, que se identifican mediante una puntuación de tipo "proxy-mean" o un índice de la pobreza. Esta puntuación puede basarse en una fórmula de tipo "proxy-mean", que se aproxima al bienestar económico de los hogares al medir una serie de activos básicos. Los hogares con puntuaciones bajas se clasifican como pobres y los hogares con puntuaciones más altas se consideran relativamente pudientes. Las autoridades del programa determinan normalmente un umbral o una puntuación límite, por debajo del cual se determina la condición de pobre y la elegibilidad para el programa. Algunos ejemplos son el programa Progresa de México (Buddelmeyer y Skoufias, 2004) y el sistema de Colombia para la selección de beneficiarios del gasto social, denominado SISBEN (Barrera-Osorio, Linden y Urquiola, 2007).

Los programas de pensiones son otro ejemplo, aunque usan otro tipo de índice. La edad es un índice continuo, y la edad de jubilación, el límite que determina la elegibilidad. En otras palabras, solo las personas con cierta edad tienen derecho a recibir una pensión. Un tercer ejemplo de índice continuo de elegibilidad son las calificaciones de los exámenes. Muchos países conceden becas o premios a quienes obtienen mejores calificaciones en un examen estandarizado. Si el número de becas es limitado, solo los estudiantes con calificaciones por encima de cierto umbral (como el 15% con mejores calificaciones) tendrán derecho a este beneficio.

El diseño de regresión discontinua (DRD) es un método de evaluación del impacto que puede usarse para los programas con un índice continuo de elegibilidad y una puntuación límite claramente definida para determinar quién tiene derecho a participar y quién no. Para aplicar un diseño de regresión discontinua es necesario:

1. Un índice continuo de elegibilidad, es decir, una medida continua con la que se puede clasificar a la población de interés, como el índice de pobreza, la puntuación de un examen o la edad.

2. Una puntuación mínima claramente definida, es decir, un punto en el índice por debajo o por encima del cual se elige a la población beneficiaria. Por ejemplo, los hogares con un índice de pobreza igual o menor de 50 sobre 100 se podrían clasificar como pobres, las personas mayores de 66 años se podrían clasificar como pensionistas, y los estudiantes con una puntuación superior a 89 sobre 100 podrían considerarse elegibles para una beca. Las puntuaciones límite en estos ejemplos son 50, 67 y 90, respectivamente.

Primer caso: Subsidios para fertilizantes en la producción de arroz

Considérese el caso de un programa agrícola que subvenciona la compra de fertilizante a los agricultores de arroz para mejorar la producción total. El programa está destinado a pequeñas y medianas explotaciones agrícolas, con menos de 20 hectáreas (50 acres) de superficie total. Antes del comienzo del programa, se puede esperar que la relación entre el tamaño de la explotación agraria y la producción total de arroz sea como se muestra en el gráfico 5.1, dado que las explotaciones más pequeñas tienen menos producción que las más grandes. En este caso, la puntuación para determinar la elegibilidad es el número de hectáreas de la explotación, y el límite se establece en 20 hectáreas. Las explotaciones con extensiones inferiores al límite de 20 hectáreas tienen derecho a recibir subsidios; las que superan las 20 hectáreas, no. Es decir que pueden participar del programa explotaciones de 18 hectáreas, 19 hectáreas o incluso 19,9 hectáreas. Las explotaciones de 20 hectáreas, 20,1 hectáreas y 20,2 hectáreas no participarán porque superan el límite establecido. Es probable que las explotaciones de 19,9 hectáreas sean muy similares a las de 20,1 hectáreas en todos los aspectos, excepto en que unas recibieron el subsidio para fertilizantes y otras no. Conforme crece la distancia respecto del límite de elegibilidad, la naturaleza de las unidades elegibles e inelegibles se irá volviendo más diferente, pero se tiene una medida de sus diferencias basada en los criterios de elegibilidad y, por lo tanto, es posible considerarlas.

Una vez que se pone en marcha el programa y se subvenciona el costo del fertilizante para los pequeños y medianos agricultores, los evaluadores pueden usar el método de la regresión discontinua para conocer qué impacto ha tenido

Gráfico 5.1 Producción de arroz

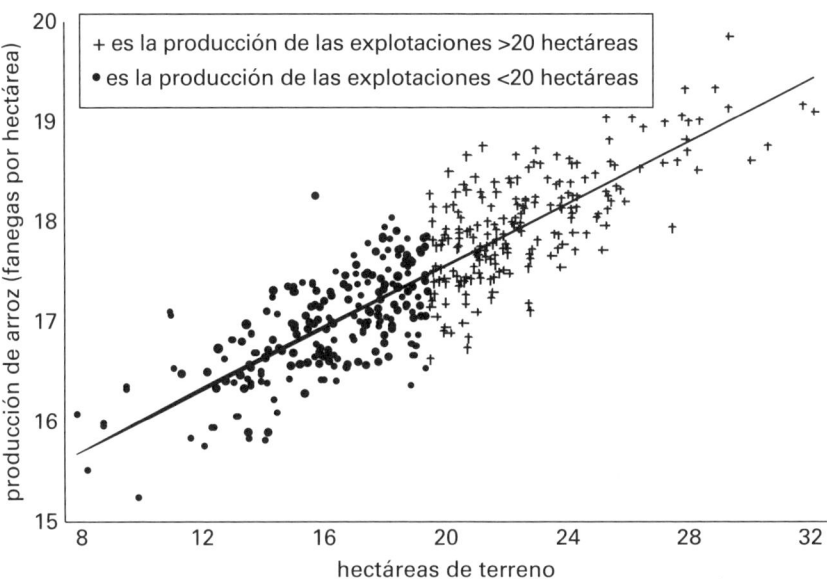

la ayuda. Este método mide la diferencia en los resultados posteriores a la intervención entre las unidades cercanas al límite de elegibilidad, en el ejemplo, una extensión de 20 hectáreas. Las explotaciones que no recibieron subvención al superar las 20 hectáreas, pero que son suficientemente pequeñas como para ser parecidas a algunas que sí la recibieron, constituyen el grupo de comparación. De estas se estima el contrafactual, que será comparado con el de las explotaciones del grupo de tratamiento que sí recibieron subvención al tener una extensión menor de 20 hectáreas, pero que son suficientemente grandes como para ser comparables con las primeras. Como estos dos grupos de explotaciones eran muy similares en la línea de base y están expuestos a la misma serie de factores externos (como el clima, las perturbaciones de los precios, las políticas agrícolas locales y nacionales, etcétera), la única razón de la diferencia en los resultados en el período posterior a la intervención puede atribuirse al propio programa.

El método de regresión discontinua nos permite estimar con éxito el impacto de un programa sin excluir ninguna población elegible. Sin embargo, nótese que el impacto estimado solo es válido en la cercanía del límite de elegibilidad. En el ejemplo, hay una estimación válida del impacto del programa para las explotaciones de pequeño y mediano tamaño, es decir, las inferiores a 20 hectáreas. La evaluación no podrá identificar directamente el impacto del programa sobre las explotaciones más pequeñas, por ejemplo de 0,5 o 1 hectárea, en las que el efecto del subsidio del fertilizante puede diferir considerablemente de los efectos observados en las explotaciones medianas de 19 o 19,5 hectáreas. No existe un grupo de comparación para las explotaciones pequeñas, ya que todas ellas tienen derecho a inscribirse en el programa. La única comparación válida es para las explotaciones con una extensión cercana al límite de 20 hectáreas.

Segundo caso: Transferencias monetarias

Supóngase que se intenta evaluar el impacto de un programa de transferencia monetaria sobre el gasto diario en alimentos de los hogares pobres. Supóngase también que existe un índice de pobreza[1] que observa los activos de los hogares y los resume en una puntuación de 0 a 100, que permite ordenar los hogares de los más pobres a los más ricos. En general, en la línea de base es de esperar que los hogares más pobres gasten menos en alimentos que los más ricos. El gráfico 5.2 muestra una posible relación entre el índice de pobreza y el gasto diario de los hogares en alimentos (el resultado).

El programa está dirigido a los hogares pobres, los que tienen una puntuación igual o inferior a 50. En este ejemplo, el índice continuo de elegibilidad es simplemente el índice de pobreza, y la puntuación límite es 50. La relación continua entre

Gráfico 5.2 Gasto de los hogares en relación con la pobreza (intervención previa)

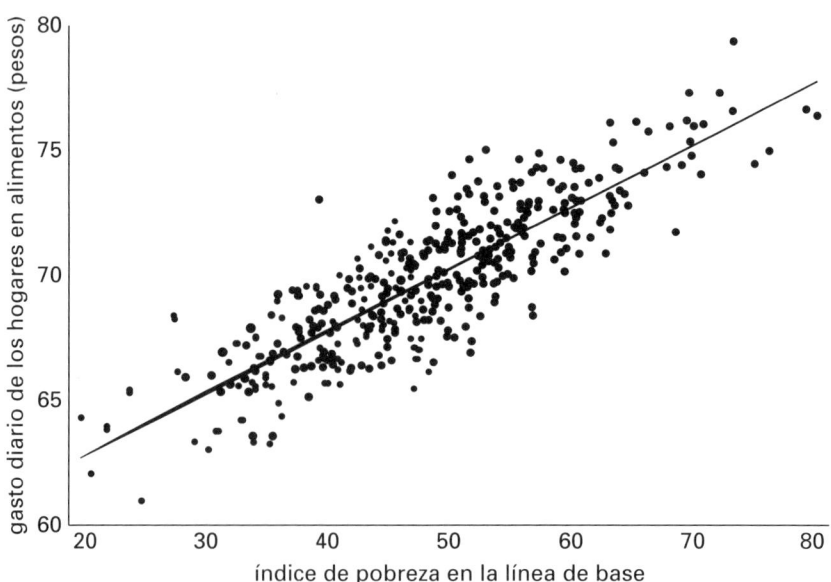

La evaluación de impacto en la práctica

Gráfico 5.3 Discontinuidad en la elegibilidad del programa de transferencia monetaria

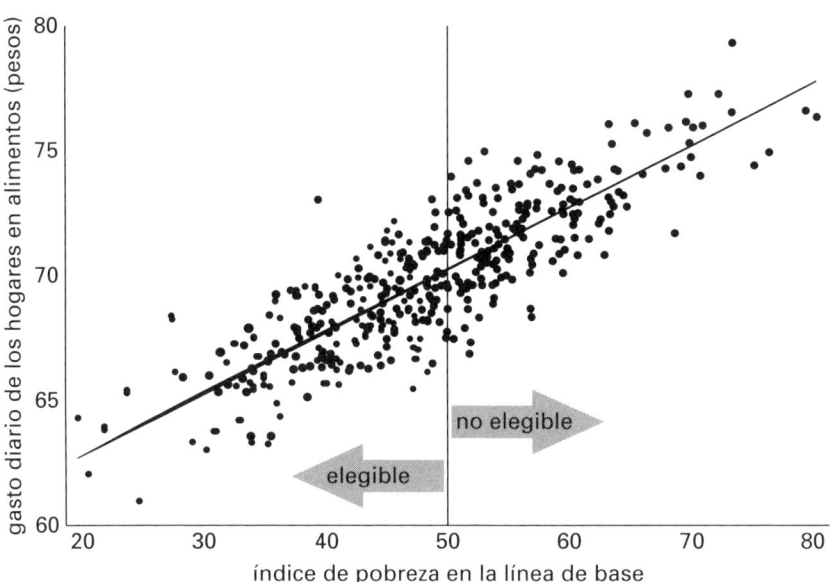

el índice de elegibilidad y la variable del resultado (el gasto diario en alimentos) se muestra en el gráfico 5.3. Los hogares que puntúan justo por debajo del límite son elegibles para el programa, mientras que los que puntúan justo por encima no son elegibles, a pesar de que ambos son muy similares.

El DRD aprovecha la discontinuidad que produce la puntuación límite para estimar el contrafactual. Intuitivamente, los hogares elegibles con puntuación justo por debajo del límite (50 o poco menos) serán muy similares a los hogares con una puntuación justo por encima del límite (por ejemplo, los que tienen una puntuación de 51). En el ejemplo, el programa ha decidido un límite (50) a partir del que se produce un cambio repentino, o discontinuidad, en la elegibilidad del programa. Como los hogares justo por encima del límite son similares a los que están justo por debajo, a excepción de que no reciben transferencias monetarias, pueden servir como grupo de comparación. En otras palabras, los hogares que no tienen derecho al programa, pero que están suficientemente cercanos al límite, se usarán como grupo de comparación para estimar el contrafactual.

Gráfico 5.4 Gasto de los hogares en relación con la pobreza (intervención posterior)

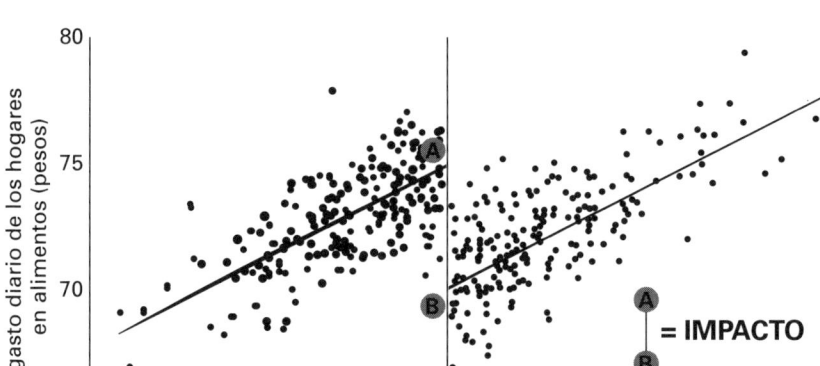

El gráfico 5.4, con resultados posteriores a la intervención, muestra que los resultados promedio de los hogares elegibles que estaban justo por debajo del límite son ahora superiores a los resultados promedio de los hogares no elegibles justo por encima del límite. Dada la relación continua entre las puntuaciones del índice de pobreza y el gasto diario en alimentos antes del programa, la única explicación de la discontinuidad posterior a la intervención es la existencia del programa de transferencia monetaria. En otras palabras, dado que los hogares cercanos (a cada lado) a la puntuación límite tenían características similares en la línea de base, la diferencia en el gasto promedio en alimentos entre los dos grupos es una estimación válida del impacto del programa.

Uso del diseño de regresión discontinua para evaluar el Programa de Subsidio del Seguro de Salud

Después de seguir investigando el diseño del PSSS, se observa que, en la práctica, las autoridades enfocaron el programa en hogares de ingreso bajo usando la línea nacional de pobreza. La línea de pobreza se basa en un índice que asigna a cada hogar del país una puntuación entre 20 y 100 según activos, condición de las viviendas y estructura sociodemográfica. La línea de pobreza se ha fijado

La evaluación de impacto en la práctica

Gráfico 5.5   Índice de pobreza y gasto en salud en la línea de base del Programa de Subsidio del Seguro Social

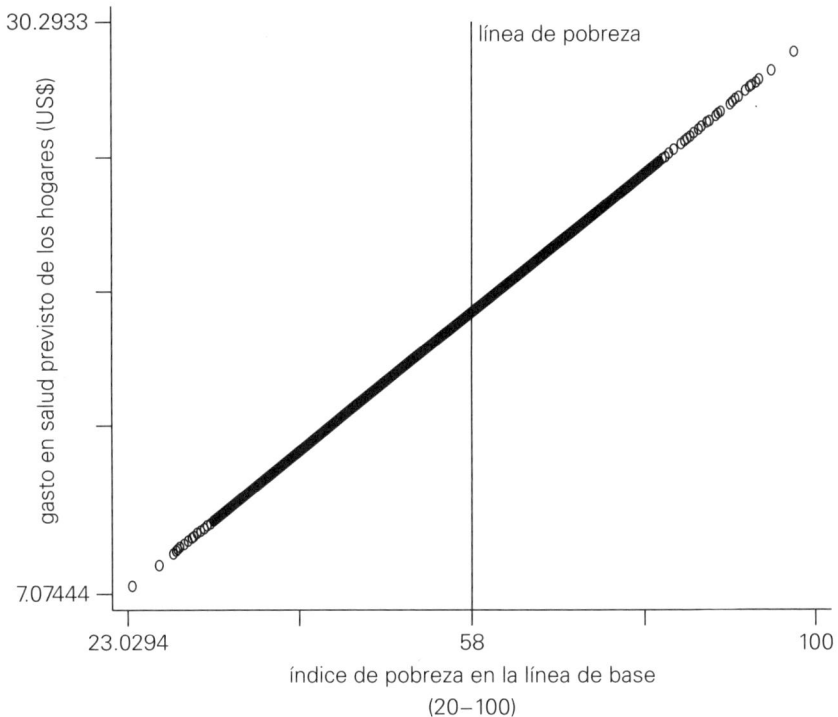

oficialmente en 58. Los hogares con una puntuación inferior a 58 se consideran pobres, mientras que los hogares con una puntuación superior a 58 no se consideran pobres. Solo los hogares pobres tuvieron derecho a participar en el PSSS; no obstante, su muestra incluye datos tanto de hogares pobres como de no pobres de las comunidades de tratamiento.

Utilizando los hogares de su muestra de comunidades de tratamiento, un colega lo ayuda a hacer una regresión multivariante y determinar la relación entre el índice de pobreza y el gasto en salud de los hogares anterior al comienzo del PSSS (gráfico 5.5). La regresión predice que conforme aumenta la puntuación de un hogar en el índice de pobreza, crece el nivel de gasto en salud, lo que demuestra que los hogares más ricos tendían a gastar más en medicamentos y servicios primarios de salud. Nótese que la relación entre el índice de pobreza y el gasto en salud es continua, es decir que no hay evidencias de un cambio en la relación en torno a la línea de pobreza.

Gráfico 5.6   Índice de pobreza y gasto en salud: Programa de Subsidio del Seguro Social dos años después

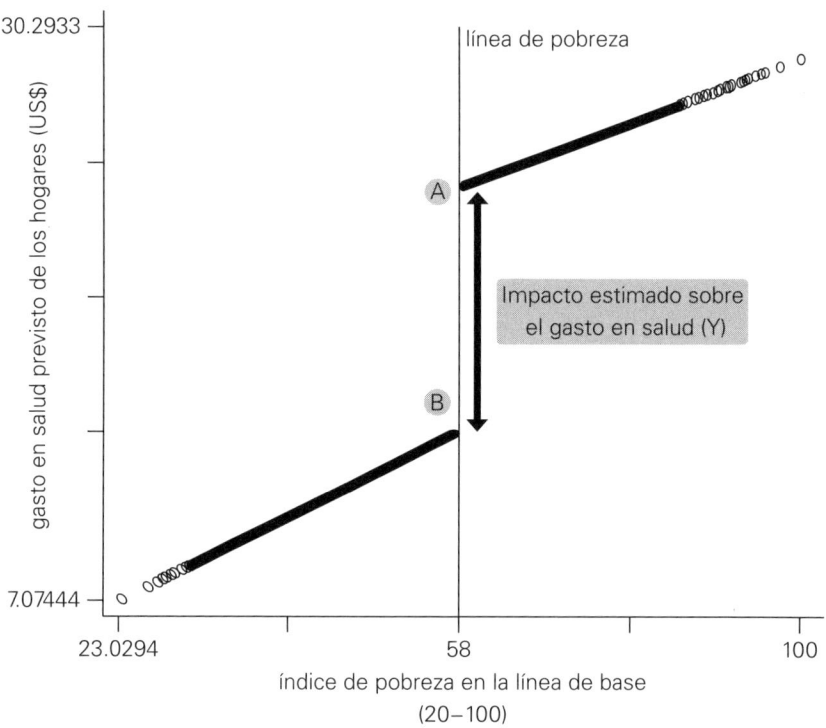

Dos años después del comienzo del programa piloto, solo se ha permitido participar en el PSSS a los hogares con una puntuación por debajo de 58 (es decir, a la izquierda de la línea de pobreza). Con los datos de seguimiento, se vuelve a determinar la relación entre las puntuaciones del índice de pobreza y el gasto en salud previsto, y se obtiene la relación que se muestra en el gráfico 5.6. Esta vez, la relación entre el índice de pobreza y el gasto en salud previsto ya no es continua: hay una clara ruptura o "discontinuidad" en la línea de pobreza.

Cuadro 5.1   Quinto caso: Impacto del PSSS según el diseño de regresión discontinua (análisis de regresión)

	Regresión lineal multivariante
Impacto estimado sobre el gasto en salud de los hogares	−9.05** (0.43)

Nota: Los errores estándar están entre paréntesis.

** Significativa al nivel del 1%.

La evaluación de impacto en la práctica

Esta discontinuidad refleja una disminución del gasto en salud de los hogares con derecho a recibir el programa. Dado que los hogares a ambos lados de la puntuación límite de 58 son muy similares, la única explicación atendible para el diferente nivel de gasto en salud es que un grupo de hogares tuvo derecho a participar en el programa y el otro no. Usted calcula esta diferencia mediante una regresión y obtiene el resultado del cuadro 5.1.

PREGUNTA 5

A. ¿El resultado en el cuadro 5.1 es válido para todos los hogares elegibles?

B. En comparación con el impacto estimado con la asignación aleatoria, ¿qué indica este resultado con respecto a los hogares con un índice de pobreza justo por debajo de 58?

C. De acuerdo con este resultado del quinto caso, ¿se debe extender el PSSS a nivel nacional?

Aplicación del diseño de regresión discontinua

El diseño de regresión discontinua se ha usado en varios contextos. Lemieux y Milligan (2005) analizaron los efectos de la asistencia social sobre la oferta de mano de obra en Quebec. Martínez (2004) estudió el efecto de las pensiones de jubilación sobre el consumo en Bolivia. Filmer y Schady (2009) evaluaron

---

Recuadro 5.1: Asistencia social y oferta de mano de obra en Canadá

Uno de los estudios más conocidos que usó el DRD aprovechó la marcada discontinuidad de un programa de asistencia social en Quebec, Canadá, para entender los efectos del programa sobre los resultados en el mercado laboral. El programa de bienestar social, financiado a través del Plan de Asistencia Canadiense, ofrece asistencia a los desempleados. Durante muchos años, el programa ofreció pagos significativamente inferiores a las personas menores de 30 años sin hijos, en comparación con las personas mayores de 30 años: US$185 frente a US$507 mensuales.

Con el fin de evaluar rigurosamente este programa, Lemieux y Milligan (2005) limitaron la muestra a los hombres sin hijos ni título del secundario, y reunieron datos del censo y la encuesta sobre la fuerza laboral de Canadá. Para justificar el uso del DRD, mostraron que los hombres cercanos al punto de discontinuidad (con edades comprendidas entre 25 y 39 años) tenían características observables muy similares.

Al comparar a los hombres a ambos lados del umbral de elegibilidad, los autores observaron que el acceso a mayores beneficios de asistencia social produjo en realidad una reducción del empleo del 4,5% entre los hombres dentro de este rango de edad sin hijos.

Fuente: Lemieux y Milligan, 2005.

---

el impacto de un programa que ofrecía becas a estudiantes pobres para promover la matriculación escolar y mejorar las calificaciones en los exámenes en Camboya. Buddelmeyer y Skoufias (2004) compararon el desempeño de la regresión discontinua con el método aleatorio en el programa Progresa, y observaron que los impactos estimados mediante los dos métodos eran similares en la gran mayoría de los resultados analizados. Algunos de estos ejemplos se describen en detalle en los recuadros 5.1, 5.2 y 5.3.

Recuadro 5.2: Tasas escolares y niveles de matriculación en Colombia

En Colombia, Barrera-Osorio, Linden y Urquiola (2007) usaron el diseño de regresión discontinua para evaluar el impacto de un programa de reducción de las tasas escolares (Gratuidad) sobre el nivel de matriculación escolar en la ciudad de Bogotá. Dicho programa se aplica en función de un índice denominado SISBEN, que consiste en un índice continuo de la pobreza cuyo valor se determina según características de los hogares como la ubicación, los materiales de construcción de la vivienda, los servicios con que cuenta, la demografía, la salud, la educación, el ingreso y las ocupaciones de los miembros del hogar. El Gobierno estableció dos puntuaciones límite dentro del índice SISBEN: los niños de hogares con puntuaciones por debajo de la primera puntuación límite tienen derecho a educación gratuita desde el primero hasta el undécimo grado; los niños de hogares con puntuaciones entre la primera y la segunda puntuación límite tienen derecho a un subsidio del 50% de las tasas para el décimo y undécimo grados; y los niños de hogares con puntuaciones superiores a la segunda puntuación límite no tienen derecho ni a educación gratuita ni a subsidios.

Los autores usaron el diseño de regresión discontinua por cuatro razones. Primero, las características de los hogares como el ingreso o el nivel educativo del jefe del hogar son continuos a lo largo de la puntuación del SISBEN en la línea de base; en otras palabras, no hay "saltos" en las características a lo largo de la puntuación del SISBEN. Segundo, los hogares a ambos lados de las puntuaciones límite tienen características similares, lo que indica que el diseño había producido grupos de comparación fiables. Tercero, se disponía de una muestra cuantiosa de hogares. Cuarto, el Gobierno mantuvo en secreto la fórmula empleada para calcular el SISBEN, de manera que los hogares no pudieran manipular sus puntuaciones.

Al usar el DRD, los investigadores observaron que el programa tuvo un impacto positivo significativo sobre el nivel de matriculación escolar. En concreto, la matriculación aumentó 3 puntos porcentuales para los estudiantes de primaria de hogares por debajo de la primera puntuación límite y 6 puntos porcentuales para los estudiantes de secundaria de los hogares entre la primera y la segunda puntuación límite. Este estudio demuestra los beneficios de reducir el costo directo de la escolarización, especialmente para los estudiantes en situación de riesgo. Sin embargo, sus autores también recomiendan que se sigan investigando las elasticidades con respecto al precio para influir mejor en el diseño de programas de subsidio como este.

Fuente: Barrera-Osorio, Linden y Urquiola, 2007.

Recuadro 5.3: Sistemas de protección social basados en el índice de pobreza en Jamaica

El DRD se usó también para evaluar el impacto de una iniciativa de protección social en Jamaica. En 2001, el Gobierno inició el Programa de Fomento a través de la Salud y la Educación para aumentar las inversiones en capital humano y mejorar la orientación de los beneficios sociales para los pobres. El programa ofreció subsidios de salud y educación a los niños de hogares pobres elegibles, a condición de que asistieran a la escuela y visitaran regularmente los centros de salud. El beneficio mensual medio para cada niño era de alrededor de US$6,50, además de la anulación oficial de ciertas tasas sanitarias y educativas.

Dado que la elegibilidad del programa se determinó mediante una fórmula de puntuación, Levy y Ohls (2007) pudieron comparar hogares justo por debajo del umbral de elegibilidad con hogares justo por encima (con una diferencia de entre 2 y 15 puntos respecto del límite). Los investigadores justificaron el uso del DRD con datos de la línea de base que demostraban que los hogares de tratamiento y de comparación tenían niveles similares de pobreza, medidos con puntuaciones indirectas de los medios de vida, y niveles similares de motivación, dado

que todos los hogares de la muestra se habían inscrito en el programa. Los investigadores también usaron la puntuación de elegibilidad en el análisis de regresión para considerar cualquier diferencia entre los grupos.

Levy y Ohls (2007) observaron que el Programa de Fomento a través de la Salud y la Educación aumentó la asistencia a la escuela de los niños de entre 6 y 17 años una media de 0,5 días al mes, lo cual es significativo si se tiene en cuenta la tasa de asistencia del 85%, ya de por sí bastante alta. Además, las visitas a centros de salud de los niños de 0 a 6 años aumentaron alrededor de un 38%. Aunque los investigadores no pudieron hallar ningún impacto a largo plazo sobre los logros escolares y el estado de salud, concluyeron que la magnitud de los impactos observados era ampliamente comparable con los programas de transferencia monetaria condicionada implementados en otros países. Finalmente, un aspecto interesante de esta evaluación es que recogió tanto datos cuantitativos como cualitativos a través de sistemas de información, entrevistas, grupos de discusión y encuestas de hogares.

Fuente: Levy y Ohls, 2007.

Limitaciones e interpretación del diseño de regresión discontinua

El diseño de regresión discontinua estima los impactos medios *locales* en torno al umbral de elegibilidad en el punto en el que las unidades de tratamiento y de comparación son más similares. Conforme el umbral está más cerca, las unidades a ambos lados se asemejan más. De hecho, sumamente cerca de la puntuación límite, las unidades a ambos lados del límite serán tan parecidas que la comparación será tan buena como si se hubieran elegido los grupos de tratamiento y de comparación mediante asignación aleatoria.

Dado que el DRD estima el impacto del programa en torno a la puntuación límite, o localmente, la estimación no se puede generalizar a unidades cuyas puntuaciones estén más alejadas, es decir, en las que las personas elegibles y no elegibles no sean tan similares. El hecho de que el DRD no pueda computar un efecto medio del tratamiento para todos los participantes del programa puede considerarse tanto un punto fuerte como una limitación, según cuál sea la pregunta de interés de la evaluación. Cuando la evaluación pretende informar la decisión de si un programa debe existir o no, el efecto medio del tratamiento para toda la población elegible puede ser el parámetro más relevante, y está claro que el DRD no será el mejor criterio para decidir. Sin embargo, si la pregunta de interés es si el programa se debe suspender o expandir en el margen, el DRD podrá informar esta decisión.

El hecho de que el DRD produzca efectos generales locales del tratamiento también plantea dificultades en términos de la potencia estadística del análisis. Dado que los efectos solo se estiman en torno a la puntuación límite, se pueden usar menos observaciones que en los métodos que incluirían todas las unidades. Cuando se aplica el DRD, se requieren muestras de evaluación relativamente grandes para obtener una potencia estadística suficiente. En la práctica, se determina un margen en torno a la puntuación límite que se incluirá en la estimación, en función del equilibrio de las características observadas en la población por encima y por debajo del límite. A continuación, se puede volver a realizar la estimación usando diferentes márgenes para comprobar si las estimaciones dependen del margen elegido. Por regla general, cuanto más margen, mayor será la potencia estadística del análisis, ya que se incluyen más observaciones. Sin embargo, alejarse del límite también puede exigir suposiciones adicionales de la forma funcional para obtener una estimación creíble del impacto.

Una salvedad adicional cuando se usa el DRD es que la especificación puede depender de la forma funcional que se use para modelar la relación entre la puntuación para la elegibilidad y el resultado de interés. En el ejemplo del programa de transferencia monetaria, se supone que la relación en la línea de base entre el índice de pobreza de los hogares y su gasto diario en alimentos es simple y lineal. La relación entre el índice de elegibilidad y el resultado de interés (Y) en la línea de base podría ser mucho más compleja y conllevar relaciones e interacciones entre variables no lineales. Si no se consideran estas relaciones complejas en la estimación, se podrían confundir con una discontinuidad en los resultados posteriores a la intervención. En la práctica, se puede estimar el impacto del programa mediante varias formas funcionales (lineales, cuadráticas, cúbicas, etc.) para determinar si las estimaciones del impacto dependen, de hecho, de la forma funcional.

Incluso con estas limitaciones, el diseño de regresión discontinua genera estimaciones no sesgadas del impacto en la cercanía del límite de elegibilidad. La regresión discontinua aprovecha las reglas de asignación del programa al usar índices continuos de elegibilidad, que ya son comunes en muchos programas sociales. Cuando se aplican reglas de elegibilidad basadas en índices, no es necesario excluir a un grupo de hogares o a personas elegibles del tratamiento para fines de evaluación: en su lugar se puede usar el diseño de regresión discontinua.

Nota

1. Esto se denomina a veces puntaje "proxy-mean" porque se utilizan los bienes del hogar para estimar su bienestar económico o su capacidad adquisitiva.

Referencias

Barrera-Osorio, Felipe; Linden, Leigh y Urquiola, Miguel. 2007. "The Effects of User Fee Reductions on Enrollment: Evidence from a Quasi-Experiment". Columbia University y Banco Mundial, Washington, DC.

Buddelmeyer, Hielke y Skoufias, Emmanuel. 2004. "An Evaluation of the Performance of Regression Discontinuity Design on PROGRESA". Documento de trabajo del Banco Mundial sobre investigaciones relativas a políticas de desarrollo 3386, IZA Discussion Paper 827. Banco Mundial, Washington, DC.

Filmer, Deon y Schady, Norbert. 2009. "School Enrollment, Selection and Test Scores". Documento de trabajo del Banco Mundial sobre investigaciones relativas a políticas de desarrollo 4998. Banco Mundial, Washington, DC.

Lemieux, Thomas y Milligan, Kevin. 2005. "Incentive Effects of Social Assistance: A Regression Discontinuity Approach". NBER Working Paper 10541. National Bureau of Economic Research, Cambridge, MA.

Levy, Dan y Ohls, Jim. 2007. "Evaluation of Jamaica's PATH Program: Final Report". Mathematica Policy Research, Inc., Ref. 8966-090, Washington, DC.

Martínez, S. 2004. "Pensions, Poverty and Household Investments in Bolivia". University of California, Berkeley, CA.

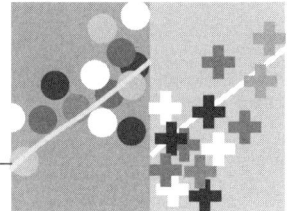

CAPÍTULO 6

Diferencias en diferencias

Los tres métodos de evaluación de impacto analizados hasta ahora, *asignación aleatoria*, *promoción aleatoria* y *diseño de regresión discontinua*, estiman el contrafactual a través de reglas explícitas de asignación del programa, que el evaluador conoce y entiende. Como se ha discutido anteriormente, estos métodos ofrecen estimaciones creíbles del contrafactual haciendo relativamente pocas suposiciones e imponiendo pocas condiciones. Los dos próximos tipos de métodos, *diferencias en diferencias* (DD) y *pareamiento*, ofrecen al evaluador herramientas adicionales que pueden aplicarse cuando las reglas de asignación del programa sean menos claras o cuando no sea factible ninguno de los tres métodos antes descritos. Como se verá, tanto el método de diferencias en diferencias como el pareamiento también pueden constituir herramientas estadísticas potentes: se verá que en ocasiones se pueden usar juntas, o con otros métodos de evaluación de impacto.

Aunque tanto diferencias en diferencias como pareamiento se usan con frecuencia, ambos métodos requieren normalmente suposiciones más fuertes que los métodos de selección aleatoria. Además, a diferencia de los métodos de selección aleatoria, ambos métodos requieren necesariamente de la existencia de datos de línea de base[1].

El método de diferencias en diferencias consiste, como indica su nombre, en aplicar una doble diferencia. Compara los *cambios* a lo largo del tiempo en la variable de interés entre una población inscrita en un programa (el grupo de tratamiento) y una población no inscrita (el grupo de comparación). Considérese, por ejemplo, el caso de un programa de construcción de carreteras que no se puede asignar aleatoriamente y que no se asigna en función de un índice con un umbral claramente definido, lo que permitiría un diseño de regresión discontinua. Uno de los objetivos

Concepto clave:
El método de diferencias en diferencias estima el contrafactual del cambio en el resultado para el grupo de tratamiento calculando el cambio del resultado para el grupo de comparación. Este método nos permite tener en cuenta cualquier diferencia constante en el tiempo entre los grupos de tratamiento y de comparación.

del programa es mejorar el acceso a los mercados laborales, y uno de los indicadores de resultado es el empleo. Como se vio en el capítulo 3, la simple observación del cambio antes-después en las tasas de empleo de las áreas afectadas por el programa no nos mostrará el impacto causal del programa, porque es probable que muchos otros factores influyan en el empleo. Al mismo tiempo, la comparación de las áreas que recibieron y no recibieron el programa de carreteras será problemática si existen razones no observables por las que unas lo recibieron y otras no. Como por ejemplo, el problema del sesgo de selección analizado en el caso de la comparación de inscritos y no inscritos.

Sin embargo, ¿qué pasaría si se combinaran los dos métodos y se comparasen los cambios antes-después de los resultados de un grupo inscrito en el programa con los cambios antes-después de un grupo no inscrito en el programa? La diferencia de los resultados antes-después del grupo inscrito (la primera diferencia) *considera* factores constantes en el tiempo para dicho grupo, ya que se compara al grupo con sí mismo. Sin embargo, todavía nos quedan los factores externos que varían con el tiempo. Una manera de observar estos factores variables en el tiempo es medir el cambio antes-después de los resultados de un grupo que *no* se inscribió en el programa, pero estuvo expuesto a las mismas condiciones ambientales (la segunda diferencia). Si se "limpia" la primera diferencia de otros factores variables en el tiempo que afectan al resultado de interés sustrayéndole la segunda diferencia, se habrá eliminado la principal causa de sesgo que nos preocupaba en el caso de las comparaciones simples de antes-después. Por lo tanto, el método de diferencias en diferencias combinaría los dos falsos contrafactuales (comparaciones antes-después y comparaciones inscritos-no inscritos) para generar una mejor estimación del contrafactual. En nuestro caso sobre carreteras, el método de diferencias en diferencias podría comparar el cambio en el empleo antes y después de la implementación del programa en el caso de las personas que viven en áreas afectadas por el programa de construcción de carreteras con los cambios en el empleo en las áreas en las que no se implementó el programa.

Es importante señalar que el contrafactual que se estima en este caso es el *cambio* en los resultados del grupo de tratamiento. Los grupos de tratamiento y de comparación no tienen que contar necesariamente con las mismas condiciones previas a la intervención. No obstante, para que el método de diferencias en diferencias sea válido, el grupo de comparación debe representar el cambio en los resultados que habría experimentado el grupo de tratamiento en ausencia del programa. Para aplicar diferencias en diferencias, solo hace falta medir los resultados del grupo que recibe el programa (el grupo de tratamiento) y del grupo que no lo recibe (el grupo de comparación) antes y después del programa. Este método no requiere que se especifiquen las reglas para la asignación del tratamiento.

El gráfico 6.1 ilustra el método de diferencias en diferencias. Un grupo de tratamiento está inscrito en un programa y un grupo de comparación no está inscrito. La variable de resultado para el grupo de tratamiento va de A (año 0, antes del

Gráfico 6.1   Diferencias en diferencias

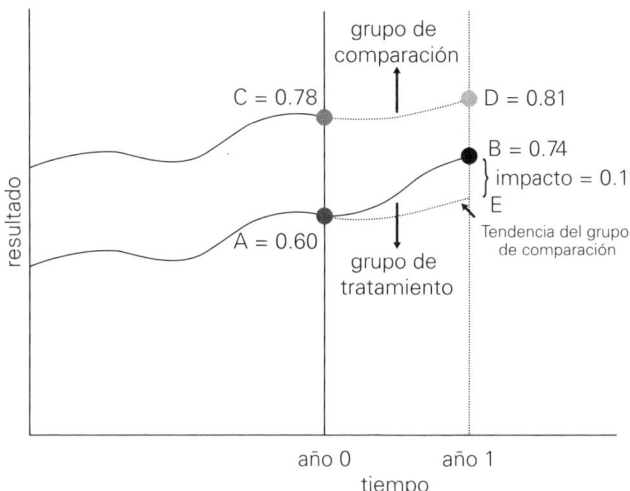

programa) a *B* (año 1, después del programa), mientras que para el grupo de comparación va de *C* a *D* respectivamente.

Recordemos nuestros dos falsos contrafactuales: la diferencia de los resultados antes y después de la intervención en el grupo de tratamiento (*B − A*) y la diferencia de los resultados[2] después de la intervención entre los grupos de tratamiento y de comparación (*B − D*). Con diferencias en diferencias, la estimación del contrafactual se obtiene calculando el cambio en los resultados del grupo de comparación (*D − C*). Este cambio del contrafactual se substrae a continuación del cambio de los resultados en el grupo de tratamiento (*B − A*).

En resumen, el impacto del programa se computa simplemente como la diferencia entre dos diferencias:

Impacto de la DD = (*B − A*) − (*D − C*) = (*B − E*) = (0.74 − 0.60) − (0.81 − 0.78) = 0.11.

Las relaciones presentadas en el gráfico 6.1 también pueden presentarse en un cuadro simple. En el cuadro 6.1 se describen los componentes de las estimaciones de diferencias en diferencias. La primera línea contiene los resultados del grupo de tratamiento antes (*A*) y después (*B*) de la intervención. La comparación antes-después del grupo de tratamiento es la primera diferencia (*B − A*). La segunda línea contiene los resultados del grupo de comparación antes de la intervención (*C*) y después de la intervención (*D*), por lo que la segunda diferencia (estimación del contrafactual) es (*D − C*).

Cuadro 6.1   El método de diferencias en diferencias

	Después	Antes	Diferencia
Tratamiento/inscritos	B	A	$B - A$
Comparación/ no inscritos	D	C	$D - C$
Diferencia	$B - D$	$A - C$	$DD = (B - A) - (D - C)$

	Después	Antes	Diferencia
Tratamiento/inscritos	0.74	0.60	0.14
Comparación/ no inscritos	0.81	0.78	0.03
Diferencia	-0.07	-0.18	$DD = 0.14 - 0.03 = 0.11$

El método de diferencias en diferencias computa la estimación del impacto de la siguiente manera:

1. Se calcula la diferencia del resultado (Y) entre las situaciones antes y después para el grupo de tratamiento $(B - A)$.

2. Se calcula la diferencia del resultado (Y) entre las situaciones antes y después para el grupo de comparación $(D - C)$.

3. A continuación, se calcula la diferencia entre la diferencia en los resultados del grupo de tratamiento $(B - A)$ y la diferencia del grupo de comparación $(D - C)$, o DD = $(B - A) - (D - C)$. Esta "diferencia en diferencias" es nuestra estimación del impacto.

¿Qué utilidad tiene el método de diferencias en diferencias?

Para entender la utilidad de este método, se empieza por examinar nuestro primer falso contrafactual, que comparaba a las unidades inscritas con las no inscritas en el programa. Recuerde que la principal preocupación en este caso era que las dos series de unidades pudieran tener características diferentes, y que dichas características explicaran la diferencia en los resultados entre los dos grupos en lugar del programa. Las características no observadas eran especialmente preocupantes: por definición, es imposible incluir las diferencias *no observadas* en el análisis.

El método de diferencias en diferencias ayuda a resolver este problema en la medida en que sea razonable suponer que muchas características de las unidades o las personas son constantes (o *invariables en el tiempo*). Considérese, por ejemplo, características *observadas*, como el año de nacimiento de una persona, la ubicación de una región con respecto al océano, el nivel de desarrollo económico de una ciudad o el nivel de educación de un padre. Aunque puedan estar relacionadas con los resultados, la mayoría de este tipo de variables probablemente no cambiará en el transcurso de una evaluación. Con del mismo razonamiento, se podría concluir que muchas características *no observadas* de personas también son más o menos constantes a lo largo del tiempo. Considere, por ejemplo, la inteligencia de una persona o características de la personalidad como la motivación, el optimismo, la autodisciplina o el historial de salud en la familia. Es plausible que muchas de estas características intrínsecas no cambien con el tiempo.

Cuando se observa a la misma persona antes y después de un programa y se computa una simple diferencia en el resultado para dicha persona, se anula el efecto de todas las características específicas de esa persona que son constantes en el tiempo. Pero con ello se anula (o se controla) no solo el efecto de las características *observadas* constantes, sino también el efecto de las características *no observadas* constantes, como las mencionadas anteriormente.

El supuesto de "igualdad de tendencias" en las diferencias en diferencias

Aunque diferencias en diferencias nos permite tener en cuenta las características constantes en el tiempo entre los grupos de tratamiento y de comparación, no nos ayuda a eliminar el sesgo producido por aquellas características que varían a lo largo del tiempo entre los grupos de tratamiento y de comparación. En el ejemplo anterior del programa de carreteras, si las zonas de tratamiento se benefician también de la construcción de un puerto marítimo, no se podrá tener en cuenta el efecto de la construcción del puerto marítimo mediante un método de diferencias en diferencias. Para que este método genere una estimación válida del contrafactual, se debe suponer la inexistencia de estas diferencias que aparecen a lo largo del tiempo entre los grupos de tratamiento y de comparación.

Otra manera de entender esto es considerar que, en ausencia del programa, las diferencias en los resultados entre los grupos de tratamiento y de comparación tendrían que evolucionar paralelamente, es decir, sin el tratamiento, los resultados aumentarían o disminuirían al mismo ritmo en ambos grupos; es decir, es necesario que los resultados reflejen *tendencias iguales en ausencia del tratamiento*.

Lamentablemente, no existe una manera de demostrar que las diferencias entre los grupos de tratamiento y de comparación habrían evolucionado paralelamente en ausencia del programa. Esto se debe a que no se puede observar lo que le habría pasado al grupo de tratamiento en ausencia del tratamiento; en otras palabras, como ya es sabido ¡no se puede observar el contrafactual!

Por lo tanto, cuando se usa el método de diferencias en diferencias, se debe *suponer* que, en ausencia del programa, el resultado del grupo de tratamiento habría evolucionado paralelamente al grupo de comparación. El gráfico 6.2 ilustra un incumplimiento de este supuesto fundamental, que resulta indispensable para que el método de diferencias en diferencias produzca estimaciones de impacto creíbles. Si las tendencias de los resultados son diferentes para los grupos de tratamiento y de comparación, el efecto estimado de tratamiento obtenido mediante métodos de diferencias en diferencias será inválido o sesgado. Esto se debe a que la tendencia del grupo de comparación no es una estimación válida de la tendencia del contrafactual. Como se ve en el gráfico 6.2, los resultados del grupo de comparación crecen más lentamente que los resultados del grupo de tratamiento en ausencia del programa; por consiguiente, el uso de la tendencia del grupo de comparación como estimación de la "tendencia contrafactual" del grupo de tratamiento provoca una sobreestimación del impacto del programa.

Comprobación del supuesto de "igualdad de tendencias" en el método de diferencias en diferencias

A pesar de que no se puede demostrar, el supuesto fundamental de igualdad de tendencias se puede comprobar. Una buena manera de hacerlo es comparar

Gráfico 6.2 Diferencias en diferencias cuando las tendencias de los resultados son diferentes

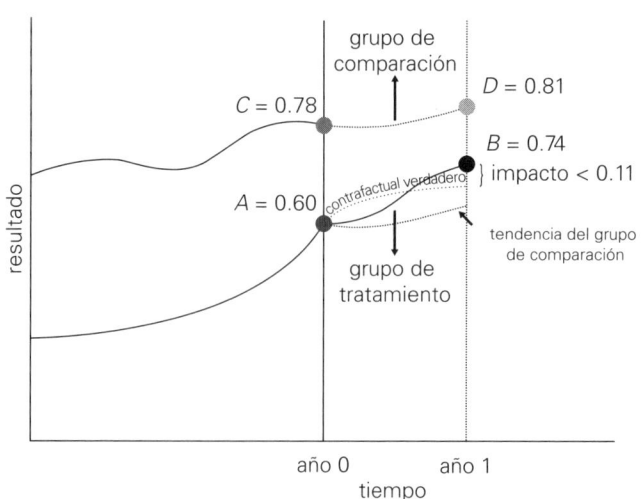

el comportamiento en los grupos de comparación y de tratamiento *antes* de la implementación del programa. Si los resultados evolucionaron en paralelo antes del comienzo del programa, se tendrá más confianza en que los resultados habrían seguido progresando simultáneamente en el período posterior a la intervención en ausencia de la intervención. Para comprobar la igualdad de las tendencias antes de la intervención, se necesitan al menos dos rondas de datos para los grupos de tratamiento y de comparación antes del comienzo del programa. Esto conlleva al menos tres rondas de datos para la evaluación: dos previas a la intervención para valorar las tendencias anteriores al programa y una observación posterior a la intervención para evaluar el impacto mediante diferencias en diferencias.

Una segunda manera de comprobar el supuesto de las tendencias iguales sería la realización de lo que se conoce como una prueba de "placebo". En este caso, se realiza una estimación adicional de diferencias en diferencias mediante un grupo de tratamiento "falso", es decir, un grupo que usted sabe que no ha sido afectado por el programa. Por ejemplo, usted quiere estimar en qué medida las clases particulares adicionales para estudiantes de séptimo grado afectan su probabilidad de asistir a la escuela, y elige a estudiantes de octavo grado como grupo de comparación. Para comprobar si los estudiantes de séptimo y de octavo grado tienen las mismas tendencias en términos de asistencia a la escuela, podría verificar si los estudiantes de octavo y de sexto grado tienen las mismas tendencias. Sabe que los estudiantes de sexto grado no están afectados por el programa, por lo tanto, si realiza una estimación de diferencias en diferencias con estudiantes de octavo grado como grupo de comparación y estudiantes de sexto grado como grupo de tratamiento falso, *debe* obtener un impacto nulo. De lo contrario, el impacto que obtiene tiene que deberse a alguna diferencia fundamental en las tendencias entre los estudiantes de sexto y de octavo grado. A su vez, esto hace dudar de la posibilidad de suponer que los estudiantes de séptimo y octavo grado registren tendencias paralelas en ausencia del programa.

Se puede realizar una prueba de placebo no solo con un grupo de tratamiento falso, sino también con un resultado falso. En el ejemplo de las clases particulares, puede comprobar la validez usando a estudiantes de octavo grado como grupo de comparación y estimando el impacto de las clases particulares sobre un resultado que sabe que no se ve afectado por ellas, como el número de hermanos de cada estudiante. Si su estimación de diferencias en diferencias produce un "impacto" de las clases particulares sobre el número de hermanos de cada estudiante, sabe que debe haber fallos en su grupo de comparación.

Una cuarta manera de comprobar el supuesto de las tendencias iguales sería la aplicación del método de diferencias en diferencias en distintos grupos de comparación. En el ejemplo de las clases particulares, primero hará la estimación para los estudiantes de octavo grado, y hará una segunda estimación para los de sexto grado. Si ambos grupos de comparación son válidos, el impacto estimado será aproximadamente el mismo en ambos cálculos.

Uso de las diferencias en diferencias para evaluar el Programa de Subsidios del Seguro de Salud

El método de diferencias en diferencias se puede usar para evaluar nuestro Programa de Subsidios del Seguro de Salud. En este caso, se tienen dos rondas de datos sobre dos grupos de hogares: un grupo de inscritos al programa y otro de no inscritos. Al revisar los grupos de inscritos y no inscritos seleccionados, se ve que no se puede comparar simplemente el gasto promedio en salud de los dos grupos debido al sesgo de selección. Dado que se cuenta con datos en dos momentos del tiempo para cada hogar de la muestra, se puede usar dichos datos para resolver algunos de estos problemas mediante la comparación del cambio en el gasto de los dos grupos, suponiendo que el cambio en el gasto en salud del grupo no inscrito refleja lo que le habría sucedido al gasto en salud del grupo inscrito en ausencia del programa (véase el cuadro 6.2). Nótese que no importa de qué manera se calcule la doble diferencia.

A continuación, se estima el efecto mediante el análisis de regresión estadística (cuadro 6.3). Al usar una regresión lineal simple se observa que el programa ha reducido el gasto en salud de los hogares en US$7,8. Finalmente es posible mejorar el análisis mediante una regresión lineal multivariante para tener en cuenta factores adicionales, y se observa la misma disminución del gasto en salud de los hogares.

PREGUNTA 6
A. ¿Qué supuestos básicos son necesarios para aceptar el resultado del sexto caso?
B. De acuerdo con los resultados del sexto caso, ¿se debería extender el Programa de Subsidios del Seguro de Salud a nivel nacional?

Cuadro 6.2   Sexto caso: Impacto del PSSS, diferencias en diferencias (comparación de medias)

	Después (seguimiento)	Antes (línea de base)	Diferencia
Inscritos	7.8	14.4	−6.6
No inscritos	21.8	20.6	1.2
Diferencia			DD = −6.6 − 1.2 = −7.8

Cuadro 6.3   Sexto caso: Impacto del PSSS, diferencias en diferencias (análisis de regresión)

	Regresión lineal	Regresión lineal multivariante
Impacto estimado sobre el gasto en salud de los hogares	−7.8** (0.33)	−7.8** (0.33)

Nota: Los errores estándares están entre paréntesis.

** Significativos al nivel del 1%.

Aplicación del método de diferencias en diferencias

A pesar de sus limitaciones, el método de diferencias en diferencias sigue siendo una de las metodologías de evaluación de impacto empleadas con más frecuencia, y la bibliografía económica brinda muchos ejemplos de ello. Por ejemplo, Duflo (2001) lo utilizó para analizar el impacto sobre la escolarización y el mercado laboral de la construcción de escuelas en Indonesia. Di Tella y Schargrodsky (2005) lo utilizaron para examinar si el aumento de las fuerzas policiales reduce la delincuencia. En el recuadro 6.1 se describe otro ejemplo.

Recuadro 6.1: Privatización del agua y mortalidad infantil en Argentina

Galiani, Gertler y Schargrodsky (2005) usaron el método de diferencias en diferencias para resolver una importante cuestión de política pública: si la privatización de los servicios de suministro de agua podría mejorar los resultados para la salud y contribuir al alivio de la pobreza. Durante la década de 1990, Argentina inició una de las campañas de privatización más grandes de su historia, y transfirió las compañías municipales de aguas a empresas privadas reguladas, que llegaban a aproximadamente el 30% de los municipios del país y el 60% de la población. El proceso de privatización transcurrió a lo largo de una década, con 1995 como el año de mayor número de privatizaciones.

Galiani, Gertler y Schargrodsky (2005) aprovecharon el cambio de la propiedad del servicio de aguas a lo largo del tiempo para determinar el impacto de la privatización sobre la tasa de mortalidad de menores de 5 años. Antes de 1995, las tasas de mortalidad infantil estaban reduciéndose al mismo ritmo en todo el país; después de 1995, las tasas de mortalidad se redujeron más rápidamente en los municipios en los que se había privatizado el suministro de agua. Los investigadores afirman que, en este contexto, es muy probable que se confirmen los supuestos necesarios para aplicar diferencias en diferencias. En primer lugar, demuestran que la decisión de privatizar no se correlacionó con las crisis económicas ni los niveles históricos de mortalidad infantil. En segundo lugar, demuestran que no se observan diferencias en las tendencias de la mortalidad infantil entre los municipios de comparación y de tratamiento antes de que comenzara la campaña de privatizaciones.

Comprobaron la solidez de sus observaciones descomponiendo el efecto de la privatización sobre la mortalidad infantil en función de la causa de la muerte, y observaron que la privatización de los servicios de suministro de agua está correlacionada con la reducción de muertes por enfermedades infecciosas y parasitarias, pero no de muertes por causas no relacionadas con las condiciones del agua, como accidentes o enfermedades congénitas. Al final, la evaluación determinó que la mortalidad infantil se había reducido alrededor de un 8% en las áreas donde se privatizó el suministro, y que el mayor efecto, alrededor del 26%, se registraba en las áreas más pobres, donde la expansión de la red de abastecimiento de agua fue mayor. Este estudio arrojó luz a importantes debates sobre políticas relacionadas con la privatización de los servicios públicos. Los investigadores concluyeron que, en Argentina, el sector privado regulado tuvo más éxito que el sector público en la mejora de los indicadores de acceso, servicio y, lo que es más importante, de mortalidad infantil.

Fuente: Galiani, Gertler y Schargrodsky, 2005.

Limitaciones del método de diferencias en diferencias

El método de diferencias en diferencias es generalmente menos robusto que los métodos de selección aleatoria (asignación aleatoria, oferta aleatoria y promoción aleatoria). Puede haber un sesgo en la estimación incluso cuando las tendencias son paralelas al comienzo de la intervención. Esto se debe a que diferencias en diferencias atribuye a la intervención *cualquier diferencia en las tendencias* entre los grupos de tratamiento y de intervención que se produzca *desde el comienzo de la intervención*. Si algún otro factor afecta a la diferencia en las tendencias de los dos grupos, la estimación será inválida o sesgada.

Por ejemplo, para estimar el impacto de un subsidio para fertilizante sobre la producción de arroz se mide la producción de arroz de los agricultores subvencionados (tratamiento) y de los agricultores no subvencionados (comparación) antes y después de la distribución de los subsidios. Durante el primer año, los agricultores subvencionados se ven afectados por la sequía, mientras que no sucede lo mismo con los agricultores no subvencionados, por lo que la estimación de diferencias en diferencias generará una estimación inválida del impacto del. En general, cualquier factor que afecte solo al grupo de tratamiento, y lo afecte durante el período en el que recibe el tratamiento, puede invalidar o sesgar la estimación del impacto del programa. Diferencias en diferencias *supone* que esos factores no están presentes.

Notas

1. Aunque en teoría la asignación aleatoria, la promoción aleatoria y el diseño de regresión discontinua no requieren datos de línea de base, en la práctica tener una resulta muy útil para confirmar que las características de los grupos de tratamiento y de comparación son equivalentes. Por esta razón, se recomienda usar una línea de base como parte de cualquier evaluación de impacto. Además de comprobar que las características entre los dos grupos están equilibradas, existen varias buenas razones para recabar datos de línea de base, incluso cuando el método no lo requiera necesariamente. Primero, contar con características de la población previas a la intervención (exógenas) puede permitir al evaluador determinar si el programa tiene un impacto diferente sobre diferentes grupos de la población elegible (el denominado análisis de la heterogeneidad). Segundo, los datos de línea de base también sirven para un análisis que oriente las políticas antes incluso del comienzo de la intervención, y la recolección de datos de línea de base puede servir de prueba piloto para la recolección de datos después de la intervención. Tercero, los datos de línea de base pueden ejercer de "póliza de seguro" en caso de que no se implemente correctamente la asignación aleatoria: el evaluador tendría la segunda opción de usar una combinación del pareamiento y la diferencias en diferencias. Finalmente, los datos de línea de base pueden aumentar la potencia estadística del análisis cuando el número de unidades de los grupos de tratamiento y de comparación es limitado.

2. Todas las diferencias entre los puntos deben interpretarse como diferencias verticales de los resultados en el eje vertical.

Referencias

Di Tella, Rafael y Schargrodsky, Ernesto. 2005. "Do Police Reduce Crime? Estimates Using the Allocation of Police Forces after a Terrorist Attack". *American Economic Review* 94 (1): 115-33.

Duflo, Esther. 2001. "Schooling and Labor Market Consequences of School Construction in Indonesia: Evidence from an Unusual Policy Experiment". *American Economic Review* 91 (4): 795-813.

Galiani, Sebastián; Gertler, Paul y Schargrodsky, Ernesto. 2005. "Water for Life: The Impact of the Privatization of Water Services on Child Mortality". *Journal of Political Economy* 113 (1): 83-120.

CAPÍTULO 7

Pareamiento

El método que se describe en este capítulo consiste en unas técnicas estadísticas llamadas *pareamiento* (también *matching* o emparejamiento). Los métodos de pareamiento se pueden aplicar a casi todas las reglas de asignación de un programa, siempre que se cuente con un grupo que no haya participado en el programa. Los métodos de pareamiento se basan normalmente en características observadas para construir un grupo de comparación y, por lo tanto, suponen que no hay diferencias no observadas entre los grupos de tratamiento y de comparación que estén asociadas también con los resultados de interés. Debido a esta suposición, los métodos de pareamiento son normalmente más útiles en combinación con alguna de las otras metodologías que se han analizado anteriormente.

El pareamiento utiliza básicamente técnicas estadísticas para construir un grupo de comparación artificial: para cada unidad que recibe tratamiento, se identifica una unidad (o una serie de unidades) sin tratamiento, la(s) cual(es) debe(n) tener características lo más similares posibles a las que recibió el tratamiento. Considere un caso en el que debe evaluar el impacto de un programa y cuenta con una serie de datos tanto de hogares inscritos en el programa como de no inscritos, por ejemplo una encuesta demográfica y de salud. El programa no tiene ninguna regla de asignación clara (como una asignación aleatoria o un índice de elegibilidad) que explique por qué algunos hogares están inscritos y otros no. En dicho contexto, los métodos de pareamiento le permitirán identificar mediante las características disponibles en la base de datos a los hogares no inscritos más similares a los hogares inscritos (o de tratamiento), mediante las características disponibles en su base de datos. Estos hogares no inscritos "pareados" se convierten así en el grupo de comparación para estimar el contrafactual.

> **Concepto clave:**
> El pareamiento usa grandes series de datos y técnicas estadísticas complejas para construir el mejor grupo artificial de comparación posible para el grupo de tratamiento.

La búsqueda de un buen individuo de comparación para cada individuo inscrito en el programa requiere que las variables o los factores *determinantes* que explican la decisión de una persona de inscribirse en el programa sean lo más parecidas entre los dos grupos. Desafortunadamente, la teoría es más fácil que la práctica. Si la lista de características relevantes observadas es demasiado grande, o si cada una de ellas asume múltiples valores, puede ser difícil identificar una pareja para cada una de las unidades del grupo de tratamiento. Conforme aumenta el número de características o dimensiones en función de las cuales quiere parear (o emparejar) las unidades inscritas en el programa, puede toparse con lo que se denomina "la maldición de las dimensiones". Por ejemplo, si usa solo tres características importantes para identificar el grupo de comparación correspondiente, como la edad, el género y la región de nacimiento, es probable que encuentre parejas para todos los inscritos en el programa en el conjunto de no inscritos, pero corre el riesgo de pasar por alto otras características que pueden ser importantes. Sin embargo, si aumenta la lista de variables e incluye, por ejemplo, el número de niños, el número de años de educación, la edad de la madre, la edad del padre, etcétera, es posible que su base de datos no contenga una buena pareja comparable para la mayoría de los inscritos en el programa, a menos que cuente con un gran número de observaciones. El gráfico 7.1 ilustra el pareamiento basado en cuatro características: edad, género, meses de empleo y diploma de educación secundaria.

Afortunadamente, la maldición de las dimensiones se puede resolver con bastante facilidad mediante un método denominado pareamiento de las propensiones a participar (*propensity score matching*) (Rosenbaum y Rubin, 1983). En este método, ya no se necesita parear cada unidad inscrita con una unidad no inscrita con un valor idéntico en todas las características de control observadas. En cambio, para cada unidad del grupo de tratamiento y del conjunto de no inscritos, se computa la probabilidad o propensión de que participa en el programa mediante los valores observados

Gráfico 7.1 Pareamiento exacto con cuatro características

Unidades tratadas					Unidades no tratadas			
Edad	Género	Meses desempleado	Diploma de secundaria		Edad	Género	Meses desempleado	Diploma de secundaria
19	1	3	0		24	1	8	1
35	1	12	1		38	0	2	0
41	0	17	1		58	1	7	1
23	1	6	0		21	0	2	1
55	0	21	1		34	1	20	0
27	0	4	1		41	0	17	1
24	1	8	1		46	0	9	0
46	0	3	0		41	0	11	1
33	0	12	1		19	1	3	0
40	1	2	0		27	0	4	0

de sus características, la denominada "puntuación de la propensión". Esta puntuación es un número real entre 0 y 1 que resume todas las características observadas de las unidades y su influencia en la probabilidad de inscripción en el programa.

Una vez que se computa la puntuación de la propensión de todas las unidades, las unidades del grupo de tratamiento pueden emparejarse con las unidades del conjunto de no inscritos mediante la puntuación más próxima[1]. Estas "unidades próximas" se convierten en el grupo de comparación y se usan para estimar el contrafactual. El método de pareamiento mediante la puntuación de la propensión a participar intenta reproducir la asignación aleatoria de los grupos de tratamiento y de comparación mediante la selección de las unidades del grupo de comparación con una propensión similar a la de las unidades del grupo de tratamiento. Dado que el pareamiento mediante la puntuación de la propensión a participar no es realmente un método de asignación aleatoria, sino que intenta imitarlo, pertenece a la categoría de los métodos cuasi experimentales.

La diferencia de los resultados (Y) entre las unidades de tratamiento o inscritas y sus unidades de comparación correspondientes constituye el impacto estimado del programa. En resumen, el impacto del programa se estima comparando los resultados promedio de un grupo de tratamiento o inscrito con el resultado promedio de un subgrupo de unidades estadísticamente correspondientes, y el pareamiento se basa en las características observadas en los datos disponibles.

Para que el pareamiento de la puntuación produzca estimaciones que tengan validez externa, debe lograrse un pareamiento de cada unidad de tratamiento o inscrita con una unidad no inscrita[2]. Puede ocurrir que para algunas unidades inscritas no se pueda encontrar una unidad no inscrita que tenga puntuación similar. En términos técnicos, puede haber una "falta de rango común", o falta de superposición, entre las puntuaciones de la propensión del grupo de inscritos (grupo tratamiento) y del conjunto de no inscritos.

El gráfico 7.2 contiene un ejemplo de falta de rango o soporte común. En primer lugar, se estima la probabilidad de que cada unidad de la muestra se inscriba en el programa mediante las características observadas, o sea, se calcula la propensión a participar. El gráfico muestra la distribución de las propensiones a participar para los inscritos y los no inscritos por separado. Lo que trata de ilustrar el gráfico es que estas distribuciones no se superponen perfectamente. En la zona media de la distribución, es relativamente fácil encontrar parejas porque inscritos y no inscritos comparten características similares. Sin embargo, los inscritos con propensiones cercanas a 1 no pueden corresponderse con ningún no inscrito porque no existen no inscritos con este nivel de puntuación. Intuitivamente lo que ocurre es que las unidades que tienen alta probabilidad de inscribirse al programa son tan diferentes de las unidades no inscritas que no se puede encontrar una buena pareja para ellas. Por lo tanto, se observa una falta de rango común en los extremos, o colas, de la distribución de las puntuaciones.

Gráfico 7.2   Pareamiento de las propensiones a participar y rango común

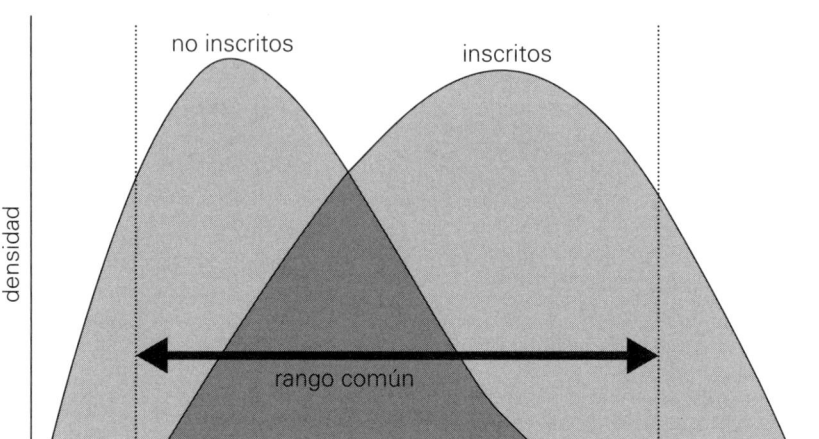

Jalan y Ravallion (2003a) resumen los pasos a seguir cuando se aplica esta técnica de pareamiento[3]. Primero, se necesitarán encuestas representativas y muy comparables en las cuales identificar las unidades inscritas en el programa y las no inscritas. Segundo, se utilizan las dos muestras y se estima la probabilidad de que cada persona se inscriba en el programa, mediante las características individuales observadas en la encuesta. Con este paso se obtiene una puntuación o propensión a participar. Tercero, se restringe la muestra a las unidades que muestren un rango común en la distribución de la puntuación de la propensión a participar. Cuarto, se localiza un subgrupo de unidades no inscritas con puntuaciones similares para cada unidad inscrita. Quinto, se comparan los resultados de las unidades de tratamiento o inscritas con los de las unidades de comparación o no inscritas correspondientes. La diferencia de los resultados promedio de estos dos subgrupos es la medida del impacto que se puede atribuir al programa para dicha observación de los tratados. Sexto, la media de estos impactos individuales constituye el promedio estimado del efecto del programa.

En general, es importante recordar dos cuestiones esenciales acerca del pareamiento. Primero, que debe hacerse usando características de la línea de base. Segundo, que es eficaz únicamente en la medida en que las características empleadas sean las adecuadas, por lo que es crucial contar con un gran número de características básicas.

Uso de técnicas de pareamiento para seleccionar a hogares no participantes en el Programa de Subsidio del Seguro de Salud

Después de haber aprendido las técnicas de pareamiento, vale la pena preguntarse si se podrían mejorar las estimaciones que se han realizado previamente del Programa de Subsidio del Seguro de Salud. Ahora, usted decide usar técnicas de pareamiento para seleccionar a un grupo de hogares inscritos y no inscritos que parecen tener características observadas similares. Primero, estima la probabilidad de que un hogar se inscriba en el programa en función de sus características observadas (las "variables explicativas"), como la edad del jefe del hogar y del cónyuge, su nivel de educación, si el jefe del hogar es una mujer, si los miembros del hogar son indígenas, etc. Como se muestra en el cuadro 7.1, la probabilidad de que un hogar se inscriba al programa es menor si el jefe del hogar tiene más edad y educación y es una mujer, o si el hogar cuenta con un baño o gran cantidad de terreno. Por el contrario, ser indígenas, contar con más miembros y tener un suelo de tierra aumenta la probabilidad de que el hogar se inscriba en el programa. Por lo tanto,

Cuadro 7.1   Estimación de la puntuación de la propensión según características observadas

Variable dependiente: *Inscrito* = 1	
Variables explicativas/características	Coeficiente
Edad del jefe del hogar (años)	−0.022**
Edad del cónyuge (años)	−0.017**
Educación del jefe del hogar (años)	−0.059**
Educación del cónyuge (años)	−0.030**
Jefe del hogar es mujer = 1	−0.067
Indígena = 1	0.345**
Número de miembros del hogar	0.216**
Suelo de tierra = 1	0.676**
Baño = 1	−0.197**
Hectáreas de terreno	−0.042**
Distancia a un hospital (km)	0.001*
Constante	0.664**

Nota: Regresión probit. La variable dependiente equivale a 1 si el hogar está inscrito en el PSSS y 0 en el caso contrario. Los coeficientes representan la contribución de cada variable explicativa/característica a la probabilidad de que un hogar se inscriba en el PSSS.

* Significativo al nivel del 5%; ** significativo al nivel del 1%.

Cuadro 7.2 Séptimo caso: Impacto del PSSS, pareamiento (comparación de medias)

	Hogares inscritos	Hogares pareados/corresponsales no inscritos	Diferencia	Estadística *t*
Gasto en salud de los hogares	7.8	16.1	−8.3	−13.1

Cuadro 7.3 Séptimo caso: Impacto del PSSS, pareamiento (análisis de regresión)

	Regresión lineal multivariante
Impacto estimado sobre el gasto en salud de los hogares	−8.3** (0.63)

Nota: Los errores estándar están entre paréntesis.

** Significativa al nivel del 1%.

en general, parece que los hogares más pobres y con menos educación tienen más probabilidades de inscribirse, lo que es positivo para un programa orientado a la población pobre.

Ahora que ha estimado la probabilidad de que cada hogar se inscriba en el programa (o sea, la puntuación de la propensión a inscribirse), limita la muestra a aquellos hogares del grupo de inscritos y no inscritos para los que puede encontrar una pareja en el otro grupo. Para cada unidad inscrita, localiza un subgrupo de unidades no inscritas con puntuaciones similares. El cuadro 7.2 compara el gasto de salud promedio de los hogares inscritos y sus correspondientes parejas no inscritas.

Para estimar el impacto estimado mediante el método del pareamiento, debe computarse primero individualmente el impacto para cada hogar inscrito (usando los hogares correspondientes a cada hogar), y luego el promedio de esos impactos individuales. El cuadro 7.3 muestra que el impacto estimado con la aplicación de este método es una reducción de US$8,3 en el gasto en salud de los hogares.

PREGUNTA 7

A. ¿Qué supuestos básicos son necesarios para aceptar el resultado del séptimo caso?

B. Compare el resultado del séptimo caso con el del tercero. ¿Por qué cree que son diferentes los resultados?

C. De acuerdo con los resultados del séptimo caso, ¿se debería extender el PSSS a nivel nacional?

Aplicación del método de pareamiento

Aunque la técnica del pareamiento requiere una cantidad significativa de datos y tiene otras limitaciones estadísticas, se trata de un método relativamente versátil que se ha empleado para evaluar programas de desarrollo en numerosas situaciones. En los recuadros 7.1 y 7.2 se analizan dos casos ilustrativos.

Limitaciones del método de pareamiento

Aunque los procedimientos de pareamiento pueden aplicarse en muchas situaciones independientemente de las reglas de asignación del programa, tienen varias deficiencias importantes. Primero, requieren grandes bases de datos con grandes

---

Recuadro 7.1: Efecto del programa de salario garantizado sobre los ingresos en Argentina

Jalan y Ravallion (2003a) usaron técnicas de pareamiento para evaluar el impacto del programa argentino de salario garantizado Trabajar sobre los ingresos. En 1996-7 el Gobierno argentino, introdujo rápidamente el programa Trabajar en respuesta a la crisis macroeconómica. Al hacerlo no usaron técnicas de selección aleatoria ni recolectaron ningún dato de línea de base. Por este motivo, los investigadores decidieron usar técnicas de pareamiento para evaluar el impacto del programa. En este tipo de contexto, el uso de técnicas de pareamiento también hizo posible analizar la variación del ingreso entre los hogares con respecto a la distribución del ingreso antes de la intervención.

A mediados de 1997 se realizó una encuesta entre participantes y no participantes con el fin de estimar el impacto del programa mediante el pareamiento. Jalan y Ravallion consideraron una serie de 200 características básicas (a nivel tanto de los hogares como de las comunidades) que se midieron en la encuesta. Por ejemplo, el cálculo de la puntuación de la propensión mostró que los participantes en el programa eran más pobres y era más probable que estuvieran casados, que los jefes de hogar fueran hombres y que participaran activamente en asociaciones vecinales.

Después de calcular la propensión a participar, los autores limitaron su análisis a las unidades con puntuaciones dentro del rango común, donde se superponen las puntuaciones de los participantes y de los no participantes. Por medio del pareamiento de los participantes con sus parejas no participantes más cercanas dentro del rango común, y calculando el promedio de las diferencias de ingreso entre todos estos grupos corresponsales, estimaron que el programa generaba un resultado positivo promedio equivalente a cerca de la mitad del salario del programa. Los investigadores comprobaron la robustez de los resultados con varios procedimientos de pareamiento. Sin embargo, hacen hincapié en que sus estimaciones podrían estar sesgadas debido a algunas características no observadas. De hecho, cuando se usan los métodos de pareamiento, nunca se puede descartar el sesgo provocado por variables no observadas, y esta es la limitación más importante de este método.

Fuente: Jalan y Ravallion, 2003a.

Recuadro 7.2: Agua corriente y salud infantil en India

Jalan y Ravallion (2003b) emplearon varios métodos de pareamiento para observar el efecto de tener agua corriente en la India rural sobre la prevalencia y la duración de la diarrea entre los niños menores de cinco años. En concreto, los investigadores evaluaron una intervención para expandir el acceso a agua corriente. El fin era entender cómo pueden variar los resultados en función de determinadas circunstancias de los hogares, como el ingreso y el nivel de educación. Es difícil detectar este impacto porque también puede depender de aportes particulares a la salud por parte de los padres que afectan también la incidencia de la diarrea, como que hiervan el agua, ofrezcan una buena nutrición o usen sales orales para la rehidratación cuando un niño está enfermo.

Los investigadores usaron datos de una gran encuesta realizada en 1993-4 por el National Council of Applied Economic Research de India que contenía información sobre el estado de la salud y la educación de 33 000 hogares rurales de 16 estados de India. Este cuantioso conjunto de datos permitió a los investigadores usar el pareamiento a nivel tanto individual como comunitario, emparejando los grupos de tratamiento y de comparación en función de la probabilidad de que reciban agua corriente a través de la campaña nacional.

La evaluación detectó que contar con agua corriente reducía la incidencia de la diarrea: en ausencia de agua corriente la prevalencia de la diarrea sería un 21% superior y su duración un 29% más larga. Sin embargo, estos impactos no se observan en los grupos de ingreso bajo a menos que la mujer del hogar tenga un nivel educativo superior a educación primaria. De hecho, Jalan y Ravallion observaron que los impactos sobre la salud del agua corriente son más grandes y significativos en los hogares con mujeres con un mayor nivel educativo. El estudio demuestra la necesidad de combinar inversiones en infraestructura, como el agua corriente, con otros programas para mejorar la educación y reducir la pobreza.

Fuente: Jalan y Ravallion, 2003b.

---

muestras, e incluso cuando se dispone de estas, puede producirse una falta de rango o soporte común entre el grupo de tratamiento o inscrito y el grupo de no participantes. Segundo, el pareamiento solo se puede realizar en función de las características observadas: por definición, no se pueden incorporar características no observadas al cálculo de la puntuación de la propensión. Por lo tanto, para que el procedimiento de pareamiento identifique a un grupo de comparación válido, es necesario asegurarse de que no existen diferencias sistemáticas entre las características no observadas de las unidades de tratamiento y las unidades de comparación pareadas[4] que pudieran influir en el resultado (*Y*). Dada la incapacidad de *demostrar* que no existen dichas diferencias no observadas que afecten tanto a la participación como a los resultados, se debe *suponer* su inexistencia. Se trata normalmente de una suposición de mucho peso, así que aunque el pareamiento ayuda a tener en cuenta las características básicas *observadas*, no se puede descartar nunca el sesgo generado por las características *no observadas*. En resumen, la suposición de que no se ha producido un sesgo a causa de las características no observadas tiene mucho peso, y lo que es más problemático, no puede comprobarse.

El pareamiento es generalmente menos robusto que los otros métodos de evaluación que se han analizado. Por ejemplo, los métodos de selección aleatoria no requieren la suposición imposible de comprobar de que no existen variables no observadas que expliquen la participación en el programa y los resultados. Tampoco requieren muestras tan grandes ni características básicas tan numerosas como el pareamiento.

En la práctica, los métodos de pareamiento se emplean a menudo cuando no es posible utilizar los métodos de selección aleatoria, el diseño de regresión discontinua ni diferencias en diferencias. Muchos autores recurren al denominado pareamiento *ex post* cuando no se dispone de datos de línea de base sobre el resultado de interés o sobre las características básicas. Usan una encuesta realizada después del comienzo del programa (es decir, posterior) para deducir las características básicas de las unidades en la línea de base (por ejemplo, edad, estado civil), y después establecen pareamientos entre el grupo de tratamiento y un grupo de comparación mediante estas características deducidas. Por supuesto, esto acarrea riesgos: pueden establecerse pareamientos basados en características afectadas también por el programa, con lo que el resultado de la estimación sería inválido o sesgado.

Por el contrario, cuando se dispone de datos de línea de base, el pareamiento basado en las características básicas puede ser de gran ayuda cuando se combina con otras técnicas, por ejemplo, la de diferencias en diferencias, que tiene en cuenta la heterogeneidad invariable en el tiempo y no observada. El pareamiento también resulta más útil cuando se conoce la regla de asignación del programa, en cuyo caso se puede aplicar el pareamiento según esa regla (véase el capítulo 8).

A esta altura, los lectores deberían tener claro que las evaluaciones de impacto se diseñan mejor antes del comienzo de la ejecución de un programa. Una vez que el programa ha comenzado, si no hay manera de influir en la forma de asignarlo y no se han recabado datos de línea de base, se dispondrá de muy pocas opciones sólidas, o ninguna, para realizar una evaluación de impacto.

Notas

1. En la práctica, se usan muchas definiciones de lo que constituye la puntuación "más cercana" o "más próxima" para el pareamiento. Las contrapartes o parejas más cercanas pueden definirse mediante estratificación —la identificación de los vecinos más próximos a la unidad de tratamiento, en base a la distancia, dentro de un radio establecido de la puntuación de la propensión— o mediante técnicas basadas en núcleos (*kernel*). La comprobación de la robustez de los resultados del pareamiento mediante algoritmos de pareamiento es considerada una buena práctica.

2. El análisis del pareamiento de este libro se centra en el pareamiento entre unidades singulares. No se examinarán otros varios tipos de pareamiento, como el pareamiento entre una y muchas unidades o el pareamiento sustitutivo/no sustitutivo. No obstante, en todos los casos se aplica el marco conceptual descrito en este capítulo.

3. Rosenbaum (2002) presenta un análisis detallado del pareamiento.
4. Para los lectores con conocimientos de econometría, esto significa que la participación es independiente de los resultados, teniendo en cuenta las características básicas empleadas para el pareamiento.

Referencias

Jalan, Jyotsna y Ravallion, Martin. 2003a. "Estimating the Benefit Incidence of an Antipoverty Program by Propensity-Score Matching". *Journal of Business & Economic Statistics* 21 (1): 19-30.

——. 2003b. "Does Piped Water Reduce Diarrhea for Children in Rural India?". *Journal of Econometrics* 112 (1): 153-73.

Rosenbaum, Paul. 2002. *Observational Studies*. 2.ª ed. Springer Series in Statistics. Nueva York: Springer.

Rosenbaum, Paul y Rubin, Donald. 1983. "The Central Role of the Propensity Score in Observational Studies of Causal Effects". *Biometrika* 70 (1): 41-55.

CAPÍTULO 8

Combinación de métodos

La mayoría de los métodos de evaluación solo producen estimaciones válidas del contrafactual con supuestos específicos. El principal riesgo de cualquier método es que sus supuestos fundamentales no sean válidos, lo que genera estimaciones sesgadas del impacto del programa evaluado. Esta sección examina estas cuestiones metodológicas y analiza algunas de las estrategias disponibles para reducir el riesgo de sesgo. Dado que este riesgo se deriva principalmente de las desviaciones respecto de los supuestos fundamentales, se abordará la cuestión de cómo verificar dichos supuestos.

En la evaluación de impacto puede comprobarse la validez de los supuestos fundamentales. Esta peculiaridad la distingue de otros métodos cuya validez no puede ser verificada directamente y en los que, por este motivo, se emplean varias de las denominadas pruebas de falsación para mejorar la confianza en la validez de sus supuestos fundamentales. Las pruebas de falsación son como las pruebas de estrés: no superarlas indica claramente que los supuestos fundamentales del método no son válidos en dicho contexto particular. No obstante, su superación solo confirma tentativamente los supuestos: uno nunca puede estar totalmente seguro de su validez. El recuadro 8.1 contiene una lista de control para las pruebas de verificación y falsación que pueden emplearse al evaluar si un método es apropiado en el contexto de su evaluación. La lista de control contiene preguntas prácticas que pueden responderse analizando los datos de línea de base.

Recuadro 8.1: Lista de control para las pruebas de verificación y falsación

Asignación aleatoria

RLa asignación aleatoria es el método más robusto para la estimación de contrafactuales y se considera la regla de oro de la evaluación de impacto. No obstante, se deben considerar algunas pruebas básicas para comprobar la validez de esta estrategia de evaluación en el contexto examinado.

- ¿Hay equilibrio en las características básicas? Compare las características básicas del grupo de tratamiento con las del grupo de comparación[a].

- ¿Se ha producido algún incumplimiento de la asignación? Compruebe que todas las unidades elegibles hayan recibido el tratamiento y que las unidades no elegibles no lo hayan recibido. Si se producen incumplimientos, utilice el método de la oferta aleatoria (o variables instrumentales).

- ¿Los números de unidades en los grupos de tratamiento y de comparación son suficientemente grandes? De lo contrario, puede combinar la asignación aleatoria con diferencias en diferencias.

Oferta aleatoria

En caso de que se presente incumplimiento en la asignación aleatoria, utilice el método de la oferta aleatoria.

- ¿Hay equilibrio en las características básicas? Compare las características básicas de las unidades a las que se ha ofrecido el programa y las unidades a las que no se ha ofrecido el programa.

Promoción aleatoria

La promoción aleatoria genera estimaciones válidas del contrafactual si la campaña de promoción aumenta sustancialmente la participación en el programa sin afectar directamente a los resultados de interés.

- ¿Existe equilibrio entre las características básicas de las unidades que recibieron la promoción de la campaña y las que no la recibieron? Compare las características básicas de los dos grupos.

- ¿La campaña de promoción afecta sustancialmente a la participación en el programa? Debería hacerlo; compare las tasas de participación en el programa entre las muestras con y sin promoción.

- ¿La campaña de promoción afecta directamente a los resultados? No debería ocurrir. Normalmente esto no puede comprobarse directamente, por lo que es necesario confiar en la teoría y el sentido común para orientarse.

Diseño de regresión discontinua

El diseño de regresión discontinua (DRD) requiere que el índice de elegibilidad sea continuo en torno al umbral establecido y que las unidades próximas a dicho umbral sean comparables.

- ¿El índice es continuo en torno al umbral establecido en el momento de la línea de base?

- ¿Se ha producido algún incumplimiento del umbral para el tratamiento? Compruebe que todas las unidades elegibles y no elegibles hayan recibido el tratamiento. En caso de incumplimiento, tendrá que combinar el DRD con técnicas más avanzadas para corregir esta "discontinuidad difusa" (*fuzzy discontinuity*)[b].

Diferencias en diferencias

El método de diferencias en diferencias supone que las tendencias de los resultados antes de la intervención son similares en los grupos de comparación y de tratamiento y que, aparte del programa, los factores que explican las diferencias de resultados entre los dos grupos son fijas a lo largo del tiempo.

- ¿Los resultados habrían cambiado simultáneamente en los grupos de tratamiento y de comparación en ausencia del programa? Esto puede determinarse mediante varias pruebas de falsación, como las siguientes: 1)

(continúa)

Box 8.1 *continuación*

¿Los resultados de los grupos de tratamiento y de comparación progresan simultáneamente antes de la intervención? Si se dispone de dos rondas de datos antes del comienzo del programa, compruebe si se observa alguna diferencia en las tendencias entre los dos grupos. 2) ¿Qué ocurre con los resultados falsos que no deben verse afectados por el programa? ¿Progresan simultáneamente en los grupos de tratamiento y de comparación antes y después del comienzo de la intervención?

- Realice el análisis de diferencias en diferencias usando varios grupos plausibles de comparación. Debería obtener estimaciones similares del impacto del programa

- Realice el análisis de diferencias en diferencias usando los grupos de tratamiento y de comparación que haya elegido, y un resultado falso que no debería verse afectado por el programa. Debería observar un impacto nulo del programa sobre dicho resultado.

- Realice el análisis de diferencias en diferencias usando un resultado variable que haya seleccionado con dos grupos que sepa que no se han visto afectados por el programa. Debería observar un impacto nulo del programa.

Pareamiento

El pareamiento (o emparejamiento) se basa en el supuesto de que las unidades inscritas y no inscritas son similares en términos de cualquier variable no observada que pudiera afectar a la probabilidad de participar en el programa y el resultado (Y).

- ¿La participación en el programa depende de variables que no pueden observarse? Esto no se puede comprobar directamente, por lo que es necesario confiar en la teoría y en el sentido común para orientarse.

- ¿Las características observadas están bien equilibradas entre los subgrupos pareados? Compare las características observadas de cada grupo de tratamiento y las unidades correspondientes del grupo de comparación.

- ¿Se puede encontrar una unidad correspondiente de comparación para cada unidad de tratamiento? Compruebe si existe suficiente correspondencia en la distribución de las propensiones a participar. Un nivel reducido de correspondencia indica que las personas inscritas y no inscritas son muy diferentes, y esto genera dudas acerca de la credibilidad del método de pareamiento.

a. Como se señaló anteriormente, por razones estadísticas no todas las características observadas tienen que ser similares en los grupos de tratamiento y de comparación para que la selección aleatoria se realice con éxito. Incluso cuando las características de los dos grupos son verdaderamente idénticas, se puede esperar que alrededor del 5% de las características muestren una diferencia estadística significativa cuando se usa un nivel de confianza del 95% para la prueba.

b. Aunque esta técnica no se analizará en detalle, los lectores pueden estar interesados en saber que se puede combinar el DRD con un método de variables instrumentales. En este caso, se usaría la ubicación a cada lado del umbral como una variable instrumental para la participación real en el programa en la primera fase de una estimación de mínimos cuadrados en dos fases.

Combinación de métodos

A pesar de que todos los métodos de evaluación corren el riesgo de estar sesgados, a veces se puede reducir el riesgo mediante una combinación de métodos. Al combinar métodos, frecuentemente se aumenta la solidez de la estimación del contrafactual.

El pareamiento con diferencias en diferencias (pareamiento con DD) es un ejemplo de métodos combinados. Como se señaló anteriormente, la simple correspondencia en la distribución de la puntuación de la propensión no puede tener en cuenta las características no observadas que podrían explicar las razones por las que un grupo decide inscribirse en un programa y que también podrían afectar a los resultados. Por el contrario, el pareamiento combinado con diferencias en diferencias puede tener en cuenta al menos cualquier característica no observada entre los dos grupos que se mantenga constante en el tiempo. Se aplica de la siguiente manera:

- Primero se realiza el pareamiento a partir de las características básicas observadas (como se explica en el capítulo 7).

- Segundo, se aplica el método de diferencias en diferencias para estimar un contrafactual para el cambio en los resultados en cada subgrupo de unidades emparejadas.

- Finalmente, se obtiene la media de estas diferencias dobles entre los subgrupos emparejados.

El recuadro 8.2 da un ejemplo de una evaluación que usó el método de pareamiento con diferencias en diferencias.

Diferencias en diferencias con diseño de regresión discontinua (DD DRD) es un segundo ejemplo de métodos combinados. Recuerde que el DRD simple supone que las unidades a ambos lados del umbral de elegibilidad son muy similares. En la medida en que se mantengan algunas diferencias entre las unidades a cada lado del umbral, la agregación de diferencias en diferencias nos permite tener en cuenta las diferencias en las características no observadas que no varían a lo largo del tiempo. Se puede implementar la DD DRD considerando la doble diferencia en los resultados para las unidades a ambos lados del umbral de elegibilidad.

Imperfección del cumplimiento

La *imperfección del cumplimiento* es la discrepancia entre la situación prevista del tratamiento y la situación real del tratamiento. Se ha analizado este concepto en relación con la asignación aleatoria pero, en realidad, la imperfección del cumplimiento puede ser un problema de muchos métodos de evaluación de impacto. Antes de poder interpretar las estimaciones del impacto generadas con cualquier método, tiene que saber si se ha producido una imperfección del cumplimiento en el programa.

La imperfección del cumplimiento se manifiesta de dos maneras: (1) algunas unidades designadas para el tratamiento pueden no recibirlo, por lo que el conjunto de unidades que sí lo reciben (*cumplidores*) es menor que el grupo de tratamiento; y (2) algunas unidades designadas para la comparación pueden recibir tratamiento. La imperfección del cumplimiento puede producirse de diversas maneras:

- No todos los participantes previstos participan realmente en el programa. A veces, algunas unidades a las que se ofrece el programa deciden no participar.

- No se ofrece el programa a algunos participantes previstos debido a errores administrativos o de ejecución.

Recuadro 8.2: Pareamiento con diferencias en diferencias
Suelos de cemento, salud infantil y felicidad materna en México

El programa Piso Firme de México ofrece a los hogares con suelos de tierra la instalación de hasta 50 metros cuadrados de suelo de cemento. Piso Firme comenzó como un programa local en el estado de Coahuila, pero después fue adoptado a nivel nacional. Cattaneo y otros (2009) aprovecharon la variación geográfica para evaluar el impacto de esta iniciativa a gran escala de mejora de las viviendas sobre la salud y el bienestar.

Los investigadores usaron el método de diferencias en diferencias junto con el emparejamiento para comparar los hogares de Coahuila con hogares similares en el estado vecino de Durango, que aún no había implementado el proyecto cuando se realizó el estudio. Para mejorar la comparabilidad entre los grupos de tratamiento y de comparación, los investigadores limitaron su muestra a los hogares de ciudades vecinas a cada lado de la frontera entre los dos estados. Extrajeron su muestra de las manzanas de las dos ciudades con características más similares antes de la intervención, basándose en el censo de 2002.

UAI usar el ofrecimiento de un suelo de cemento como una variable instrumental para determinar si los hogares contaban realmente con un suelo de cemento, los investigadores obtuvieron el tratamiento en tratados a partir de la intención de tratar y observaron que el programa había generado una reducción del 18,2% en la presencia de parásitos, una disminución del 12,4% en la prevalencia de la diarrea y una reducción del 19,4% en la prevalencia de la anemia. Es más, pudieron usar la variabilidad en la superficie de suelo cubierta realmente con cemento para predecir que la sustitución total de los suelos de tierra por suelos de cemento en cada hogar provocaría una reducción del 78% en las infecciones parasitarias, del 49% en la incidencia de la diarrea y del 81% en el caso de la anemia, y una mejora de entre el 36% y el 96% en el desarrollo cognitivo. Los autores también recopilaron datos sobre el bienestar de los adultos y observaron que los suelos de cemento hacen más felices a las madres, con aumentos en la satisfacción declarada con su vivienda y con su calidad de vida del 69% y del 45%, respectivamente, y con una reducción del 45% en los niveles de depresión y estrés percibidos.

Los autores concluyeron que Piso Firme tiene un impacto absoluto sobre el desarrollo cognitivo de los niños superior y menos costoso que el programa a gran escala de transferencias monetarias condicionadas, Oportunidades/Progresa, y que otros programas comparables de complementación de la nutrición y estímulo cognitivo de la primera infancia. Los suelos de cemento previnieron también más infecciones parasitarias que el tratamiento habitual contra los parásitos. Los autores señalan la probabilidad de que los programas de sustitución de suelos de tierra por suelos de cemento mejoren la salud infantil de manera costo-efectiva en contextos semejantes.

Fuente: Cattaneo y otros, 2009.

- Se ofrece el programa por error a algunas unidades del grupo de comparación, que se inscriben en él.

- Algunas unidades del grupo de comparación logran participar en el programa a pesar de que no se les ofrece. Esto se denomina a veces "contaminación" del grupo de comparación. Si la contaminación afecta a una gran parte del grupo de comparación, no se puede obtener estimaciones no sesgadas del contrafactual.

- El programa se asigna a partir de una puntuación continua de priorización, pero no se aplica estrictamente el umbral de elegibilidad.

- Se produce una migración selectiva en función de la situación del tratamiento. Por ejemplo, es posible usar el método de diferencias en diferencias para comparar los resultados de los municipios tratados y no tratados, pero las personas pueden decidir trasladarse a otro municipio si no les gusta la situación del tratamiento en su municipio.

En general, cuando hay imperfección del cumplimiento, los métodos normales de evaluación del impacto producen estimaciones de la intención de tratar. Sin embargo, se pueden obtener estimaciones del tratamiento en tratados a partir de las estimaciones de la intención de tratar mediante el método de variables instrumentales.

En el capítulo 4 se explicó la intuición básica para abordar la imperfección del cumplimiento en el contexto de la asignación aleatoria. Mediante un ajuste del porcentaje de cumplidores en la muestra de evaluación, se pudo recuperar el impacto del tratamiento en los tratados a partir de la estimación de la intención de tratar. El "ajuste" puede extenderse a otros métodos a través de la aplicación de un método más general de variables instrumentales. La variable instrumental ayuda a eliminar, o corregir, el sesgo que puede derivarse de la imperfección en el cumplimiento. En el caso de la oferta aleatoria, se usa una variable ficticia 0/1 (*dummy*) que equivale a 1 si la unidad estaba asignada originalmente al grupo de tratamiento, y a 0 si estaba originalmente asignada al grupo de comparación. Durante la fase de análisis, la variable instrumental se usa con frecuencia en el contexto de una *regresión en dos fases* que permite identificar el impacto del tratamiento sobre los cumplidores.

La lógica del método de la variable instrumental puede aplicarse al contexto de otros métodos de evaluación:

- En el contexto del diseño de regresión discontinua, utilice una variable ficticia que indique si la unidad se encuentra en el lado no elegible o elegible del umbral.

- En el contexto de diferencias en diferencias y la migración selectiva, una posible variable para localizar a la persona después del comienzo del programa sería la ubicación de dicha persona antes del anuncio del programa.

A pesar de la posibilidad de "ajustar" la imperfección en el cumplimiento mediante variables instrumentales, es importante recordar dos cuestiones:

1. Desde un punto de vista técnico, no es deseable que una gran parte del grupo de comparación se inscriba en el programa. Los evaluadores y los encargados de formular políticas involucrados en la evaluación del impacto deben colaborar para que esta fracción sea mínima.

2. El método de la variable instrumental solo es válido en ciertas circunstancias; no se trata definitivamente de una solución universal.

Efecto de derrame

Incluso cuando no se ofrece directamente el programa al grupo de comparación, este puede verse indirectamente afectado por el efecto derrame del grupo de tratamiento. Kremer y Miguel (2004) analizan un ejemplo interesante en su estudio del impacto de la administración de medicamentos antiparasitarios a niños en escuelas keniatas (recuadro 8.3). Las lombrices intestinales son parásitos que pueden transmitirse entre personas a través del contacto con materia fecal contaminada. Cuando un niño recibe medicina antiparasitaria, disminuye su "carga de parásitos", pero también la de las personas que viven en el mismo entorno, dado que ya no entrarán en contacto con los parásitos de ese niño. Por lo tanto, en el ejemplo de Kenya, cuando la medicina se administra a los niños en una escuela, se beneficia no solo a dichos niños (beneficio directo) sino también a los de las escuelas vecinas (beneficio indirecto).

Como se muestra en el gráfico 8.1, el tratamiento antiparasitario en las escuelas del grupo A también disminuye el número de parásitos que afectan a las escuelas del grupo B, que no participan en el programa pero están ubicadas cerca de las escuelas del grupo A. Sin embargo, las escuelas que no participan en el programa y están más lejos de las escuelas del grupo A (las denominadas escuelas del grupo C) no experimentan dicho efecto de derrame, ya que los medicamentos administrados en el grupo A no matan a ninguno de los parásitos que afectan al grupo C. Kremer y Miguel (2004) observaron que el tratamiento antiparasitario redujo significativamente el absentismo escolar no solo en las escuelas del programa (al comparar el grupo A con el grupo C) sino también en las escuelas cercanas a ellas (al comparar el grupo B con el grupo C).

Dado que se producen derrames, es importante que el evaluador compruebe que no afectan a todo el grupo de comparación. Siempre que queden suficientes unidades de comparación no afectadas por los derrames (el grupo C en el ejemplo del tratamiento antiparasitario), podrá estimar el impacto del programa comparando los resultados de las unidades de tratamiento con los resultados de las

Recuadro 8.3: Trabajar con derrames
Tratamiento antiparasitario, externalidades y educación en Kenya

La organización neerlandesa sin fines de lucro International Child Support Africa, en cooperación con el Ministerio de Salud de Kenya, llevaron a cabo un proyecto de tratamiento antiparasitario en las escuelas primarias del distrito de Busia, Kenya, con fines de explorar la efectividad de varias opciones de tratamiento y prevención de lombrices intestinales. El proyecto contó con la participación de 75 escuelas con una matriculación total de más de 30 000 estudiantes de entre 6 y 18 años. Los estudiantes fueron tratados con medicamentos antiparasitarios, de acuerdo con las recomendaciones de la Organización Mundial de la Salud, y también recibieron educación para prevenir los parásitos en forma de charlas sobre salud, pósteres y capacitación de profesores.

Dadas las limitaciones administrativas y financieras, el programa se fue ejecutando por orden alfabético: el primer grupo de 25 escuelas empezó en 1998, el segundo grupo en 1999 y el tercero en 2001. Mediante una selección aleatoria de las escuelas, Kremer y Miguel (2004) pudieron estimar el impacto del tratamiento en una escuela e identificar los derrames a otras escuelas utilizando una variación exógena de la cercanía entre las escuelas de control y las de tratamiento. Aunque el cumplimiento del diseño aleatorio fue relativamente alto (el 75% de los niños asignados al tratamiento recibieron medicamentos antiparasitarios, y solo un pequeño porcentaje de los niños del grupo de comparación recibieron tratamiento), los investigadores también pudieron aprovechar el incumplimiento para determinar las externalidades de salud

dentro de las escuelas, o los derrames. Kremer y Miguel (2004) observaron que el efecto de las externalidades dentro de la escuela equivalió a una reducción del 12% en la proporción de infecciones parasitarias moderadas a graves, mientras que el efecto directo adicional de tomar realmente los medicamentos contra los parásitos supuso alrededor de 14 puntos porcentuales adicionales. Además, en términos de externalidades entre escuelas, la asistencia de un millar de estudiantes más a una escuela con tratamiento se asoció con una disminución del 26% de las infecciones moderadas a graves. Estos efectos sobre la salud también produjeron un aumento de la participación escolar de al menos el 7% y redujeron al menos en una cuarta parte el absentismo. En las calificaciones de los exámenes el impacto hallado no fue significativo.

Teniendo en cuenta el costo tan bajo del tratamiento antiparasitario y los efectos relativamente altos sobre la salud y la educación, los investigadores concluyeron que el tratamiento antiparasitario es una manera relativamente costo-efectiva de mejorar las tasas de participación en las escuelas. Este estudio demuestra que las enfermedades tropicales como los parásitos pueden desempeñar un papel significativo en los resultados educativos y refuerza el argumento de que la alta carga de enfermedades en África puede estar contribuyendo a su bajo nivel de ingresos. Por lo tanto, los autores afirman que el estudio justifica claramente los subsidios públicos para el tratamiento de enfermedades con beneficios secundarios similares en los países en desarrollo.

Fuente: Kremer y Miguel, 2004.

unidades "puras" de comparación. Un aspecto negativo es que la evaluación no podrá generalizar los efectos estimados del tratamiento a toda la población. Si, en la fase de diseño, prevé que el programa tendrá efecto de derrame, puede adaptar el diseño de la evaluación para producir mejores resultados. Primero, el diseño tiene que identificar un grupo puro de comparación para que sea posible

Gráfico 8.1 Efecto de derrame

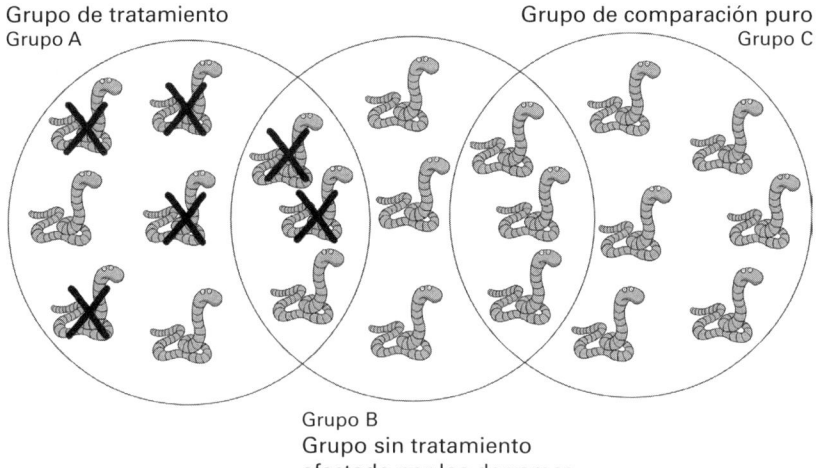

Grupo de tratamiento
Grupo A

Grupo de comparación puro
Grupo C

Grupo B
Grupo sin tratamiento
afectado por los derrames

generalizar el impacto estimado del programa. Segundo, el diseño también debe posibilitar la estimación de la magnitud del efecto de derrame mediante la identificación de un grupo de comparación que experimentará probablemente este efecto. De hecho, los propios derrames son interesantes para las políticas porque constituyen impactos indirectos del programa.

El gráfico 8.1 muestra cómo se puede estimar tanto el impacto de un programa como el efecto derrame. El grupo A recibe los medicamentos. Los medicamentos tienen un efecto derrame sobre el grupo B. El grupo C está más lejos y, por lo tanto, no recibe el efecto derrame de los medicamentos. Este diseño puede obtenerse asignando aleatoriamente el tratamiento entre dos unidades cercanas y una unidad similar más alejada. En este marco sencillo, el impacto del programa puede estimarse comparando los resultados del grupo A con los resultados del grupo C, y el efecto derrame se puede estimar comparando los resultados del grupo B con los del grupo C.

Consideraciones adicionales

Además de la imperfección del cumplimiento y el efecto derrame, también hay que considerar otros factores en el diseño de una evaluación de impacto. Estos factores son comunes en la mayoría de las metodologías que se han analizado, y suele ser más difícil mitigarlos[1].

Cuando planee una evaluación, debe determinar el momento adecuado para la recolección de datos. Si hace falta cierto tiempo para que un programa tenga un impacto sobre los resultados, recolectar datos demasiado pronto hará que se observe un impacto nulo del programa (véase, por ejemplo, King y Behrman, 2009). Por el contrario, si la encuesta de seguimiento se ejecuta demasiado tarde, no podrá capturar los efectos del programa a tiempo para informar a los responsables de formular políticas. En los casos en que quiera estimar el impacto tanto a corto como a largo plazo de un programa, será necesario recopilar varias rondas de datos antes y después de la intervención. El capítulo 10 ofrece orientaciones adicionales acerca de los mejores plazos para las evaluaciones.

Si está estimando el impacto de un programa sobre todo un grupo, sus resultados pueden encubrir algunas diferencias en las respuestas al tratamiento entre diferentes beneficiarios. La mayoría de los métodos de evaluación de impacto suponen que un programa afecta a los resultados para todas las unidades de la población de manera simple y lineal. Sin embargo, pueden surgir problemas cuando el tamaño de la respuesta no guarda una relación lineal con el tamaño de la intervención, o cuando se compara un grupo con alta intensidad de tratamiento con un grupo con baja intensidad de tratamiento. Si cree que diversas subpoblaciones han experimentado el impacto de un programa de manera muy diferente, puede considerar contar con muestras distintas para cada subpoblación. Por ejemplo, si quisiera conocer el impacto de un programa de almuerzos escolares sobre las niñas y solo el 10% de los estudiantes fueran de sexo femenino, incluso una muestra aleatoria "cuantiosa" podría no contener un número suficiente de niñas como para estimar el impacto del programa sobre ellas. En ese caso, al diseñar su evaluación podría estratificar la muestra en función del género e incluir un número suficiente de niñas para detectar una dimensión específica del efecto.

Al evaluar el impacto, también puede generar respuestas no intencionadas en el comportamiento de la población que está estudiando, lo que puede limitar la validez de los resultados de la evaluación. Por ejemplo, el "efecto Hawthorne" se produce cuando el simple efecto de observar unidades las hace comportarse de manera diferente (Levitt y List, 2009). El "efecto John Henry" se produce cuando las unidades de comparación se esfuerzan más para compensar que no les han ofrecido tratamiento. La anticipación puede generar otro tipo de efecto no intencionado en la conducta. En una aleatorización a fases, las unidades del grupo de comparación pueden esperar recibir el programa en el futuro, y empiezan a cambiar su conducta antes de que aparezca realmente el programa. Si tiene razones para creer que habrá este tipo de respuestas no intencionadas en la conducta, una opción posible es crear grupos de comparación adicionales que no estén afectados en absoluto por la intervención, lo que le permite de hecho comprobar explícitamente esas respuestas.

Un plan alternativo para la evaluación

En ocasiones, aunque tenga el mejor diseño de la evaluación de impacto y las mejores intenciones, las cosas no salen exactamente como tenía previsto. En la experiencia reciente de un programa de formación para el empleo, el organismo ejecutor tenía previsto seleccionar aleatoriamente a los participantes entre un conjunto de solicitantes, partiendo de una supuesta inscripción excesiva al programa. Dado el alto nivel de desempleo en la población designada, se anticipó que el conjunto de solicitantes al programa de formación para el empleo iba a ser muy superior al número de plazas disponibles. Desafortunadamente, la publicidad del programa no fue tan eficaz como se esperaba y, al final, el número de participantes fue ligeramente inferior al número de plazas disponibles. Al no contar con un exceso de inscritos para extraer un grupo de comparación, ni un plan alternativo, se tuvo que abandonar la intención inicial de evaluar el programa. Este tipo de situación es habitual, al igual que los cambios imprevistos en el contexto operativo o político de un programa. Por lo tanto, resulta útil contar con un plan alternativo por si la metodología elegida inicialmente no funciona. En la tercera parte de este libro se analizan con más detalle los aspectos operativos y políticos de la evaluación.

Desde el punto de vista metodológico, también es una buena práctica planear el uso de varios métodos de evaluación del impacto. Si cree que uno de los métodos que está empleando aún genera sesgos, podrá comprobar los resultados mediante otro método. Cuando un programa se implementa en una aleatorización a fases (véase el capítulo 10), el grupo de comparación se incorporará eventualmente al programa. Esto limita el plazo durante el cual el grupo de comparación puede utilizarse para la evaluación. Sin embargo, si además de la asignación aleatoria se aplica también una promoción aleatoria, se contará con un grupo de comparación durante toda la duración del programa. Antes de la incorporación del último grupo asignado, existirán dos grupos de comparación alternativos (el de asignación aleatoria y el de promoción aleatoria), aunque, a más largo plazo, solo quedará el grupo de comparación de promoción aleatoria.

Nota

1. En el capítulo 3 se analizan otras causas de la limitación de la validez externa relacionadas con los sesgos de los muestreos y los derivados de la diferencia en la disminución natural de los grupos de tratamiento y de comparación.

Referencias

Cattaneo, Matías; Galiani, Sebastián; Gertler, Paul; Martínez, Sebastián y Titiunik, Rocío. 2009. "Housing, Health and Happiness". *American Economic Journal: Economic Policy* 1 (1): 75-105.

King, Elizabeth M. y Behrman, Jere R. 2009. "Timing and Duration of Exposure in Evaluations of Social Programs". *World Bank Research Observer* 24 (1): 55-82.

Kremer, Michael y Miguel, Edward. 2004. "Worms: Identifying Impacts on Education and Health in the Presence of Treatment Externalities". *Econometrica* 72 (1): 159-217.

Levitt, Steven D. y List, John A. 2009. "Was There Really a Hawthorne Effect at the Hawthorne Plant? An Analysis of the Original Illumination Experiments". NBER Working Paper 15016. National Bureau of Economic Research, Cambridge, MA.

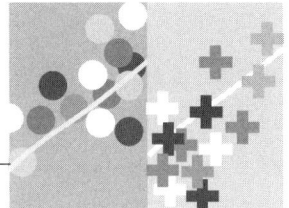

CAPÍTULO 9

Evaluación de programas multifacéticos

Hasta ahora, se han analizado programas con un solo tipo de tratamiento. Sin embargo, muchas cuestiones relevantes relacionadas con las políticas se plantean en programas multifacéticos, es decir, que combinan varias opciones de tratamiento[1]. Los responsables de formular políticas pueden estar interesados en saber no solo si el programa funciona o no, sino también si funciona mejor o tiene un costo menor que otro programa. Por ejemplo, si se quiere aumentar la asistencia a la escuela, ¿es más eficaz orientar las intervenciones a la demanda (como transferencias monetarias a las familias) o a la oferta (como mayores incentivos para los profesores)? Y si se introducen las dos intervenciones conjuntamente, ¿funcionan mejor que cada una por su cuenta?, ¿son complementarias? Si la costo-efectividad es una prioridad, puede preguntarse perfectamente cuál es el nivel óptimo de los servicios que debe prestar el programa. Por ejemplo, ¿cuál es la duración óptima de un programa de formación para el empleo? ¿Un programa de seis meses contribuye más que otro de solo tres a que los participantes encuentren empleo? De ser así, ¿la diferencia es lo suficientemente grande para justificar los recursos adicionales necesarios?

Además de estimar simplemente el impacto de una intervención sobre un resultado de interés, las evaluaciones de impacto pueden ayudar a responder preguntas más generales, como las siguientes:

- *¿Cuál es el impacto de un tratamiento en comparación con otro?* Por ejemplo, ¿cuál es el impacto sobre el desarrollo cognitivo de los niños de un programa que ofrece capacitación a los padres, en comparación con una intervención sobre nutrición?

- *¿El impacto conjunto de un primer y un segundo tratamiento es mayor que la suma de cada uno de los dos impactos?* Por ejemplo, ¿el impacto de la intervención de capacitación de padres y la intervención sobre nutrición es mayor, menor o igual que la suma de los efectos de cada una de las intervenciones?

- *¿Cuál es el impacto de un tratamiento de alta intensidad en comparación con un tratamiento de menor intensidad?* Por ejemplo, ¿cuál es el efecto sobre el desarrollo cognitivo de niños con retraso en el crecimiento si un trabajador social visita su hogar cada dos semanas, a diferencia de visitarlo una vez al mes?

Este capítulo ofrece ejemplos de diseños de evaluaciones del impacto para dos tipos de programas multifacéticos: los que tienen varios niveles del mismo tratamiento y los que tienen varios tratamientos. Primero se analiza la manera de diseñar una evaluación de impacto de un programa con varios niveles de servicio y después se examina la manera de desentrañar los diferentes tipos de impactos de un programa con múltiples tratamientos. Para este análisis se supone que se usarán mecanismos de asignación aleatoria, aunque puede generalizarse a otros métodos.

Evaluación de programas con diferentes niveles de tratamiento

Diseñar una evaluación de impacto para un programa con niveles variables de tratamiento es relativamente fácil. Imagine que intenta evaluar el impacto de un programa con dos niveles de tratamiento: alto (por ejemplo, visitas cada dos semanas) y bajo (visitas mensuales). Usted quiere evaluar el impacto de ambas opciones, y saber cuánto afectan las visitas adicionales a los resultados. Para ello, puede organizar un sorteo para decidir quién recibe el alto nivel de tratamiento, quién recibe el bajo nivel de tratamiento y quién se asigna al grupo de comparación (véase el gráfico 9.1).

Como es usual en la asignación aleatoria, en el primer paso se define la población de unidades elegibles para su programa. El segundo paso consiste en seleccionar una muestra aleatoria de unidades que se incluirán en la evaluación, la denominada muestra de evaluación. Una vez que tenga la muestra de evaluación, en el tercer paso asignará aleatoriamente unidades al grupo que recibe un alto nivel de tratamiento, el grupo que recibe el bajo nivel de tratamiento o el grupo de comparación. Como resultado de la asignación aleatoria a múltiples niveles de tratamiento, habrá creado tres grupos distintos:

Gráfico 9.1 Pasos para la asignación aleatoria de dos niveles de tratamiento

Primer paso:
Unidades elegibles

Segundo paso:
Muestra de evaluación

Tercer paso:
Asignación aleatoria a los
niveles alto y bajo de tratamiento

Inelegible   Elegible

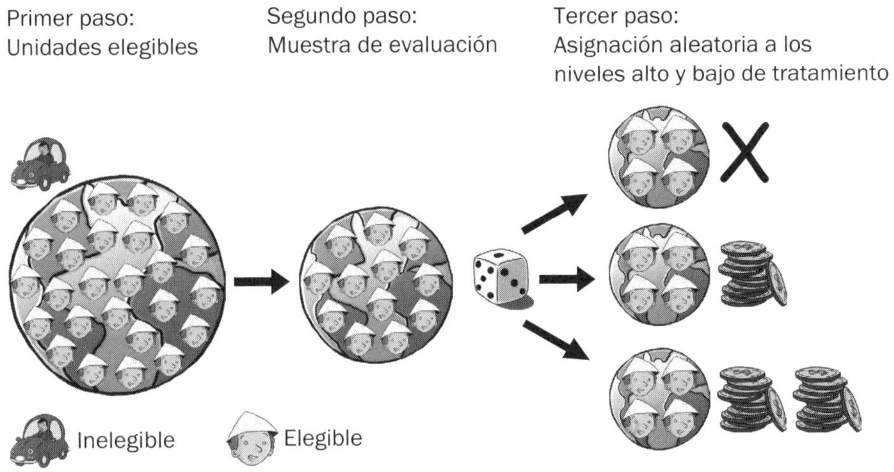

- El grupo A, que no recibe tratamiento alguno y es el grupo de comparación.

- El grupo B, que recibe el nivel bajo de tratamiento.

- El grupo C, que recibe el nivel alto de tratamiento.

Cuando se implementa correctamente, la asignación aleatoria garantiza que los tres grupos son similares. Por lo tanto, puede estimar el impacto del nivel alto de tratamiento mediante la comparación del resultado promedio del grupo C con el resultado promedio del grupo A. También puede estimar el nivel bajo de tratamiento mediante la comparación del resultado promedio del grupo B con el del grupo A. Finalmente, puede evaluar si el nivel alto de tratamiento tiene un mayor impacto que el nivel bajo de tratamiento comparando los resultados promedio de los grupos B y C.

La estimación del impacto de un programa con más de dos niveles de tratamiento seguirá la misma lógica. Si existen tres niveles de tratamiento, el proceso de asignación aleatoria creará tres grupos de tratamiento diferentes, además de un grupo de comparación. En general, con n niveles de tratamiento, habrá n grupos de tratamiento, más un grupo de comparación.

Cuando la asignación aleatoria no es viable, se deben usar otros métodos de evaluación. Afortunadamente, todos los métodos descritos hasta ahora pueden analizar el impacto relativo de diferentes niveles de tratamiento. Por ejemplo, suponga que está interesado en evaluar el impacto de la variación del monto de dinero que se ofrece a los estudiantes en un programa de becas destinado a aumentar la matriculación en la educación secundaria. Se ofrece una beca de US$60 a 25 estudiantes con las mejores calificaciones de cada escuela al final de la educación primaria, y se ofrece una beca de US$45 a los 25 estudiantes con la segunda calificación. Los estudiantes con calificaciones más bajas en las escuelas no reciben ninguna beca. En este contexto, se puede usar un diseño de regresión discontinua para comparar las calificaciones de los estudiantes no solo alrededor del umbral de los US$45, sino también alrededor del umbral de los US$60. Filmer y Schady (2009) presentaron los resultados de este tipo de evaluación en Camboya, en la que no hallaron evidencias de que la beca de US$60 aumentara la matriculación más que la beca de US$45.

Evaluación de múltiples tratamientos con diseños cruzados

Además de comparar varios niveles de tratamiento, también puede comparar opciones de tratamiento totalmente diferentes. De hecho, los responsables de formular políticas prefieren comparar los méritos relativos de diferentes intervenciones, más que conocer solo el impacto de una intervención.

Imagine que quiere evaluar el impacto sobre la matriculación escolar de un programa con dos intervenciones, transferencias monetarias condicionadas a las familias de los estudiantes y transporte gratuito en autobús a la escuela. Puede que quiera conocer el impacto de cada intervención por separado, y también si la combinación de las dos es mejor que la suma de los efectos individuales. Desde el punto de vista de los participantes, el programa está disponible en tres formas diferentes: solo transferencias monetarias condicionadas, solo transporte gratuito en autobús o una combinación de transferencias y transporte.

La asignación aleatoria para un programa con dos intervenciones es muy similar al proceso para un programa con una sola intervención. La principal diferencia es la necesidad de organizar varios sorteos independientes, en lugar de uno. Esto produce un *diseño cruzado*, a veces también llamado diseño transversal. En el gráfico 9.2 se lo ilustra. Como en el caso anterior, en el primer paso se define la población de unidades elegibles. El segundo paso consiste en la selección de una muestra aleatoria de unidades elegibles para formar la muestra de evaluación. Una vez obtenida la muestra de evaluación, en el tercer paso se asignan aleatoriamente sus unidades a un grupo de tratamiento y a un grupo de control. En el cuarto paso, se hace un segundo sorteo para asignar aleatoriamente una subserie del grupo de tratamiento para que reciba la segunda intervención. Finalmente, se realiza otro sorteo para asignar una subserie del grupo de control inicial para que reciba la segunda intervención, mientras que la otra subserie se mantiene como un conjunto "puro" de control.

Como consecuencia de la asignación aleatoria de dos tratamientos habrá creado cuatro grupos, como se muestra en el gráfico 9.3:

Gráfico 9.2 Pasos para la asignación aleatoria de dos intervenciones

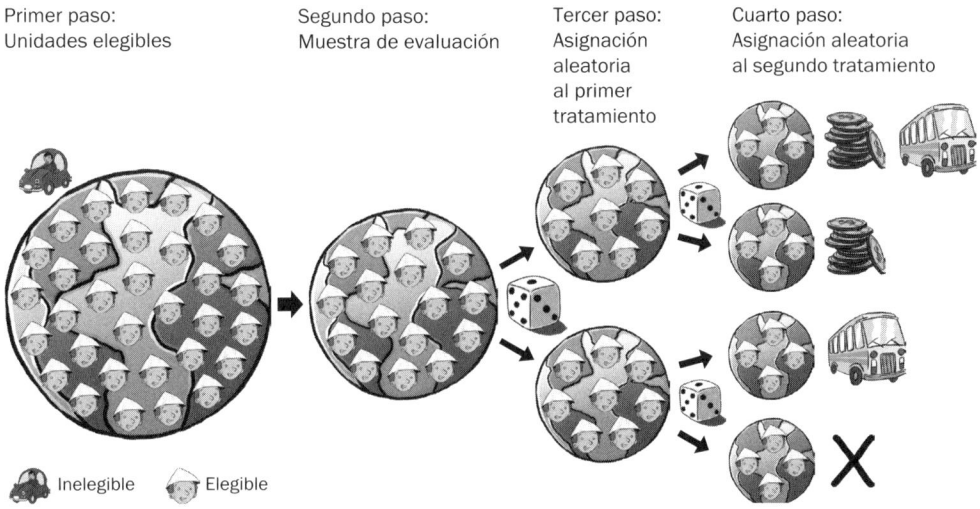

Primer paso:
Unidades elegibles

Segundo paso:
Muestra de evaluación

Tercer paso:
Asignación
aleatoria
al primer
tratamiento

Cuarto paso:
Asignación aleatoria
al segundo tratamiento

Inelegible   Elegible

- El grupo A recibe ambas intervenciones (transferencias monetarias y transporte en autobús).

- El grupo B recibe la primera intervención pero no la segunda (solo transferencias de monetarias).

- El grupo C no recibe la primera intervención pero sí la segunda (solo el transporte en autobús).

- El grupo D no recibe ni la primera ni la segunda intervención y constituye el grupo de comparación puro.

Cuando se implementa correctamente, la asignación aleatoria garantiza que los cuatro grupos son similares. Por lo tanto, puede estimar el impacto de la primera intervención comparando el resultado del grupo B con el resultado del grupo puro de comparación, el grupo D. También puede estimar el impacto de la segunda intervención comparando el resultado del grupo C con el resultado del grupo de comparación puro. Además, este diseño también permite comparar el impacto progresivo de recibir la segunda intervención cuando una unidad ya ha recibido la primera. La comparación de los resultados del grupo A y del grupo B determinará el impacto de la segunda intervención para aquellas unidades que ya han recibido la primera intervención, y la comparación de los resultados de los grupos A y C determinará el impacto de la primera intervención para aquellas unidades que ya han recibido la segunda intervención.

Gráfico 9.3   Grupos de tratamiento y de comparación para un programa con dos intervenciones

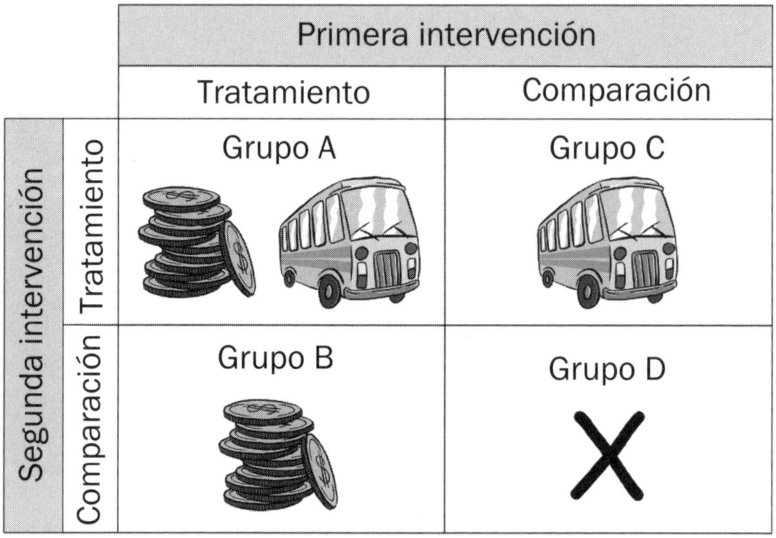

En la descripción anterior se ha usado el ejemplo de la asignación aleatoria para explicar la manera de diseñar una evaluación de impacto para un programa con dos intervenciones diferentes. Cuando un programa cuenta con más de dos intervenciones, se puede aumentar el número de sorteos y continuar subdividiendo la evaluación para formar grupos que reciben las diversas combinaciones de intervenciones. También se pueden implementar múltiples tratamientos y múltiples niveles de tratamiento. Aunque aumente el número de grupos, la teoría fundamental del diseño sigue siendo la misma que la descrita anteriormente.

Sin embargo, la evaluación de más de una o dos intervenciones generará dificultades prácticas tanto para la evaluación como para el funcionamiento del programa, ya que la complejidad del diseño incrementará exponencialmente el número de ramas de tratamiento. Para evaluar el impacto de una sola intervención se necesitan dos grupos: uno de tratamiento y otro de comparación. Para evaluar el impacto de dos intervenciones se necesitan cuatro grupos: tres de tratamiento y uno de comparación. Si fuera a evaluar el impacto de tres intervenciones, incluidas todas las combinaciones posibles entre ellas, necesitaría $2 \times 2 \times 2 = 8$ grupos en la evaluación. En general, en el caso de una evaluación que vaya a incluir todas las

Recuadro 9.1: Puesta a prueba de programas alternativos para la prevención del VIH/sida en Kenya

Duflo y otros (2006) usaron un diseño transversal para evaluar el impacto de una serie de programas de prevención del VIH/sida en dos distritos rurales del oeste de Kenya. El estudio se basó en una muestra de 328 escuelas, que se dividieron en seis grupos, como se muestra en el cuadro adjunto que resume el diseño del programa. Cada grupo recibió una combinación diferente y asignada aleatoriamente de tres tratamientos. Los tratamientos incluyeron un programa de capacitación de profesores para mejorar la capacidad de enseñanza del programa nacional de estudios sobre VIH/sida, debates en las escuelas sobre el papel de los condones y concursos de ensayo sobre la prevención, y reducción del costo de la educación mediante la provisión de uniformes escolares gratuitos a los estudiantes (véase el cuadro).

Resumen del diseño del programa

Grupo	Número de escuelas	Programa nacional	Fortalecimiento de la capacidad de los profesores	Debate sobre condones y ensayos (primavera de 2005)	Reducción del costo de la educación (primavera de 2003 y otoño de 2004)
1	88	Sí			
2	41	Sí	Sí		
3	42	Sí	Sí	Sí	
4	83				Sí
5	40	Sí	Sí		Sí
6	40	Sí	Sí	Sí	Sí

Los investigadores observaron que, después de dos años, el programa de capacitación de profesores había tenido poco impacto sobre el conocimiento de los estudiantes, la actividad sexual declarada, el uso de condones o los embarazos adolescentes, pero sí mejoró la enseñanza del programa nacional de estudios. Los debates y el concurso de ensayos aumentaron el conocimiento y el uso declarados sobre los condones, sin aumentar la actividad sexual declarada. Finalmente, la reducción del costo de la educación mediante la provisión de uniformes escolares redujo tanto las tasas de abandono como los embarazos adolescentes. Por consiguiente, los investigadores concluyeron que la provisión de uniformes escolares resultó más eficaz para la reducción de los embarazos adolescentes que la capacitación de profesores acerca del programa nacional de estudios sobre VIH/sida.

Fuente: Duflo y otros, 2006.

Recuadro 9.2: Puesta a prueba de programas alternativos para el control de la corrupción en Indonesia

En Indonesia, Olken (2007) usó un diseño transversal innovador para poner a prueba diferentes métodos para controlar la corrupción, desde una estrategia de vigilancia de arriba a abajo a una supervisión comunitaria más de base. Usó una metodología de asignación aleatoria en más de 600 comunidades que estaban construyendo carreteras como parte de un proyecto nacional de mejora de la infraestructura.

Uno de los tratamientos múltiples consistió en seleccionar aleatoriamente algunas comunidades para informarles de que su proyecto de construcción iba a ser auditado por un funcionario público. A continuación, para poner a prueba la participación comunitaria en la supervisión, los investigadores implementaron dos intervenciones. Distribuyeron invitaciones a reuniones comunitarias para la rendición de cuentas, y repartieron formularios para presentar comentarios de manera anónima. Para medir los niveles de corrupción, un equipo independiente de ingenieros y topógrafos tomó muestras básicas de las nuevas carreteras, estimó el costo de los materiales usados y comparó sus cálculos con los presupuestos presentados.

Olken observó que el incremento de las auditorías públicas (con una probabilidad de resultar auditado de alrededor del 4% a un 100%) redujo la pérdida de gastos en unos 8 puntos porcentuales (con respecto al 24%). El aumento de la participación comunitaria en la supervisión tuvo un impacto sobre la pérdida de mano de obra pero no sobre la pérdida de gastos. Los formularios para comentarios solo fueron eficaces cuando se distribuyeron entre los niños en la escuela para que se los entregaran a sus familias, y no cuando los distribuyeron los líderes comunitarios.

Fuente: Olken, 2007.

---

combinaciones posibles entre n intervenciones, se necesitarán 2^n grupos. Además, para poder distinguir los resultados de los grupos, cada cual requiere un número suficiente de unidades de observación para garantizar una potencia estadística suficiente. De hecho, la detección de diferencias entre las ramas de la intervención puede exigir muestras más grandes que la comparación entre un grupo de tratamiento y un grupo de comparación puro. Si las dos ramas de tratamiento logran provocar cambios en los resultados deseados, pueden ser necesarias muestras más grandes para detectar las posibles diferencias menores entre los dos grupos.

Finalmente, los diseños cruzados también se pueden incorporar a los diseños de evaluaciones que combinan varios métodos de evaluación (recuadros 9.1 y 9.2). Las normas operativas que guían la asignación de cada tratamiento determinarán qué combinación de métodos debe usarse. Por ejemplo, es posible que el primer tratamiento se asigne en función de una puntuación de la elegibilidad, y el segundo de manera aleatoria. En ese caso, se puede usar un diseño de la discontinuidad de la regresión para la primera intervención y un método de asignación aleatoria para la segunda.

Nota

1. Véase Banerjee y Duflo (2009) para un análisis más detallado.

Referencias

Banerjee, Abhijit y Duflo, Esther. 2009. "The Experimental Approach to Development Economics". Documento de trabajo de la NBER 14467. National Bureau of Economic Research, Cambridge, MA.

Duflo, Esther; Dupas, Pascaline; Kremer, Michael y Sinei, Samuel. 2006. "Education and HIV/AIDS Prevention: Evidence from a Randomized Evaluation in Western Kenya". Documento de trabajo del Banco Mundial sobre investigaciones relativas a políticas de desarrollo 402. Banco Mundial, Washington, DC.

Filmer, Deon y Schady, Norbert. 2009. "School Enrollment, Selection and Test Scores". Documento de trabajo del Banco Mundial sobre investigaciones relativas a políticas de desarrollo 4998. Banco Mundial, Washington, DC.

Olken, Benjamin. 2007. "Monitoring Corruption: Evidence from a Field Experiment in Indonesia". *Journal of Development Economics* 115 (2): 200-49.

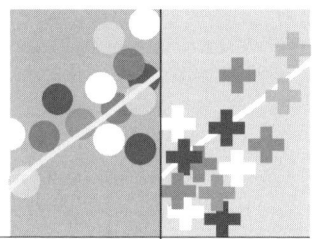

Tercera parte

CÓMO IMPLEMENTAR UNA EVALUACIÓN DE IMPACTO

En la primera parte del libro, se analizaron las razones para emprender una evaluación de impacto, y cuándo vale la pena hacerlo. Las evaluaciones deben diseñarse para responder preguntas esenciales sobre la formulación de políticas públicas, por ejemplo para negociar presupuestos o para decidir la expansión de un programa de nutrición, el incremento de los beneficios de un programa de becas o una reforma hospitalaria. Los objetivos y las preguntas de la evaluación deben derivarse directamente de las preguntas de las políticas públicas. Una evaluación necesitará una teoría del cambio, como por ejemplo, una cadena de resultados, que le permitirá a su vez elegir los indicadores adecuados. En la segunda parte de este libro, se describió una serie de métodos que se pueden utilizar para evaluar el impacto de los programas y se analizaron sus ventajas e inconvenientes con ejemplos.

La tercera parte de este libro se centra en los pasos operativos de la administración de una evaluación de impacto. Estos pasos serán las piezas básicas que permitirán estimar el efecto causal del programa y responder a las preguntas formuladas por una evaluación de impacto. Se han agrupado en cuatro fases: *hacer operativo el diseño de la evaluación, elegir una muestra, recolectar los datos* y *producir y divulgar los resultados*. El gráfico P3.1 muestra su secuencia, y los capítulos 10 a 13 se ocupan de cada una de las cuatro fases.

En el capítulo 10, se analizan los componentes esenciales para hacer operativo el diseño de la evaluación. Es decir, se examinarán los planes de implementación del programa y se elegirá un diseño apropiado para la evaluación. Antes de implementar la evaluación, debe confirmarse que el diseño propuesto es ético. Una vez que esto esté claro, se debe formar un equipo para la evaluación, elaborar un presupuesto e identificar las fuentes de financiamiento.

En el capítulo 11 se analiza cómo hacer el muestreo y cómo determinar el tamaño de la muestra.

En el capítulo 12 se examinan los pasos para recolectar datos. Considerando las preguntas a las que se desea responder, y como el diseño de la evaluación, se debe determinar qué datos pueden obtenerse de fuentes existentes y qué tipo de datos se necesitan. Debe contarse con un cuestionario adecuado para recoger la información que se necesita recopilar. Una vez hecho esto, se debe contratar a una institución privada o gubernamental especializada en recolección de datos. Dicha institución reclutará y capacitará al personal de campo y comprobará que el cuestionario funcione correctamente en el terreno. Después de hacer los ajustes necesarios, la institución podrá proceder con el trabajo de campo. Finalmente, los datos que se recolecten deben digitarse o procesarse y validarse antes de ser usados.

El capítulo 13 trata las fases finales de la evaluación. Se describen los productos que aporta una evaluación, el contenido de los informes de evaluación y se ofrecen algunas directrices sobre la manera de divulgar los resultados entre los responsables de políticas públicas y otras partes interesadas.

Gráfico P3.1 Hoja de ruta para la implementación de una evaluación de impacto

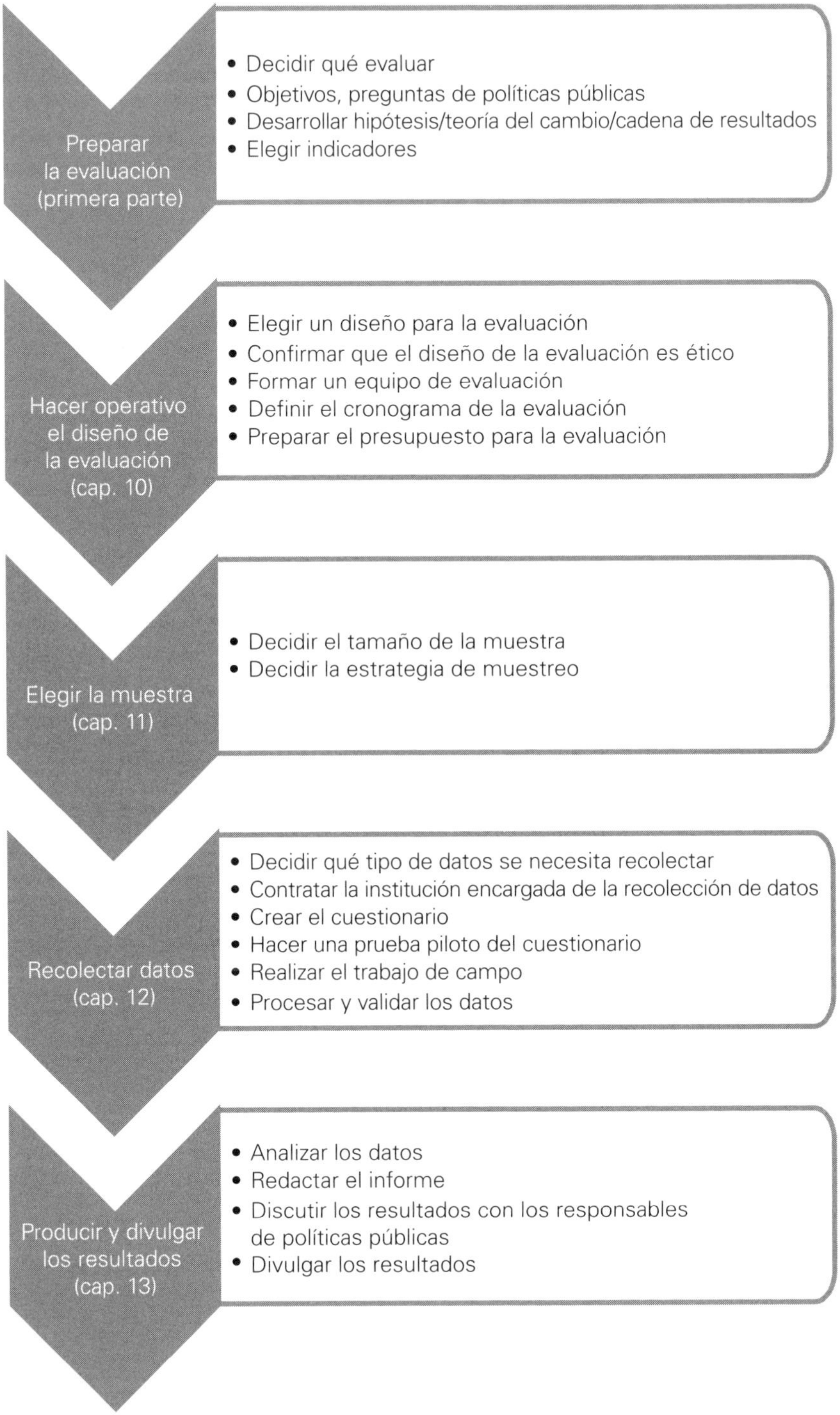

Preparar la evaluación (primera parte)

- Decidir qué evaluar
- Objetivos, preguntas de políticas públicas
- Desarrollar hipótesis/teoría del cambio/cadena de resultados
- Elegir indicadores

Hacer operativo el diseño de la evaluación (cap. 10)

- Elegir un diseño para la evaluación
- Confirmar que el diseño de la evaluación es ético
- Formar un equipo de evaluación
- Definir el cronograma de la evaluación
- Preparar el presupuesto para la evaluación

Elegir la muestra (cap. 11)

- Decidir el tamaño de la muestra
- Decidir la estrategia de muestreo

Recolectar datos (cap. 12)

- Decidir qué tipo de datos se necesita recolectar
- Contratar la institución encargada de la recolección de datos
- Crear el cuestionario
- Hacer una prueba piloto del cuestionario
- Realizar el trabajo de campo
- Procesar y validar los datos

Producir y divulgar los resultados (cap. 13)

- Analizar los datos
- Redactar el informe
- Discutir los resultados con los responsables de políticas públicas
- Divulgar los resultados

CAPÍTULO 10

Hacer operativo el diseño de la evaluación

En la segunda parte, se describieron metodologías para crear grupos de comparación válidos para la evaluación. A partir de estos grupos de comparación, se puede estimar el impacto causal de un programa. Ahora se considerarán los aspectos prácticos de la elección del método de evaluación. Las reglas operativas de un programa resultan determinantes para generar grupos de comparación y elegir la mejor metodología de evaluación.

Elegir un método de evaluación de impacto

La clave para estimar el impacto causal es encontrar un grupo de comparación válido. En la segunda parte, se describieron métodos para obtener grupos de comparación válidos, entre ellos la asignación aleatoria, la promoción aleatoria, el diseño de regresión discontinua, el método de diferencias en diferencias y el método de pareamiento. En este capítulo se considerará qué método emplear en cada situación. El principio fundamental es que las reglas operativas de un programa determinan qué método es más idóneo, y que dichas reglas pueden y deben condicionar el método de evaluación elegido, y no a la inversa. La evaluación no debe cambiar drásticamente los elementos esenciales de una intervención en aras de un diseño más claro.

Concepto clave:

Las reglas operativas de un programa determinan qué método de evaluación de impacto se puede aplicar, y no a la inversa.

La asignación aleatoria suele ser el método preferido por los evaluadores. Cuando se implementa adecuadamente, hace que las características observadas y no observadas de los grupos de tratamiento y de comparación sean comparables, con un riesgo bajo de sesgo. Dado que la asignación aleatoria es bastante intuitiva, requiere un uso limitado de técnicas econométricas y permite estimar un efecto promedio del tratamiento para la población de interés. También, facilita comunicar los resultados con claridad a los responsables de políticas públicas. Sin embargo, los diseños aleatorios no siempre son factibles, especialmente cuando entran en conflicto con las reglas operativas del programa.

Las reglas operativas más pertinentes para el diseño de la evaluación son las que determinan los criterios de elegibilidad del programa y la manera como se selecciona a los participantes. Los grupos de comparación deberán provenir de aquellas unidades o individuos que sean elegibles pero que no se incorporan al programa (por ejemplo, cuando existe un exceso de demanda) o las que se encuentran cerca del umbral de elegibilidad. Para encontrar grupos de comparación válidos es necesario que las reglas que determinan la elegibilidad y la selección de los beneficiarios sean equitativas, transparentes y estén sujetas a rendición de cuentas.

Principios de las reglas de focalización

Casi siempre se pueden encontrar grupos de comparación válidos si las reglas operativas para seleccionar los beneficiarios son equitativas, transparentes y están sujetas a rendición de cuentas.

- Los criterios de focalización *equitativos* clasifican o priorizan la elegibilidad mediante indicadores comúnmente acordados basados en las necesidades de los individuos, en otras ocasiones ofrecen el programa a todos, o todos tienen la misma posibilidad de que se les ofrezca el programa.

- Los criterios de focalización *transparentes* son públicos, para que la sociedad civil los acepte implícitamente y compruebe que se siguen realmente. Las reglas transparentes deben ser cuantificables y fáciles de observar.

- Las reglas operativas son responsabilidad de los funcionarios del programa, quienes están *sujetos a rendición de cuentas*, a veces incluso para determinar las compensaciones de los funcionarios.

Como se explicará más adelante, las reglas equitativas se traducen en la mayoría de los casos en diseños de evaluaciones basados en asignación aleatoria o diseño de regresión discontinua. La transparencia y la rendición de cuentas garantizan que los criterios de focalización sean cuantitativamente verificables y se implementen realmente de acuerdo con su diseño. Cuando las reglas operativas violan estos tres principios de buen gobierno, se presentan dificultades tanto para el buen diseño de un programa como para la evaluación.

Concepto clave:
Casi siempre se pueden encontrar grupos de comparación válidos si las reglas operativas del programa para la selección de beneficiarios son equitativas, transparentes y están sujetas a rendición de cuentas.

Las reglas operativas de elegibilidad son transparentes y están sujetas a rendición de cuentas cuando se emplean criterios cuantificables que pueden ser verificados externamente, y se hacen públicos. Estos principios de buen gobierno mejoran las probabilidades de que un programa beneficie a la población objetivo y son también la clave del éxito de una evaluación. Si las reglas no son cuantificables ni verificables, el equipo de evaluación tendrá dificultades para asegurarse de que la asignación a los grupos de tratamiento y de comparación ocurra según lo dispuesto y para documentar cómo ocurrió realmente. Si los evaluadores no pueden comprobar cómo se realizó la asignación, tampoco podrán analizar correctamente los datos para calcular el impacto. Entender las reglas de asignación de un programa es esencial para identificar el método adecuado para evaluar su impacto.

Reglas operativas de focalización

Las reglas operativas determinan normalmente en qué consisten los beneficios del programa, cómo se financian y distribuyen, y cómo se selecciona a los beneficiarios. Las reglas que gobiernan el financiamiento del programa y la incorporación de beneficiarios son esenciales para definir los grupos de comparación válidos. Las reglas que rigen la incorporación al programa se ocupan de la elegibilidad, de los criterios de asignación cuando los recursos son limitados, y del orden de incorporación de los beneficiarios. Las reglas principales que sirven como hoja de ruta para los grupos de comparación responden a tres preguntas operativas fundamentales relacionadas con el la financiación, la focalización y la calendarización:

1. *Financiación: ¿Cuenta el programa con suficientes recursos para llegar a escala y atender a todos los beneficiarios elegibles?* Los Gobiernos y las organizaciones no gubernamentales no siempre disponen de suficiente dinero para ofrecer servicios a todas las personas que son elegibles o solicitan beneficios. En esos casos, el Gobierno debe decidir quiénes reciben los beneficios del programa y quiénes quedan excluidos. Muchas veces, los programas se limitan a regiones geográficas específicas, áreas rurales o pequeñas comunidades, a pesar de que pueda haber beneficiarios elegibles en otras regiones o comunidades más grandes.

2. *Reglas de focalización: ¿Quién es elegible para los beneficios del programa? ¿El programa está focalizado en función de un umbral de elegibilidad o está a disposición de todos?* La escuela primaria y la atención primaria a la salud se ofrecen normalmente de manera universal. Muchos otros programas usan reglas operativas de focalización basadas en una clasificación continua con un límite o umbral definido. Por ejemplo, los programas de pensiones establecen una edad por encima de la cual las personas se vuelven elegibles. Los programas de transferencias monetarias condicionadas suelen clasificar a los hogares en función de su nivel estimado de pobreza, y los hogares que se encuentran por debajo de un umbral predeterminado se consideran elegibles.

3. *Calendarización: ¿Cómo se incorporan durante el transcurso del programa los posibles beneficiarios: todos al mismo tiempo o por fases?* Muchas veces, las limitaciones administrativas y de recursos impiden que un Gobierno ofrezca inmediatamente el programa a todas las unidades elegibles. Si se expande el programa con el tiempo, debe decidirse quién recibe primero los beneficios y quién se incorpora más tarde. Un método habitual es expandir el programa geográficamente, incorporando a todos los beneficiarios de una comunidad o región antes de pasar a la siguiente.

Identificar y priorizar beneficiarios

Una cuestión operativa fundamental es la manera de seleccionar a los beneficiarios, que es la clave para identificar los grupos de comparación válidos. Estos se encuentran normalmente entre las poblaciones elegibles que se incorporan más tarde al programa o entre las poblaciones no elegibles. La manera de priorizar a los beneficiarios depende en parte de los objetivos del programa. ¿Se trata de un programa de pensiones para los ancianos, un programa de alivio de la pobreza destinado a los pobres o un programa de inmunización accesible para todos?

Para priorizar a los beneficiarios, el programa debe elegir un indicador cuantificable y verificable. Una vez que se ha acordado uno, la manera de aplicarlo dependerá sobre todo de la capacidad del Gobierno para medir y clasificar la necesidad. Si este puede clasificar con precisión a los beneficiarios en función de sus necesidades relativa, se puede sentir éticamente obligado a expandir el programa de acuerdo con las necesidades. Sin embargo, la clasificación basada en la necesidad no solo requiere una medida cuantificable, sino también la capacidad y los recursos para medir dicho indicador para cada individuo.

En ciertos casos, la elegibilidad puede basarse en un indicador continuo cuya medición es barata y fácil, como la edad para las pensiones. Por ejemplo, el umbral de los 70 años es sencillo de medir y fácil de aplicar. No obstante, muchas veces el indicador de elegibilidad no clasifica la necesidad relativa de la población. Por ejemplo, una persona de 69 años no necesita menos una pensión que una de 70 años, o una de 75 años no siempre necesita una pensión más que una de 72 años. En este caso, el programa puede identificar a la población elegible, pero no puede clasificar fácilmente la necesidad relativa de la población elegible.

Otros programas usan criterios que, en principio, se podrían usar tanto para determinar la elegibilidad como para clasificar la necesidad relativa. Por ejemplo, muchos programas están dirigidos a personas pobres, aunque los indicadores que clasifiquen fiablemente a los hogares como pobres o no pobres suelen ser difíciles y costosos de medir. La recolección de datos sobre ingresos o consumo de los beneficiarios potenciales para clasificarlos por nivel de pobreza es compleja y costosa. Muchos programas usan algún tipo de test de tipo *proxy mean* para estimar los niveles de pobreza. Los *proxy mean tests* consisten en índices de medidas sencillas, como los activos y las características sociodemográficas (Grosh y otros, 2008). Los *proxy mean tests* pueden sufrir de errores de medición, su implementación es costosa y no siempre permiten una clasificación precisa de la situación socioeconómica o la necesidad de recibir el programa, especialmente en la parte más baja de la distribución de la pobreza. Ayudan a determinar con razonable acierto si un hogar se encuentra por encima o por debajo de un cierto umbral, pero pueden ser menos precisos a la hora de identificar la distancia del umbral. Su uso permite a los programas identificar a los pobres elegibles, pero no siempre a clasificar su necesidad.

En lugar de enfrentarse al costo y la complejidad de clasificar los hogares, muchos programas deciden usar mecanismos de focalización a un nivel superior de agregación, como a nivel comunitario. La suposición fundamental es que los hogares dentro de las comunidades son básicamente homogéneos, que la gran mayoría de la población es probablemente elegible y que el costo de identificar y excluir a los no elegibles hace que no valga la pena clasificar a todos los hogares. En este caso, todas las unidades dentro de una comunidad serían elegibles. Aunque esta estrategia funciona para las pequeñas comunidades rurales, es menos adecuada cuando los programas se trasladan a zonas urbanas, que son más heterogéneas. La focalización a nivel agregado tiene ventajas operativas obvias, pero con frecuencia no anula la necesidad de clasificar a cada beneficiario en función de cierto indicador objetivo y cuantificable de la necesidad.

Cuando el organismo que financia un programa decide no clasificar los beneficiarios potenciales por necesidad, porque el proceso es demasiado costoso y propenso a errores, se deben usar otros criterios para decidir cómo secuenciar la expansión del programa. La equidad es un criterio congruente con los principios del buen gobierno. Una regla equitativa consistiría en ofrecer a todos los elegibles la misma oportunidad de entrar primero al programa y asignar aleatoriamente el orden de ingreso en el programa entre los posibles beneficiarios. Se trata de una regla de asignación justa y equitativa, que también produce un diseño aleatorio de evaluación, con validez interna y externa.

De las reglas operativas a los grupos de comparación

En el cuadro 10.1 se presentan qué grupos de comparación son posibles de acuerdo con las características del programa, a las reglas operativas y a las tres preguntas fundamentales sobre financiación, focalización y calendarización, formuladas anteriormente. Las columnas se dividen en función de si el programa cuenta o no con recursos suficientes para atender a todos los beneficiarios elegibles (*financiación*) y se subdividen entre programas focalizados o con cobertura universal (*focalización*). Las filas se dividen en programas implementados o expandidos en fases y programas de implementación inmediata (*calendarización*). En cada celda se mencionan los posibles métodos para obtener grupos de comparación válidos. Cada celda se nombra primero según su fila (A, B) y luego según la columna (1-4). Así, la celda A1 se ubica en la primera fila y primera columna del cuadro, y refiere a los programas con recursos limitados, focalizados y desarrollados en fases.

Cuadro 10.1   Relación entre las reglas operativas de un programa y los métodos de evaluación de impacto

FINANCIACIÓN →	Exceso de demanda del programa (recursos limitados)		Sin exceso de demanda del programa (recursos suficientes)	
FOCALIZACIÓN →	Índice continuo de focalización y umbral (1)	Sin índice continuo de focalización y umbral (2)	Índice continuo de focalización y umbral (3)	Sin índice continuo de focalización y umbral (4)
Expansión en fases a lo largo del tiempo (A)	**CELDA A1** Asignación aleatoria (3.1) DRD (4)	**CELDA A2** Asignación aleatoria (3.1) Promoción aleatoria (3.2) DD con (5) Pareamiento (6)	**CELDA A3** Asignación aleatoria en fases (3.1) DRD (4)	**CELDA A4** Asignación aleatoria en fases (3.1) Promoción aleatoria para participación temprana (3.2) DD con (5) Pareamiento (6)
Implementación inmediata (B)	**CELDA B1** Asignación aleatoria (3.1) DRD (4)	**CELDA B2** Asignación aleatoria (3.1) Promoción aleatoria (3.2) DD con (5) Pareamiento (6)	**CELDA B3** DRD (4)	**CELDA B4** Si la participación no es plena: Promoción aleatoria (3.2) DD con (5) Pareamiento (6)

(Eje vertical izquierdo: CALENDARIZACIÓN)

Nota: El número entre paréntesis refiere al capítulo del libro en el que se analiza el método. DRD = diseño de regresión discontinua; DD = diferencias en diferencias.

La mayoría de los programas requieren implementarse o expandirse en fases debido a restricciones de financiamiento o limitaciones logísticas y administrativas. Esta categoría de programas cubre la primera fila del cuadro: A1, A2, A3 y A4. En este caso, la regla operativa equitativa, transparente y sujeta a rendición de cuentas consiste en ofrecer a todos la misma posibilidad de participar en la primera, segunda, tercera y siguientes fases del programa, lo que implica una aleatorización a fases.

Cuando los recursos son limitados (celdas A1 y A2, y B1 y B2), puede aparecer muy pronto un exceso de demanda. En este caso, una alternativa viable puede ser realizar un sorteo para decidir cuáles de las unidades elegibles participan en el programa. Así todos conservan la misma probabilidad de beneficiarse. Un sorteo es una regla operativa equitativa, transparente y sujeta a rendición de cuentas.

Otra categoría de programas son los que se implementan o expanden en fases y en los que los administradores pueden clasificar a los posibles beneficiarios en función de la necesidad (celdas A1 y A3). Si los criterios para priorizar a los beneficiarios son cuantitativos y accesibles, y tienen un umbral de elegibilidad, el programa puede usar un diseño de regresión discontinua.

Otra categoría amplia incluye a los programas con capacidad administrativa para implementarse inmediatamente, es decir las celdas B1, B2, B3 y B4. Cuando el programa cuenta con recursos financieros limitados y no puede clasificar a los beneficiarios (B2), se puede usar una asignación aleatoria basada en el exceso de demanda. Si el programa cuenta con recursos suficientes para llegar a expandirse y no se usan criterios de focalización (B4), el único método es la promoción aleatoria, partiendo de la suposición de que no todas las unidades elegibles deciden participar al programa. Si el programa puede clasificar a los beneficiarios y está focalizado, se puede recurrir al diseño de regresión discontinua.

Determinar la escala mínima de intervención

Las reglas operativas también determinan la escala mínima de intervención. La escala de intervención es en la que se ejecuta un programa. Por ejemplo, si se implementa un programa de salud a nivel de distrito, todas las comunidades del distrito recibirán el programa (en conjunto) o no lo recibirán. Algunos programas se pueden implementar eficientemente a nivel de unidades o individuos, hogares o instituciones, mientras que otros deben ejecutarse a nivel de comunidad o distrito administrativo. Implementar una intervención en uno de estos niveles superiores (por ejemplo, provincia o estado) puede ser problemático para la evaluación por tres razones principales:

1. El tamaño de la muestra de evaluación y el costo de la evaluación aumentan con la escala de la intervención.

2. Conforme aumenta la escala, es más difícil encontrar un número suficiente de unidades para incluirlas en la evaluación.

3. Hay más probabilidades de poner en riesgo la validez externa de la evaluación con unidades de intervención a gran escala.

La evaluación de intervenciones implementadas a niveles superiores requiere muestras más grandes y será más costosa que las intervenciones a nivel inferior[1]. El nivel de intervención define la unidad de asignación de los grupos de tratamiento y de comparación, lo que incide en el tamaño de la muestra de evaluación y su costo. Las intervenciones implementadas a niveles superiores necesitan una muestra más grande para detectar el impacto del programa. La intuición en la que se basa esta afirmación se analizará en el capítulo 11, que examina los cálculos de potencia y la manera de establecer el tamaño de la muestra de evaluación.

Otra cuestión es que con altos niveles de agregación se dificulta conseguir grupos de tratamiento y de comparación comparables. Intuitivamente, si un programa se implementa a nivel de provincias y el país solo tiene seis, es improbable que la selección aleatoria alcance a generar grupos comparables. Sería muy poco probable que las provincias del grupo de tratamiento fueran similares a las del grupo de comparación, aunque hubiera un gran número de hogares dentro de cada provincia. La clave para generar grupos comparables es la cantidad de unidades que son asignadas a los grupos de tratamiento y control, y no el número total de personas u hogares en la muestra.

El tercer problema de las intervenciones a gran escala es que tienen más probabilidad de que las diferencias en los cambios a lo largo del tiempo comprometan la validez interna de la selección aleatoria, aunque las características de los grupos sean comparables en la línea de base. Considérese nuevamente la utilización de provincias en el nivel de intervención para un programa de seguro de salud. La evaluación asigna aleatoriamente un conjunto de provincias al grupo de tratamiento y otro al de comparación. Supóngase que por azar ambos grupos sean comparables en la línea de base, es decir, que los hogares en las provincias de los grupos de tratamiento y de comparación tengan, en general, el mismo nivel de gastos médicos directos. Después de recolectar los datos de línea de base, algunas provincias pueden implementar otras políticas de salud, como programas de inmunización o de agua y saneamiento, que mejoran el estado de salud de la población y reducen, por lo tanto, la demanda de atención médica y el gasto directo en salud. Si estos cambios en las políticas no se distribuyen de manera comparable entre los grupos de comparación y de tratamiento, el impacto del seguro de salud sobre el gasto directo se confundirá con el cambio en otras políticas sanitarias provinciales. Asimismo, algunas provincias pueden experimentar un crecimiento económico más rápido que otras. Lo más probable es que el gasto en atención a la salud crezca más rápido en las provincias con un aumento más rápido de los ingresos. Una vez más, si estos cambios en el crecimiento económico local no se distribuyen de manera idéntica entre los grupos de comparación y de tratamiento, el impacto del seguro de salud sobre el gasto directo se confundirá con el cambio en la economía local. En general, es más difícil considerar este tipo de cambios temporales con escalas más grandes de intervención. La aplicación de asignaciones aleatorias con unidades más pequeñas de implementación mitiga estos riesgos para la validez interna.

Para evitar los problemas de implementar una intervención a un nivel geográfico o administrativo muy grande, los administradores de un programa deben determinar la escala mínima en la que se puede implementar el programa. Varios factores determinarán esto:

- Economías de escala y complejidad administrativa en la oferta del programa.

- Capacidad administrativa de asignar beneficios a nivel individual o de hogares.

- Preocupación acerca de posibles conflictos civiles.

- Preocupación sobre la contaminación del grupo de comparación.

La escala mínima se define normalmente por las economías de escala y la complejidad administrativa de la oferta del programa. Por ejemplo, un programa de seguro de salud puede requerir una oficina local para que los beneficiarios presenten reclamaciones y para pagar a los proveedores. Es necesario repartir los costos fijos de la oficina entre un gran número de beneficiarios, por lo que podría ser ineficiente implementar el programa a nivel individual; será entonces más eficiente ejecutarlo a nivel comunitario. Sin embargo, en situaciones con intervenciones novedosas, puede valer la pena asumir las ineficiencias a corto plazo e implementar el programa dentro de distritos administrativos, para garantizar mejor la credibilidad de la evaluación y reducir los costos de la recolección de datos.

Algunos Gobiernos argumentan que los programas administrados localmente, como los de seguro de salud, no tienen capacidad administrativa para ser implementados a nivel individual. Les preocupa que los sistemas de prestación de diferentes servicios a diferentes beneficiarios a nivel local supongan una carga para las unidades administrativas locales, y que el programa no pueda garantizar que se asignen los grupos de tratamiento y de comparación de acuerdo con lo dispuesto. Este último problema es un riesgo grave para la capacidad del Gobierno de implementar el diseño de la evaluación y, por consiguiente, para el éxito del estudio.

En ocasiones, los Gobiernos prefieren implementar programas a niveles más agregados, como la comunidad, porque les preocupan los posibles conflictos civiles que se generan cuando los miembros del grupo de comparación observan cómo sus vecinos del grupo de tratamiento reciben los beneficios antes que ellos. Sin embargo, se han aportado muy pocas evidencias que apoyen estas afirmaciones. Cuando los beneficios se han asignado de manera equitativa, transparente y sujeta a rendición de cuentas, un gran número de programas se ha implementado con éxito a nivel individual o de los hogares, sin generar conflictos civiles.

Finalmente, cuando un programa se implementa a un nivel muy desagregado la contaminación del grupo de comparación puede comprometer la validez interna de la evaluación. Por ejemplo, se evalúa el efecto del suministro de agua corriente sobre la salud de los hogares. Si se instala el suministro para un hogar, pero no en el barrio, es factible que el hogar tratado comparta el suministro con su vecino; por lo que el hogar vecino no sería una comparación valida, ya que se beneficiaría del efecto (llamado efecto de derrame). En este caso se necesitaría otro grupo de comparación que no se beneficie de efectos de derrame.

Por lo tanto, los administradores de programas necesitan determinar la escala mínima de una intervención que: 1) permita contar con una muestra suficientemente grande para la evaluación; 2) mitigue los riesgos para la validez interna, y 3) sea compatible con el contexto operativo. El recuadro 10.1 ilustra la elección y las consecuencias de la escala mínima de la intervención en el contexto de los programas de transferencias monetarias.

Recuadro 10.1: Programas de transferencias monetarias y la escala mínima de la intervención

La mayoría de los programas de transferencias monetarias condicionadas usan la comunidad como escala mínima de la intervención, debido a cuestiones administrativas y al diseño del programa, así como a la preocupación por los efectos de derrame y el posible conflicto en la comunidad si se asignara el tratamiento a un nivel inferior.

Por ejemplo, la evaluación de Progresa/Oportunidades, el programa de transferencias monetarias condicionadas de México, recurrió a una expansión aleatoria al nivel de comunidad en áreas rurales. En la primavera de 1998, se ofreció a todos los hogares elegibles de las comunidades de tratamiento la oportunidad de inscribirse en el programa, y aproximadamente 18 meses después, en el invierno de 1999, se ofreció la misma oportunidad a todos los hogares de las comunidades de comparación. Sin embargo, los evaluadores observaron una correlación considerable en los indicadores de resultados de los hogares dentro de las comunidades. Para tener potencia estadística suficiente para la evaluación, necesitaban más hogares en la muestra de los que habrían necesitado si hubieran podido realizar la asignación aleatoria al nivel de hogar. Por lo tanto, la imposibilidad de implementar el programa a nivel de los hogares generó la necesidad de un mayor tamaño de la muestra e incrementó el costo de la evaluación. Una gran proporción de los programas del sector del desarrollo humano sufren limitaciones similares.

Fuentes: Behrman y Hoddinott, 2001; Gertler, 2004; Fiszbein y Schady, 2009; Levy y Rodríguez, 2005; Schultz, 2004; Skoufias y McClafferty, 2001.

¿Es ética la evaluación?

Con frecuencia se plantean cuestiones éticas cuando se realizan evaluaciones de impacto. Un punto de partida es considerar la posibilidad de invertir considerables recursos públicos en programas cuya efectividad se desconoce. La propia falta de una evaluación puede entonces considerarse no ética. Conocer la efectividad de un programa puede contribuir a una inversión más efectiva y ética de los recursos públicos.

Cuando se decide diseñar una evaluación de impacto, deben considerarse algunas cuestiones éticas importantes. Entre ellas destacan las reglas que se emplean para asignar los beneficios de un programa y los métodos mediante los que se estudia a las personas.

Concepto clave:
Los beneficios no se deben negar o demorar solo para realizar una evaluación.

El principio más básico es que nunca se debe negar o demorar la oferta de beneficios solo para realizar una evaluación. En este libro se ha argumentado que las evaluaciones no deben dictar cómo se asignan los beneficios, sino que deben adaptarse a las reglas de asignación de los programas. Por ello, las preocupaciones éticas no se deben derivar de la evaluación de impacto, sino que están directamente relacionadas con las reglas de asignación de los programas.

La asignación aleatoria de beneficios de un programa entre individuos elegibles suele plantear preocupaciones éticas acerca de la negación de beneficios a unidades elegibles. Sin embargo, la mayoría de los programas cuentan con recursos financieros y administrativos limitados, es decir que les es imposible atender a todos los beneficiarios al mismo tiempo. Desde un punto de vista ético, los sujetos con la misma elegibilidad deben tener la misma probabilidad de recibir el programa. La asignación aleatoria cumple este requisito. Cuando un programa prevé ampliarse en fases, la expansión puede basarse en la selección aleatoria para determinar el orden en que los beneficiarios con los mismos derechos recibirán los beneficios. En estos casos, quienes participen más tarde del programa pueden constituir un grupo de comparación, lo que representa un diseño sólido de la evaluación y un método transparente y justo de asignación de recursos escasos.

En muchos países e instituciones internacionales se han establecido consejos de revisión y comités de ética para reglamentar la investigación relacionada con sujetos humanos. Estos comités están encargados de valorar, aprobar y supervisar los estudios, con el objetivo principal de proteger los derechos y promover el bienestar de los sujetos estudiados. Aunque las evaluaciones de impacto son iniciativas principalmente operativas, también son estudios de investigación; como tales, deben cumplir las directrices sobre investigación de sujetos humanos.

En Estados Unidos, la Oficina para la Protección de Seres Humanos en Estudios de Investigación, del Departamento de Salud y Servicios Humanos, es responsable de coordinar y apoyar el trabajo de los consejos de revisión institucional establecidos en todas las instituciones de investigación y universidades. También publica una recopilación de más de un millar de leyes y directrices que rigen la investigación sobre seres humanos en 96 países, y ofrece enlaces con los códigos de ética y las normas reglamentarias empleadas actualmente por las principales organizaciones internacionales y regionales.

Por ejemplo, las investigaciones realizadas en Estados Unidos o financiadas por organismos federales estadounidenses, como los Institutos Nacionales de Salud o la Agencia de Estados Unidos para el Desarrollo Internacional, deben cumplir los principios éticos y los requisitos reglamentarios establecidos en la legislación federal[2]. Los principios básicos de la legislación estadounidense relacionados con la protección de sujetos humanos de estudio se basan en el histórico informe Belmont, e incluyen que se garantice que:

- la selección de sujetos sea equitativa

- se minimicen los riesgos para los sujetos

- los riesgos para los sujetos sean razonables en relación con los beneficios previstos

- se solicite el consentimiento informado de cada posible sujeto o su representante legal

- existan disposiciones adecuadas para proteger la privacidad de los sujetos y mantener la confidencialidad

- se incluyan salvaguardias adicionales para proteger a los sujetos más vulnerables, como los niños y las personas económicamente desfavorecidas

Aunque la lista se deriva de la experiencia histórica con los experimentos médicos, los principios básicos para la protección de los derechos y la promoción del bienestar de todos los sujetos son aplicables a la investigación social. En el contexto de la evaluación de programas sociales, los primeros tres puntos están relacionados principalmente con la ética en la asignación de beneficios. Los últimos tres puntos están relacionados con los protocolos empleados para estudiar a los sujetos en aras de la evaluación[3].

Cuando diseñe, administre o encargue una evaluación de impacto, debe asegurarse de que todas las fases cumplan las leyes vigentes o los procesos de revisión que rigen la investigación de sujetos humanos, ya sean del país en el que se implementa la evaluación o del país donde se encuentra la sede del organismo que la financia.

¿Cómo formar un equipo de evaluación?

Una evaluación es un trabajo de colaboración entre responsables de políticas y evaluadores, en el que cada grupo depende del otro para su éxito. Los responsables de políticas están a cargo de orientar el trabajo y asegurar la pertinencia de la evaluación: formulan las preguntas de evaluación, determinan si una evaluación de impacto es necesaria, supervisan la evaluación, garantizan los recursos adecuados para el trabajo y aplican los resultados. Los evaluadores son responsables de los aspectos técnicos: la metodología de evaluación, el diseño de la muestra, la recolección de datos y el análisis.

Una evaluación combina la experiencia técnica y la independencia que aporta un grupo externo de evaluadores, y la pertinencia política, la orientación estratégica y la coordinación operativa que aportan los responsables de políticas. En esta colaboración, es clave determinar qué grado de separación institucional debe existir entre los proveedores y los usuarios de la evaluación. Que una evaluación se realice independientemente de la institución responsable del proyecto que se evalúa conlleva una objetividad muy positiva. Sin embargo, con frecuencia las evaluaciones pueden tener múltiples objetivos, que incluyen el desarrollo de capacidades dentro de los organismos del Gobierno y la sensibilización de los administradores del programa acerca de las realidades de sus proyectos cuando se aplican sobre el terreno.

Para que una evaluación de impacto logre su objetivo, los evaluadores y los responsables de políticas deben trabajar conjuntamente. Si bien las evaluaciones de impacto deben ser realizadas por un grupo externo para mantener la objetividad y la credibilidad, no pueden divorciarse de las reglas operativas, sobre todo de las de implementación, para determinar un diseño adecuado de la evaluación y asegurar que esta esté coordinada con el programa. Sin la participación de los responsables de políticas desde el principio, es menos probable que los resultados sean directamente pertinentes para las políticas, o tengan impacto sobre ellas.

La composición de un equipo de evaluación

Los responsables de políticas pueden encargar una evaluación mediante varios tipos de contratación. La unidad gubernamental que encarga la evaluación puede contratar la totalidad del trabajo. En este caso, es responsable de elaborar al menos un primer borrador del plan de evaluación, que incluya los principales objetivos, la metodología prevista, los datos a recopilar y los topes presupuestarios. Dicho plan contiene los términos de referencia básicos para lanzar una convocatoria de propuestas técnicas y financieras de evaluadores externos. Los términos también pueden especificar la composición mínima del equipo que deben cumplir los evaluadores. Preparar propuestas técnicas ofrece a los evaluadores externos la oportunidad de sugerir mejoras del plan de evaluación elaborado por el Gobierno. Una vez que se contrata la evaluación, el organismo externo contratado administra activamente la evaluación y nombra a un gestor de la evaluación. En este modelo, el equipo del Gobierno ofrece principalmente supervisión.

Dentro de un segundo tipo de acuerdo contractual, la unidad gubernamental que encarga la evaluación puede decidir administrarla directamente. Esto conlleva el desarrollo de un plan de evaluación de impacto y la contratación secuencial de sus subcomponentes. En este caso, el gestor de la evaluación forma parte de la unidad gubernamental que encarga el trabajo.

Independientemente del acuerdo contractual, una responsabilidad clave del gestor de la evaluación consiste en formar el equipo de trabajo, considerando los intereses de los clientes y los pasos necesarios para llevar a cabo la evaluación. Aunque cada evaluación es diferente, el equipo técnico de cualquier iniciativa que vaya a recolectar sus propios datos, cualitativos o cuantitativos, tendrá que contar casi siempre con los siguientes profesionales:

- *Un gestor de la evaluación.* Responsable de definir los principales objetivos, las preguntas sobre políticas, los indicadores y las necesidades de información de la evaluación (con frecuencia, en estrecha colaboración con los responsables de políticas y utilizando una teoría del cambio, como una cadena de resultados); también es responsable de seleccionar la metodología de evaluación, conformar el equipo de evaluación y redactar los términos de referencia para los componentes de la evaluación que se contratarán o subcontratarán. Es importante designar a un gestor de la evaluación capaz de trabajar eficazmente con productores de datos, así como con los analistas y los responsables de políticas que usen los datos y los resultados de la evaluación. Si la persona no opera a nivel local, se recomienda designar a un gestor local encargado de coordinar la iniciativa de evaluación en conjunción con el gestor internacional.

- *Un experto en muestreo.* Alguien que pueda orientar el trabajo de cálculo de potencia y muestreo. En el caso de las evaluaciones de impacto cuantitativas, debería poder llevar a cabo cálculos de la potencia para determinar el tamaño adecuado de la muestra en función de los indicadores establecidos, seleccionar la muestra, comparar los resultados de la muestra real con los de la prevista, y ofrecer recomendaciones en el momento del análisis, por ejemplo sobre cómo incorporar las ponderaciones del muestreo si fuera necesario. El experto en muestreo también debe estar encargado de seleccionar los lugares y los grupos para la prueba piloto. En particular, si es un consultor internacional, con frecuencia será necesario que colabore con un coordinador local de información, responsable de recolectar los datos de los que se extraerá la muestra.

- *Una persona o un equipo responsable del diseño de instrumentos de recolección de datos, manuales y libros de códigos.* Esta persona o equipo colabora con el gestor de la evaluación para garantizar que los instrumentos de recolección de datos generen la información necesaria para el análisis, y también participa en la prueba piloto de los cuestionarios.

- *Un equipo de campo.* Incluye a un coordinador del trabajo de campo que puede supervisar toda la iniciativa de recolección de datos, desde la planificación de rutas para la recopilación de información hasta la formación y la programación de los equipos de campo, compuestos generalmente por supervisores y encuestadores.

- *Administradores de datos y digitadores.* Diseñan los programas de digitación de datos, digitan los datos, controlan su calidad, ofrecen la documentación necesaria sobre los datos y producen los resultados básicos que pueden verificar los analistas de datos.

- *Analistas.* Trabajan con los datos producidos y con el gestor de la evaluación para realizar el análisis necesario y redactar los informes de evaluación.

Colaboradores para la evaluación

Una de las primeras decisiones que deben tomar los responsables de políticas, junto con el gestor de la evaluación, es si esta (o partes de esta) puede implementarse a nivel local, y qué tipo de supervisión y asistencia externa necesitará. La capacidad de evaluación varía considerablemente entre países. Las contrataciones internacionales que permiten a las empresas de un país llevar a cabo evaluaciones en otro se han vuelto más comunes. También es cada vez más común que los Gobiernos y las instituciones multilaterales implementen las evaluaciones a nivel local, a la vez que ofrecen una considerable supervisión internacional. El gestor de la evaluación es responsable de valorar críticamente la capacidad local y determinar quién estará encargado de cada aspecto de la evaluación.

Otra cuestión es si se contrata a una empresa privada o a una institución pública. Las empresas privadas o los institutos de investigación pueden ser más fiables a la hora de aportar resultados, pero trabajar con ellos descarta la oportunidad de desarrollar la capacidad del sector público, además de que las empresas privadas suelen estar comprensiblemente menos dispuestas a incorporar a la evaluación elementos que la encarezcan. Los institutos de investigación y las universidades también pueden ejercer de evaluadores. Su reputación y experiencia técnica pueden garantizar que las partes interesadas en la evaluación acepten sus resultados. Sin embargo, estas instituciones carecen a veces de la experiencia operativa o la capacidad para ejecutar algunos aspectos de la evaluación, como la recolección de datos, por lo que puede ser necesario subcontratar estos componentes a otro colaborador. Independientemente de la combinación de colaboradores, es esencial examinar con cuidado sus antecedentes en este campo para llegar a una decisión informada.

Especialmente cuando trabaje con una institución pública, un evaluador escrupuloso debe ser consciente de la capacidad del equipo de evaluación en vista de las demás actividades que lleva a cabo dicha unidad. Esto es importante cuando se trabaja con instituciones del sector público con múltiples responsabilidades y limitaciones de personal. Considerar la carga de trabajo de la unidad permite valorar no solo cómo afectará la calidad de la evaluación, sino también el costo de oportunidad de la evaluación con respecto a otras iniciativas de las que es responsable la unidad. Un ejemplo es una evaluación de impacto de una reforma educativa que requería la participación del personal del equipo responsable de los exámenes semestrales nacionales. El equipo se seleccionó para colaborar en la evaluación porque tenía las mejores cualificaciones profesionales para asumir la responsabilidad y porque se buscaban complementariedades entre la evaluación y los exámenes nacionales. Sin embargo, cuando la reforma (y la evaluación correspondiente) se retrasó, se desbarató toda la iniciativa de estudio: los exámenes nacionales no se aplicaron según el calendario previsto y el país perdió la oportunidad de hacer un seguimiento del progreso educativo. Estas situaciones pueden evitarse mediante la coordinación con los administradores de la unidad responsable de la evaluación, para asegurar que se logra un equilibrio en la programación de las diversas actividades, así como en la distribución del personal y los recursos entre dichas actividades.

¿Cuándo programar la evaluación?

En la primera parte se analizaron las ventajas de las evaluaciones prospectivas, diseñadas antes y durante la preparación del programa. La planificación anticipada permite más opciones para generar grupos de comparación, facilita la recolección de datos de línea de base y ayuda a los agentes a llegar a un consenso con respecto a los objetivos del programa y las preguntas de interés.

Aunque es importante planificar las evaluaciones dentro de la fase de diseño del proyecto, se las debe ejecutar cuando el programa alcance la madurez. Los proyectos piloto o las reformas incipientes suelen estar abocadas a revisiones de contenido y de cómo, cuándo, dónde y quién las implementará. Los proveedores del programa pueden necesitar tiempo para aprender y aplicar congruentemente las nuevas reglas operativas. Dado que las evaluaciones requieren claridad de las reglas operativas del programa para generar contrafactuales adecuados, es importante ejecutarlas una vez que los programas estén bien establecidos.

Siempre se deben recolectar *datos de línea de base*, pero otra cuestión importante relacionada con la programación es cuánto tiempo debe pasar antes de medir los resultados. El momento adecuado depende del contexto: "Si se evalúa demasiado pronto, hay riesgo de observar un impacto solo parcial o nulo; si se hace demasiado tarde, existe el riesgo de que el programa pierda el respaldo de los donantes y el público, o de que se expanda un programa mal diseñado" (King y Behrman, 2009, p. 56). Para determinar el momento de recolectar los datos de seguimiento se deben considerar los siguientes factores[4]:

- El ciclo del programa, que incluye la duración, el momento de ejecución y los posibles retrasos.

- El período necesario previsto para que el programa dé resultados, así como la naturaleza de los resultados de interés.

- Los ciclos de formulación de políticas.

Primero, la evaluación de impacto debe adaptarse a la implementación del programa. La evaluación no puede condicionar al programa. Por su naturaleza, las evaluaciones están sujetas a los plazos del programa: deben ser compatibles con su duración. También deben adaptarse a los posibles desfases en la implementación cuando los programas se demoran en la asignación de los beneficios o se retrasan a causa de factores externos[5]. En general, aunque la evaluación debería incorporarse al proyecto desde el principio, los evaluadores deben estar dispuestos a ser flexibles y hacer modificaciones durante la implementación del proyecto. Además, se debe dar seguimiento a las intervenciones mediante un sistema de monitoreo, para que la evaluación se base en el avance real de la intervención.

La *recolección de los datos de seguimiento* debe considerar el tiempo requerido después de la implementación del programa para que se manifiesten los resultados. La cadena de resultados del programa ayuda a identificar los indicadores de resultados y el momento adecuado para medirlos. El objetivo de algunos programas (como los de transferencias de ingreso) es ofrecer beneficios a corto plazo, mientras que otros (como los de educación básica) se centran en avances a más largo plazo. Es más, por su naturaleza, algunos resultados tardan más en manifestarse (como los cambios en la esperanza de vida, o la fertilidad gracias a una reforma del sistema de salud) que otros (como los ingresos promovidos por un programa de capacitación).

Por ejemplo, en la evaluación del Fondo de Inversión Social de Bolivia, que se basó en una recolección de datos de línea de base de 1993, los datos de seguimiento no se recopilaron hasta 1998 debido al tiempo necesario para llevar a cabo las intervenciones (proyectos de agua y saneamiento, clínicas de salud y escuelas), y para que se mostraran los efectos sobre la salud y la educación de la población beneficiaria (Newman y otros, 2002). Ha sido necesario un período de tiempo similar para la evaluación de un proyecto de educación primaria en Pakistán, que usó un diseño experimental con línea de base y encuestas de seguimiento para valorar el impacto de las escuelas comunitarias sobre los resultados de los estudiantes, incluido el logro académico (King, Orazem y Paterno, 2008).

El momento de recolectar los datos de seguimiento depende, por lo tanto, del programa en estudio, así como de los indicadores de resultado de interés. Algunas evaluaciones recolectan datos de seguimiento cuando el programa todavía se está implementando, con el fin de medir los cambios a corto plazo y mantener el contacto con la muestra de evaluación para reducir su desgaste a lo largo del tiempo. En el caso de los programas que no funcionan continuamente, las rondas adicionales de datos de seguimiento recopilados después del final del programa ayudan a medir los cambios a más largo plazo.

Se puede recopilar más de una ronda de datos de seguimiento, con el fin de considerar y contrastar los resultados a corto y medio plazo. Es posible que los datos de seguimiento recolectados durante la implementación del programa no reflejen todo el impacto del programa si los indicadores se miden demasiado pronto. De hecho, "los programas no siempre alcanzan un grado constante de plena efectividad después del comienzo de la implementación. El aprendizaje de los proveedores y los beneficiarios puede llevar tiempo" (King y Behrman, 2009, p. 65). No obstante, es muy útil documentar los impactos a corto plazo. Como ya se ha señalado, algunos programas solo tienen objetivos a corto plazo (como las transferencias de ingresos). Las evidencias sobre el desempeño a corto plazo de dichos programas también pueden aportar información acerca de los resultados previstos a largo plazo. Por ejemplo, suele ser interesante medir los indicadores a más corto plazo que ayudan a predecir los indicadores a más largo plazo (como los partos asistidos como indicador a corto plazo de la mortalidad infantil). Los datos de seguimiento recolectados cuando todavía se está implementando el programa también ayudan a producir resultados iniciales de la evaluación de impacto, que pueden revitalizar el diálogo entre los evaluadores y los encargados de formular políticas.

Las encuestas de seguimiento que miden los resultados a largo plazo después de la implementación del programa suelen producir las evidencias más convincentes sobre la efectividad del programa. Por ejemplo, los resultados positivos de las evaluaciones de impacto a largo plazo de los programas de desarrollo infantil en Estados Unidos (Currie y Thomas, 1995 y 2000; Currie, 2001) y Jamaica (Grantham-McGregor y otros, 1994) han influido para que se invirtiera en este tipo de intervenciones.

A veces, los impactos a largo plazo constituyen objetivos explícitos del programa, pero también pueden reflejar efectos no intencionados e indirectos, como los relacionados con los cambios de comportamiento. No obstante, la identificación de los impactos a más largo plazo puede acarrear dificultades. Puede que los impactos se desvanezcan simplemente en el largo plazo. También es posible que un diseño sólido de la evaluación de impacto no resista el paso del tiempo. Por ejemplo, las unidades del grupo de control pueden empezar a beneficiarse de los efectos de derrame de los beneficiarios del programa.

Aunque los datos de seguimiento a corto plazo y a más largo plazo son complementarios, al programar una evaluación también se debe considerar cuándo se necesitará informar para la toma de decisiones, y se deben sincronizar las actividades de evaluación y de recolección de datos con los momentos clave de este proceso. La producción de resultados se debe programar para que informen decisiones sobre los presupuestos, la expansión del programa y otras decisiones sobre las políticas públicas.

¿Cómo presupuestar una evaluación?

La elaboración del presupuesto es uno de los últimos pasos para hacer operativo el diseño de la evaluación. En esta sección se examinan algunos datos sobre el costo de una evaluación de impacto, se explica cómo presupuestar una evaluación y se recomiendan algunas opciones de financiamiento.

Revisión de datos de costos

Los cuadros 10.2 y 10.3 contienen datos sobre el costo de evaluaciones de impacto de una serie de proyectos financiados por el Banco Mundial. La muestra del cuadro 10.2 procede de un estudio de los programas del sector de Protección Social y Trabajo. La muestra del cuadro 10.3 se seleccionó a partir de los datos presupuestarios disponibles basados en una serie de evaluaciones de impacto financiadas por el Fondo Español de Evaluación de Impacto (SIEF). Aunque las dos muestras no representan necesariamente todas las evaluaciones emprendidas por el Banco Mundial, ya que los datos sobre costos aún no se documentan de manera sistemática, ofrecen una referencia interesante sobre los costos asociados con la ejecución de evaluaciones de impacto rigurosas.

Cuadro 10.2 **Costo de las evaluaciones de impacto de una selección de proyectos financiados por el Banco Mundial**

Evaluación de impacto	País	Costo total de la evaluación (US$)	Costo total del programa (US$)	% de la evaluación con respecto al costo total del programa
Desarrollo de las habilidades y empleo de migrantes	China	220 000	50 000 000	0,4
Proyecto de sistema de protección social	Colombia	130 000	86 400 000	0,2
Programa de inversión en sectores sociales	República Dominicana	600 000	19 400 000	3,1
Protección social	Jamaica	800 000	40 000 000	2,0
Asistencia técnica para sistema de protección social	Pakistán	2 000 000	60 000 000	3,3
Proyecto de protección social	Panamá	1 000 000	24 000 000	4,2
Primer proyecto de niveles de vida comunitarios	Rwanda	1 000 000	11 000 000	9,1
Tercer fondo social para el desarrollo	Rep. del Yemen	2 000 000	15 000 000	13,3
Promedio		**968 750**	**38 225 000**	**4,5**

Fuente: Elaboración propia a partir de una muestra de programas del Banco Mundial en el sector de Protección Social.

Cuadro 10.3 Costos desagregados de una selección de proyectos financiados por el Banco Mundial

Evaluación de impacto del SIEF	País	Costo total	Viajes	Personal del Banco Mundial	Consultores (nacionales e internacionales)	Recolección de datos (incluido personal de campo)	Otros (divulgación y talleres)
						Costos desagregados de la evaluación de impacto	
Créditos de apoyo a la reducción de la pobreza y salud materna	Benín	1 690 000	270 000	200 000	320 000	840 000	60 000
Reforma del pago por desempeño para los profesores de escuelas	Brasil	513 000	78 000	55 000	105 000	240 000	35 000
Programa Nadie es Perfecto para mejorar las habilidades de los padres	Chile	313 000	11 500	—	35 500	260 000	6000
Pago por desempeño en el sector sanitario de China: XI evaluación de la salud	China	308 900	60 000	35 000	61 000	152 900	—
Programa nacional de garantía del empleo rural	India	390 000	41 500	50 000	13 500	270 000	15 000
Salud y nutrición en las escuelas: El papel del control del paludismo en la mejora de la educación	Kenya	652 087	69 550	60 000	103 180	354 000	65 357
Campaña de prevención del VIH entre los jóvenes: Abstinencia, fidelidad y sexo seguro	Lesotho	630 300	74 300	9600	98 400	440 000	8000
Transferencias monetarias condicionadas, escolarización y riesgo de VIH	Malawi	1 842 841	83 077	144 000	256 344	1 359 420	—
Programa Contigo Vamos por Más Oportunidades en el estado de Guanajuato	México	132 199	2660	50 409	—	80 640	1150

Programa	País						
Programa piloto de transferencias monetarias condicionadas en la educación primaria rural	Marruecos	674 367	39 907	66 000	142 460	426 000	—
Aprender y crecer a la sombra del VIH/sida: Programa de desarrollo infantil	Mozambique	838 650	86 400	31 000	62 500	638 750	20 000
Capacitación de distribuidores comunitarios para la prevención y el tratamiento del paludismo	Nigeria	1 024 040	64 000	35 000	106 900	817 740	—
Salud y nutrición en las escuelas: El papel del control del paludismo en la mejora de la educación	Senegal	644 047	61 800	60 000	102 890	354 000	65 357
Transferencias monetarias condicionadas para prevenir el VIH y otras enfermedades de transmisión sexual	Tanzanía	771 610	60 000	62 000	100 000	518 611	30 999
Promedio		**744 646**	**71 621**	**66 001**	**115 975**	**482 290**	**30 686**

Fuente: Elaboración propia sobre la base de una muestra de evaluaciones de impacto financiadas por el Fondo Español de Evaluación de Impacto.

Nota: Los datos no disponibles se representan con una raya (—).

Los costos directos de las actividades de evaluación van de los US$130 000 a los US$2 millones, con un costo promedio de US$968 750. Aunque estos costos varían ampliamente y pueden parecer elevados en términos absolutos, en términos relativos equivalen a entre el 0,2% y el 13,3% de los costos totales del programa[6], con un promedio del 4,5%. Según esta muestra, las evaluaciones de impacto solo significan un pequeño porcentaje del presupuesto general de los programas. Además, el costo de la ejecución de una evaluación de impacto debe compararse con los costos de oportunidad de no realizar una evaluación rigurosa y la posibilidad de administrar por lo tanto un programa inefectivo. Las evaluaciones permiten a los evaluadores y a los responsables de políticas identificar qué programas o características de los programas funcionan, y qué estrategias pueden ser más efectivas y eficientes para lograr los objetivos del programa. En este sentido, los recursos necesarios para implementar una evaluación de impacto constituyen una inversión relativamente pequeña, aunque significativa.

El cuadro 10.3 desagrega los costos de la muestra de evaluaciones de impacto financiadas por el SIEF. Los costos totales de una evaluación incluyen el tiempo del personal del Banco Mundial, los consultores nacionales e internacionales, los viajes, la recolección de datos y las actividades de divulgación[7]. En estas evaluaciones, como en casi todas en las que no se pueden usar los datos existentes, el costo más alto corresponde a la recolección de nuevos datos, que equivale, en promedio, al 60% del costo.

Es importante considerar que estas cifras reflejan diferentes tamaños y tipos de evaluaciones. El costo relativo de la evaluación de un programa piloto es generalmente superior al costo relativo de la evaluación de un programa a nivel nacional o universal. Además, algunas evaluaciones solo requieren una encuesta de seguimiento o pueden usar las fuentes de datos existentes, mientras que otras necesitan llevar a cabo múltiples rondas de recolección de datos. El manual de estudio de medición de los niveles de vida (Grosh y Glewwe, 2000) contiene estimaciones del costo de la recolección de datos a través de encuestas de hogares, basado en la experiencia de países de todo el mundo. Sin embargo, el manual también hace hincapié en que los costos dependen sobre todo de las capacidades del equipo local, los recursos disponibles y la duración del trabajo de campo. Para aprender más sobre cómo determinar los costos de una encuesta en un contexto particular, se recomienda a los evaluadores que se pongan primero en contacto con el instituto nacional de estadística.

Elaboración del presupuesto para una evaluación de impacto

Está claro que se necesitan muchos recursos para implementar una evaluación de impacto rigurosa. Las partidas presupuestarias incluyen los honorarios para al menos un investigador principal, un asistente de investigación, un coordinador del trabajo de campo, un experto en muestreo, encuestadores y el personal del proyecto, que puede prestar asistencia a lo largo de la evaluación. Estos recursos humanos pueden consistir en investigadores y expertos técnicos de organizaciones internacionales, consultores internacionales o locales y personal del programa del país cliente. Los costos de viaje y subsistencia (hoteles y viáticos) también se deben presupuestar. También se deben considerar los recursos para la divulgación, con frecuencia en forma de talleres, informes y documentos académicos.

Como se ha señalado, el costo más importante suele ser el relacionado con la recolección de datos (que incluye la creación y la puesta a prueba de la encuesta), los materiales y el equipo para recopilar datos, la capacitación de los encuestadores, sus salarios, los vehículos y el combustible, y las operaciones de digitación de datos. Calcular todos estos costos requiere de algunos supuestos, por ejemplo acerca del tiempo que llevará completar el cuestionario y la duración de los viajes entre los emplazamientos. El cuadro 10.4 es una hoja de cálculo que ayuda a estimar los costos de la fase de recolección de datos.

Los costos de una evaluación de impacto pueden repartirse a lo largo de varios ejercicios fiscales. El ejemplo de presupuesto del cuadro 10.5 muestra cómo se pueden desagregar los gastos en cada fase de una evaluación por ejercicio fiscal, con fines de contabilidad e informes. Una vez más, es probable que las demandas presupuestarias sean mayores durante los años en que se recolecten datos.

Financiamiento para evaluaciones

El financiamiento para una evaluación puede provenir de muchas fuentes, entre ellas un préstamo para un proyecto, los presupuestos directos de un programa, las donaciones para investigación o el financiamiento de donantes. Con frecuencia, los equipos de evaluación consideran una combinación de fuentes para generar los fondos necesarios. Aunque los fondos para las evaluaciones solían proceder principalmente de los presupuestos de investigación, la insistencia creciente en la formulación de políticas basadas en evidencias ha aumentado el financiamiento de otras fuentes. Cuando una evaluación pueda producir conocimiento de interés para la comunidad de desarrollo en general, y cuando se pueda aplicar una evaluación creíble y robusta, se debe animar a los responsables de políticas a que busquen financiamiento externo, dado que los resultados de la evaluación tienen carácter de bien público. Entre las fuentes de financiamiento están el Gobierno, los bancos de desarrollo, las organizaciones multilaterales, los organismos de las Naciones Unidas, las fundaciones, las organizaciones filantrópicas y las instituciones de investigación y evaluación, como la International Initiative for Impact Evaluation.

Cuadro 10.4   Hoja de cálculo para la estimación del costo de la evaluación de impacto

Tareas y recursos	Número	Costo/ unidad	N.º de unidades	Total
Personal				
Personal de evaluación del programa (gestor de la evaluación, etcétera)				
Consultores internacionales y/o nacionales (investigador principal)				
Asistente de investigación				
Experto en estadística				
Coordinador del trabajo de campo				
Viajes				
Vuelos internacionales y locales				
Transporte terrestre local				
Subsistencia (hotel y viático)				
Recolección de datos[a]				
Diseño del instrumento				
Prueba piloto				
Capacitación				
Viajes y viáticos				
Material de encuesta, equipo				
Cuestionarios impresos				
Personal de campo				
Encuestadores				
Supervisores				
Transporte (vehículos y combustible)				
Conductores				
Digitación de los datos				
Análisis y divulgación de los datos				
Talleres				
Documentos, informes				
Otros				
Espacio de oficina				
Comunicaciones				
Software				

a. El cálculo del costo de la recolección de datos debe reflejar supuestos tales como el número de rondas de recolección necesarias, cuánto durará la recolección de datos, el número de comunidades en la muestra, el número de hogares por comunidad, la longitud del cuestionario, la duración de los viajes, etcétera.

Cuadro 10.5   Ejemplo de presupuesto de evaluación de impacto

	Fase de diseño				Fase de los datos de línea de base			
	Unidad	Costo por unidad (US$)	N.° de unidades	Costo total (US$)	Unidad	Costo por unidad (US$)	N.° de unidades	Costo total (US$)
A. Salarios del personal	Semanas	7500	2	15 000	Semanas	7500	2	15 000
B. Honorarios de los consultores				10 250				27 940
Consultor internacional (1)	Días	450	15	6750	Días	450	0	0
Consultor internacional (2)	Días	350	10	3500	Días	350	10	3500
Asistente de investigación/coordinador del trabajo de campo	Días	188	0	0	Días	188	130	24 440
C. Viajes y subsistencia				14 100				15 450
Personal: vuelos internacionales	Viajes	3350	1	3350	Viajes	3350	1	3350
Personal: hotel y viático	Días	150	5	750	Días	150	5	750
Vuelo internacional: consultores internacionales	Viajes	3500	2	7000	Viajes	3500	2	7000
Hotel y viático: consultores internacionales	Días	150	20	3000	Días	150	20	3000
Vuelo internacional: coordinador del trabajo de campo	Viajes		0	0	Viajes	1350	1	1350
Hotel y viático: coordinador del trabajo de campo	Días	150	0	0	Días	150	0	0
D. Recolección de datos								126 000
Datos de tipo 1: consentimiento					Escuela	120	100	12 000
Datos de tipo 2: resultados educativos					Niño	14	3000	42 000
Datos de tipo 3: resultados sanitarios					Niño	24	3000	7200
V. Otros								
Taller(es)								
Divulgación/informes								
Otros 1 (costos fijos de la coordinación a nivel de conglomerado)								
Costos totales por fase	Fase de diseño			39 350	Fase de datos de línea de base			184 390

(continuación)

Cuadro 10.5 *(continuación)*

	Primera ronda de seguimiento				Secunda ronda de seguimiento			
	Unidad	Costo por unidad (US$)	N.º de unidades	Costo total (US$)	Unidad	Costo por unidad (US$)	N.º de unidades	Costo total (US$)
A. Salarios del personal	Semanas	7500	2	15 000	Semanas	7500	2	15 000
B. Honorarios de los consultores				32 550				32 440
Consultor internacional (1)	Días	450	15	6750	Días	450	10	4,500
Consultor internacional (2)	Días	350	20	7000	Días	350	10	3,500
Asistente de investigación/coordinador del trabajo de campo	Días	188	100	18 800	Días	188	130	24 440
C. Viajes y subsistencia				20 000				20 000
Personal: vuelos internacionales	Viajes	3350	2	6700	Viajes	3350	2	6700
Personal: hotel y viático	Días	150	10	1500	Días	150	10	1500
Vuelo internacional: consultores internacionales	Viajes	3,500	2	7000	Viajes	3500	2	7000
Hotel y viático: consultores internacionales	Días	150	20	3000	Días	150	20	3000
Vuelo internacional: coordinador del trabajo de campo	Viajes	1350	1	1350	Viajes	1350	1	1350
Hotel y viático: coordinador del trabajo de campo	Días	150	3	450	Días	150	3	450
D. Recolección de datos				114 000				114 000
Datos de tipo 1: consentimiento								
Datos de tipo 2: resultados educativos	Niño	14	3000	42 000	Niño	14	3000	42 000
Datos de tipo 3: resultados sanitarios	Niño	24	3000	72 000	Niño	24	3000	72 000
V. Otros								**65 357**
Taller(es)		20 000				20 000	2	40 000
Divulgación/informes		5000				5000	3	15 000
Otros 1 (costos fijos de la coordinación a nivel de conglomerado)		5179				5179	2	10 357
Costos totales por fase	Fase de seguimiento			181 550	Fase II de seguimiento			246 797
					Costos totales de la evaluación:			652 087

Notas

1. El análisis de esta sección se aplica más directamente al diseño de asignación aleatoria, pero los mismos principios son aplicables a las evaluaciones basadas en otras metodologías.

2. Véanse Kimmel, 1988; NIH, 2006; USAID, 2008; Departamento de Salud y Servicios Humanos de los Estados Unidos, 2010, y Archivos Nacionales de Estados Unidos, 2009.

3. Los posibles riesgos de la recolección de datos para la evaluación de programas sociales incluyen no obtener el consentimiento informado de los sujetos; realizar prueba de desarrollo cognitivo a niños delante de sus padres, lo que puede generar suposiciones sobre las capacidades futuras de los niños; pedir hablar a solas con mujeres o entrevistar a mujeres sobre cuestiones delicadas frente a familiares varones; no entender el momento y los costos de oportunidad de entrevistar a sujetos, y ofrecer compensación o una muestra de reconocimiento cuando sea adecuado.

4. Véase King y Behrman (2009) para un análisis detallado de las cuestiones de programación con respecto a la evaluación de programas sociales.

5. "Hay varias razones por las que la implementación no es inmediata ni perfecta, por las que la duración de la exposición al tratamiento difiere no solo entre áreas del programa sino también entre los beneficiarios finales, y por las que las diversas duraciones de la exposición podrían generar diferentes estimaciones del impacto del programa" (King y Behrman, 2009, p. 56).

6. En este caso, el costo se calcula como un porcentaje de la parte del costo del proyecto financiada por el Banco Mundial.

7. Esto no incluye el costo del personal local del proyecto, que a menudo participó intensamente en el diseño y la supervisión de la evaluación, ya que no se registra regularmente información precisa sobre estos costos.

Referencias

Archivos Nacionales de Estados Unidos. 2009. "Protection of Human Subjects". *U.S. Code of Federal Regulations*, Title 22, Part 225.

Behrman, Jere R. y Hoddinott, John. 2001. "An Evaluation of the Impact of Progresa on Pre-school Child Height". FCND Briefs 104, Instituto Internacional de Investigación sobre Políticas Alimentarias, Washington, DC.

Currie, Janet. 2001. "Early Childhood Education Programs". *Journal of Economic Perspectives* 15 (2): 213-38.

Currie, Janet y Thomas, Duncan. 1995. "Does Head Start Make a Difference?". *American Economic Review* 85 (3): 341-64.

——. 2000. "School Quality and the Longer-Term Effects of Head Start". *Journal of Economic Resources* 35 (4): 755-74.

Departamento de Salud y Servicios Humanos de los Estados Unidos. 2010. "International Compilation of Human Research Protections". Office for Human Research Protections. http://www.hhs.gov/ohrp/international/.

Fiszbein, Ariel y Schady, Norbert. 2009. *Conditional Cash Transfer, Reducing Present and Future Poverty*. Informe del Banco Mundial sobre investigaciones relativas a políticas de desarrollo. Banco Mundial, Washington, DC.

Gertler, Paul J. 2004. "Do Conditional Cash Transfers Improve Child Health? Evidence from Progresa's Control Randomized Experiment". *American Economic Review* 94 (2): 336-41.

Grantham-McGregor, S.; Powell, C.; Walker, S. y Himes, J. 1994. "The Long-Term Follow-up of Severely Malnourished Children Who Participated in an Intervention Program". *Child Development* 65: 428-93.

Grosh, Margaret y Glewwe, Paul, comps. 2000. *Designing Household Survey Questionnaires for Developing Countries: Lessons from 15 Years of the Living Standards Measurement Study*, volúmenes 1, 2 y 3. Washington, DC: Banco Mundial.

Grosh, Margaret; del Ninno, Carlo; Tesliuc, Emil y Ouerghi, Azedine. 2008. *Protección y promoción: Diseño y aplicación de políticas de protección social eficaces*. Washington, DC: Banco Mundial.

Jalan, Jyotsna y Ravallion, Martin. 2003a. "Estimating the Benefit Incidence of an Antipoverty Program by Propensity-Score Matching". *Journal of Business & Economic Statistics* 21 (1): 19-30.

———. 2003b. "Does Piped Water Reduce Diarrhea for Children in Rural India?". *Journal of Econometrics* 112 (1): 153-73.

Kimmel, Allan. 1988. *Ethics and Values in Applied Social Research. California: Sage Publications.*

King, Elizabeth M. y Behrman, Jere R. 2009. "Timing and Duration of Exposure in Evaluations of Social Programs". *World Bank Research Observer* 24 (1): 55-82.

King, Elizabeth M.; Orazem, Peter F. y Paterno, Elizabeth M. 2008. "Promotion with and without Learning: Effects on Student Enrollment and Dropout Behavior". Documento de trabajo del Banco Mundial sobre investigaciones relativas a políticas de desarrollo 4722. Banco Mundial, Washington, DC.

Levy, Santiago y Rodríguez, Evelyne. 2005. *Sin herencia de pobreza: El programa Progresa-Oportunidades de México*. Washington, DC: Banco Interamericano de Desarrollo.

NIH (Institutos Nacionales de Salud de Estados Unidos). 2006. "Regulations and Ethical Guidelines" y "Belmont Report". Office of Human Subjects Research. http://ohsr.od.nih.gov/index.html.

Newman, John; Pradhan, Menno; Rawlings, Laura B.; Ridder, Geert; Coa, Ramiro y Evia, José Luis. 2002. "An Impact Evaluation of Education, Health, and Water Supply Investments by the Bolivian Social Investment Fund". *World Bank Economic Review* 16 (2): 241-74.

Rosenbaum, Paul. 2002. *Observational Studies*. Springer Series in Statistics. Nueva York: Springer Verlag.

Rosenbaum, Paul y Rubin, Donald. 1983. "The Central Role of the Propensity Score in Observational Studies of Causal Effects". *Biometrika* 70 (1): 41-55.

Schultz, Paul. 2004. "Public Policy for the Poor? Evaluating the Mexican Progresa Poverty Program". *Journal of Development Economics* 74 (1): 199-250.

Skoufias, Emmanuel y McClafferty, Bonnie. 2001. "¿Está dando buenos resultados Progresa? Informe de los resultados de una evaluación realizada por el IFPRI". Instituto Internacional de Investigación sobre Políticas Alimentarias, Washington, DC.

USAID (Agencia de Estados Unidos para el Desarrollo Internacional). 2008. "Procedures for Protection of Human Subjects in Research Supported by USAID". http://www.usaid.gov/policy/ads/200/humansub.pdf.

CAPÍTULO 11

Elegir la muestra

Una vez que se haya elegido un método para seleccionar el grupo de comparación, el siguiente paso es determinar qué datos se necesitan y cuál será la muestra para estimar con precisión la diferencia en los indicadores de resultados entre los grupos de tratamiento y comparación. Se debe determinar tanto el tamaño de la muestra como la manera de extraer las unidades de la muestra de la población de interés.

¿Qué tipo de datos se necesitan?

Es necesario contar con datos de buena calidad para evaluar el impacto de una intervención sobre los resultados de interés. La cadena de resultados analizada en el capítulo 2 ofrece una base para definir qué indicadores deben medirse y cuándo. Los primeros y principales datos necesarios son los indicadores de resultados vinculados a los objetivos directos del programa. Sin embargo, la evaluación de impacto no debe solo medir los resultados directos del programa. Recolectar datos más amplios sobre unos indicadores de resultados indirectos o no intencionados del programa maximiza el valor de la información generada por la evaluación de impacto. Como se explica en el capítulo 2, es preferible seleccionar los indicadores de los resultados de manera que sean "EMARF"[1]: específicos, medibles, atribuibles, realistas y focalizados.

Las evaluaciones de impacto se realizan normalmente a lo largo de varios períodos, y se debe determinar el mejor momento para medir los indicadores de resultados. Siguiendo la cadena de resultados, puede establecer una jerarquía de los indicadores de resultados, que vaya de los indicadores a corto plazo, como la asistencia escolar en el contexto de un programa educativo, a los indicadores a más largo plazo, como el aprendizaje escolar o la inserción en el mercado laboral. Para medir el impacto a lo largo del tiempo de manera convincente, es necesario contar con datos desde la línea de base. En la sección del capítulo 10 sobre cuándo programar la evaluación se discute cómo definir el momento para recolectar datos.

Como se verá, cuando las muestras son relativamente pequeñas, algunos indicadores pueden no ser adecuados para la evaluación de impacto. Detectar el impacto de una intervención cuyos indicadores son extremadamente variables, refieren a sucesos poco frecuentes o solo se ven afectados marginalmente por la intervención puede requerir muestras demasiado grandes. Por ejemplo, solo será posible determinar el impacto de una intervención sobre las tasas de mortalidad materna si se dispone de una muestra que contenga muchas mujeres embarazadas. En general es recomendable centrar la evaluación de impacto en indicadores de resultado para los cuales hay suficiente potencia como para detectar un efecto.

Aparte de los indicadores de resultado, también es útil considerar lo siguiente:

- *Datos administrativos sobre la oferta de la intervención.* Como mínimo, se necesitan datos de monitoreo para saber cuándo empieza un programa y quién recibe beneficios, así como para obtener una medida de la "intensidad" de la intervención cuando no se la pueda ofrecer a todos los beneficiarios con el mismo contenido, calidad o duración.

- *Datos sobre factores exógenos que pueden afectar el resultado de interés.* Estos hacen posible considerar las influencias externas. Este aspecto es especialmente importante cuando se usan métodos que se basan en más suposiciones que los métodos aleatorios. Considerar estos factores también puede contribuir a aumentar la potencia estadística.

- *Datos sobre otras características.* La inclusión de variables de control adicionales o el análisis de la heterogeneidad de los efectos del programa en función de ciertas características hace posible una estimación más precisa de los efectos de tratamiento.

En definitiva, se requieren indicadores a lo largo de toda la cadena de resultados, entre ellos indicadores de resultados finales, indicadores de resultados intermedios, medidas de la oferta de la intervención, factores exógenos y características de control[2].

El diseño elegido para la evaluación de impacto afectará también a los requisitos de datos. Por ejemplo, si se elige el método de pareamiento o de diferencias en diferencias, será necesario recolectar datos sobre una gama muy amplia de características para los grupos tanto de tratamiento como de comparación, lo que hace posible ejecutar una serie de pruebas de robustez, como se explicó en la segunda parte.

Resulta útil desarrollar una matriz para cada evaluación que enumere las preguntas de interés, los indicadores de resultado para cada pregunta, los otros tipos de indicadores necesarios y el origen de los datos, como se describe en el gráfico 2.3 (capítulo 2).

¿Puedo usar datos existentes?

Al principio de un programa casi siempre son necesarios algunos datos existentes para estimar los valores de referencia de los indicadores o efectuar cálculos de potencia, como se analizará en más detalle más adelante. Después de la fase de planificación, la disponibilidad de datos existentes puede disminuir considerablemente el costo de una evaluación de impacto.

Sin embargo, es raro que solo los datos existentes alcancen. Las evaluaciones de impacto requieren datos exhaustivos que abarquen una muestra suficientemente grande que sea representativa de los grupos tanto de tratamiento como de comparación. Muy pocas veces se dispone de *datos censales de población* que abarquen la totalidad de los grupos de tratamiento y de comparación. Incluso cuando existen censos, es posible que solo contengan una serie limitada de variables o que sus datos estén desactualizados. Las encuestas de hogares representativas a nivel nacional pueden contener una serie exhaustiva de variables de resultado, pero es raro que cuenten con suficientes observaciones de los grupos de tratamiento y de comparación para una evaluación de impacto. Por ejemplo, suponga que está interesado en evaluar un programa nacional que cubre al 10% de los hogares de un país. Si se realiza anualmente una encuesta representativa a nivel nacional de 5000 hogares, esta podría contener alrededor de 500 hogares beneficiarios del programa en cuestión. ¿Es la muestra lo suficientemente grande para una evaluación de impacto? Los cálculos de potencia pueden responder a esta pregunta, aunque en la mayoría de los casos la respuesta será negativa.

No obstante, el uso de *datos administrativos* existentes se debe considerar seriamente. Los datos administrativos son los datos recolectados por agencias del programa, con frecuencia en el momento de la prestación del servicio y como parte de sus operaciones regulares. En algunos casos, los datos de monitoreo contienen indicadores de resultado. Por ejemplo, las escuelas pueden registrar la matriculación, la asistencia o las calificaciones de los estudiantes, y los centros de salud pueden registrar las medidas antropométricas y el estado de inmunización o de salud de los pacientes. Algunas evaluaciones retrospectivas influyentes han utilizado información administrativa (por ejemplo, el estudio de Galiani, Gertler y Schargrodsky, 2005, acerca de las políticas sobre el agua en Argentina).

Con el fin de determinar si se pueden usar los datos existentes para cierta evaluación de impacto, se deben considerar las siguientes preguntas:

- *Tamaño:* ¿Las series de datos son suficientemente grandes para detectar cambios en los indicadores de resultado con suficiente potencia?

- *Muestreo:* ¿Se dispone de datos existentes tanto para el grupo de tratamiento como para el grupo de comparación? ¿Las muestras existentes se han extraído de un marco muestral que coincide con la población de interés? ¿Se extrajeron las unidades del marco muestral mediante un procedimiento de muestro probabilístico?

- *Alcance:* ¿Los datos existentes contienen todos los indicadores necesarios para responder la pregunta de interés sobre políticas?

- *Frecuencia:* ¿Los datos existentes se recolectan con suficiente frecuencia? ¿Se dispone de ellos para todas las unidades de la muestra a lo largo del tiempo?

Solo en casos relativamente raros se dispone de datos adecuados para las evaluaciones de impacto. Como consecuencia, lo más probable es que se deba incluir la recolección de nuevos datos en el presupuesto. Aunque esta suele constituir un costo importante, también se trata de una inversión con gran rendimiento, de la que depende la calidad de la evaluación.

En ciertos casos, los datos necesarios pueden recolectarse mediante el desarrollo de nuevos sistemas de información. Esto debe hacerse conforme a un diseño de evaluación, de manera que se recopilen indicadores de resultado para un grupo de tratamiento y un grupo de comparación en múltiples ocasiones. Puede que se requiera ampliar nuevos sistemas de información antes de emprender nuevas intervenciones, para que los centros administrativos del grupo de comparación usen el nuevo sistema antes de recibir la intervención que se evaluará. Dado que la calidad de los datos administrativos puede variar, se requiere de auditoría y verificación externas para garantizar la fiabilidad de la evaluación. La recolección de datos a través de fuentes administrativas, en lugar de mediante encuestas, puede reducir drásticamente el costo de una evaluación, pero no siempre es viable.

Si los datos administrativos no son suficientes para su evaluación, es probable que tenga que recurrir a *datos de encuestas*. Además de analizar si se pueden usar encuestas existentes, también se debe determinar si se planea alguna recopilación de datos a escala nacional (como encuestas demográficas o de salud, o encuestas de medición de niveles de vida). Si se ha programado una encuesta para medir los indicadores necesarios, existe la posibilidad de sobremuestrear la población de interés. Por ejemplo, la evaluación del Fondo Social de Nicaragua complementó una encuesta nacional de medición de los niveles de vida con una muestra adicional de beneficiarios (Pradhan y Rawlings, 2002). Si se ha programado una encuesta que cubrirá la población de interés, es posible que se pueda agregar una pregunta o una serie de preguntas para la evaluación.

La mayoría de las evaluaciones de impacto requieren la recolección de datos de encuestas, que incluyen al menos una *encuesta de línea de base* y una *encuesta de seguimiento*. Los datos de encuestas pueden ser de varios tipos según el programa que se evalúe y la unidad de análisis. La mayoría de las evaluaciones requieren encuestas individuales o de hogares como fuente principal de datos. En este libro se examinan algunos principios generales de la recolección de datos de encuestas. A pesar de que principalmente se relacionan con las encuestas de hogares, los mismos principios se pueden aplicar a otros tipos de encuestas[3].

El primer paso para decidir si se usan los datos existentes o se recolectan nuevos consistirá en determinar el tamaño de muestra que se necesita. Si los datos existentes tienen un número suficiente de observaciones es posible que puedan usarse. De lo contrario, será necesario recolectar datos adicionales. Una vez que se establezca la necesidad de recolectar datos de encuestas para la evaluación, se debe:

- determinar quién recolecta los datos

- desarrollar y poner a prueba cuestionarios

- realizar el trabajo de campo y el control de calidad

- procesar y almacenar los datos

El resto de este capítulo analizará la manera de determinar el tamaño necesario de la muestra y cómo extraerla. El capítulo 12 se ocupa de los pasos restantes para la recolección de datos. La ejecución de estos pasos suele contratarse, pero entender su alcance y sus principales componentes es esencial para administrar eficazmente una evaluación de impacto de calidad.

Cálculos de potencia: ¿Qué tamaño de muestra se necesita?

El primer paso para determinar si se pueden usar los datos existentes o para preparar la recolección de nuevos datos será determinar el tamaño que debe tener la muestra. Estos cálculos se denominan *cálculos de potencia*. Se analizará la intuición en que se basan los cálculos de potencia mediante el caso más sencillo: una evaluación llevada a cabo mediante una asignación aleatoria y de la que se asume que no se da ningún incumplimiento, es decir que todas las unidades asignadas al grupo de tratamiento reciben la intervención, y que todas las unidades asignadas al grupo de comparación no la reciben.

¿Por qué cálculos de potencia?

Los cálculos de potencia indican el tamaño mínimo de la muestra que se necesita para llevar a cabo una evaluación de impacto, de modo que esta permita responder convincentemente a la pregunta de interés sobre políticas. En concreto, los cálculos de potencia pueden usarse para lo siguiente:

- Valorar si los datos existentes son suficientes para ejecutar una evaluación de impacto.

- Evitar recolectar demasiada información, lo que puede resultar muy costoso.

Concepto clave:
Los cálculos de potencia indican el tamaño de la muestra necesario para que una evaluación estime con precisión el impacto de un programa.

- Evitar recolectar pocos datos. Supóngase que se evalúa un programa con impacto positivo sobre sus beneficiarios. Si la muestra es demasiado pequeña, es posible que este no pueda detectarse y que, por tanto, se concluya erróneamente que el programa no tiene efecto. Además, esto podría llevar a que se tome la decisión política de eliminar el programa, lo que sería perjudicial para los posibles beneficiarios y la sociedad en general.

Los cálculos de potencia indican la muestra más pequeña (y el presupuesto mínimo) con la que es posible medir el impacto de un programa, es decir, la menor muestra que permitirá detectar diferencias significativas en los resultados entre los grupos de tratamiento y de comparación. Por lo tanto, estos cálculos son cruciales para determinar qué programas tienen éxito.

¿El impacto del programa es diferente de cero?

La mayoría de las evaluaciones de impacto comprueban la hipótesis expresada en la pregunta: *¿Tiene impacto el programa?* En otras palabras: *¿El impacto del programa es diferente de cero?* La respuesta a esta pregunta requiere dos pasos:

1. Estimar los resultados promedio para los grupos de tratamiento y de comparación.

2. Valorar si existe una diferencia entre el resultado promedio del grupo de tratamiento y el resultado promedio del grupo de comparación.

Estimación de los resultados promedio para los grupos de tratamiento y de comparación

Supóngase que se quiere estimar el impacto de un programa de nutrición sobre el peso de los niños de 5 años; que 100 000 niños participaron en el programa, 100 000 niños no participaron, y que los niños elegidos fueron seleccionados aleatoriamente entre los 200 000 niños del país. Como primer paso, tendrá que estimar el peso promedio de los niños que participaron y que no participaron.

Para determinar el peso promedio de los niños inscritos[4] se podría pesar a cada uno de los 100 000 participantes y obtener el promedio de los pesos. Por supuesto, esta medida sería muy costosa. Afortunadamente, no es necesario pesar a todos los niños. El promedio puede estimarse mediante el peso medio de una muestra extraída del conjunto de niños participantes[5]. Cuantos más niños haya en la muestra, más se acercará el promedio de la muestra al promedio real. Cuando una muestra es pequeña, el peso promedio constituye una estimación muy imprecisa. Por ejemplo, una muestra de dos niños no dará una estimación precisa. Por el contrario, una de 10 000 niños llevará a una estimación más precisa y mucho más cercana al peso promedio real. En general, cuantas más observaciones tenga una muestra, más fiables serán las estadísticas que produzca[6].

El gráfico 11.1 ilustra esta intuición. Supóngase que se toma una muestra de una población de interés: en este caso, los niños que participaron en el programa. Primero, se extrae una muestra de solo dos observaciones. Esto no garantiza que la muestra vaya a tener las mismas características que la población. Es posible que se extraigan dos unidades con características inusuales. En el ejemplo del gráfico 11.1, aunque dentro de la población de interés solo el 20% lleven sombreros redondos, es fácil que se tome una muestra de dos niños con sombreros redondos. La extracción de muestras más grandes disminuye las posibilidades de que ocurra esto. Una muestra más grande tiene más probabilidades de tener las mismas características que la población de interés.

Por lo tanto, con una muestra más grande se tendrá una imagen más precisa de la población de niños participantes. Lo mismo sucederá con los niños no participantes: conforme crezca la muestra de niños no participantes, se tendrá información más precisa sobre las características de la población. Pero ¿por qué debe importarnos esto? Si se puede estimar con más precisión el resultado (peso) promedio de los niños participantes y no participantes, también se podrá determinar con más precisión la diferencia de peso entre los dos grupos, es decir, el impacto del programa.

Gráfico 11.1   Una muestra más grande se parece más a la población

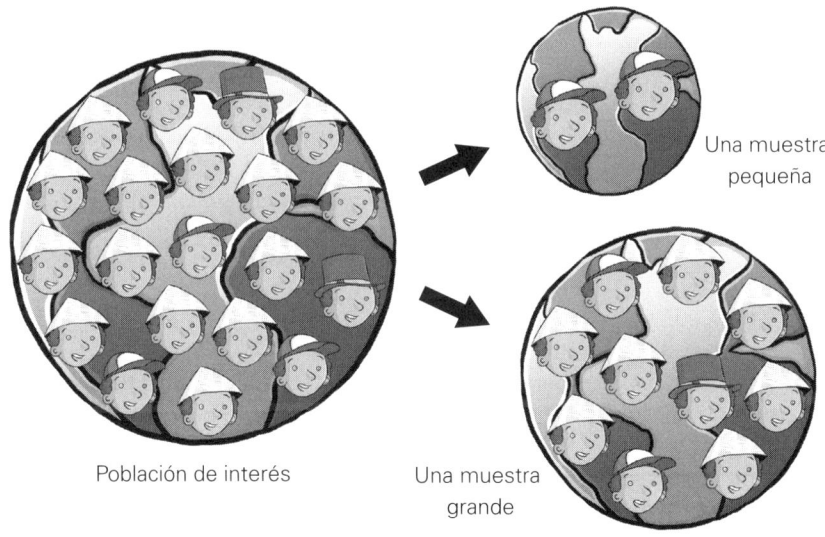

Una muestra pequeña

Población de interés

Una muestra grande

Dicho de otro modo, si solo tiene una idea imprecisa del peso promedio de los niños de los grupos participantes (tratamiento) y no participantes (comparación), ¿cómo puede tener una idea precisa de la diferencia de peso entre los dos grupos? Exactamente: no puede. En la siguiente sección, se examinará esta idea de una manera ligeramente más formal.

Comparación de los resultados promedio para los grupos de tratamiento y de comparación

Una vez que se ha estimado el resultado (peso) promedio para el grupo de tratamiento (niños participantes seleccionados mediante asignación aleatoria) y el grupo de comparación (niños no participantes seleccionados mediante asignación aleatoria), se puede determinar si son diferentes. Esta parte está clara: se sustraen los promedios y se comprueba la diferencia. Formalmente, la evaluación de impacto pone a prueba la *hipótesis nula (o por defecto)*,

H_0: impacto = 0   (la hipótesis es que el programa no tiene impacto),

con la hipótesis alternativa,

H_a: impacto ≠ 0   (la hipótesis alternativa es que el programa tiene impacto).

Imagínese que en el ejemplo del programa de nutrición se empieza con una muestra de dos niños tratados y dos niños de comparación. Con esta muestra tan pequeña, se estima el peso promedio de los niños de tratamiento y de comparación, lo que hace que la estimación no sea muy fiable. Esto puede comprobarse extrayendo varias muestras con dos niños tratados y dos niños de comparación. Observará que el impacto estimado del programa varía mucho.

Por el contrario, supóngase que se empieza con una muestra de 1000 niños tratados y 1000 niños de comparación. Como se ha señalado, las estimaciones del peso promedio de ambos grupos serán mucho más precisas. Por lo tanto, la estimación de la diferencia entre los dos grupos también será más precisa.

Por ejemplo, se observa que el peso promedio en la muestra de niños de tratamiento (participantes) es de 25,2 kilogramos, y el promedio en la muestra de niños de comparación (no participantes) es de 25 kilogramos. La diferencia entre los dos grupos es de 0,2 kilogramo. Si estas cifras procedieran de muestras con dos observaciones cada una, no se sabría si el impacto del programa es verdaderamente positivo, ya que el resultado podría deberse a la falta de precisión de las estimaciones. Sin embargo, si estas cifras proceden de muestras con 1000 observaciones cada una, se puede confiar en que el resultado se acerque bastante al verdadero impacto del programa.

Por lo tanto, la pregunta clave es: *¿Qué tamaño debe tener una muestra para saber que un impacto positivo estimado se debe verdaderamente al impacto del programa, y no a la falta de precisión de las estimaciones?*

Dos posibles errores en las evaluaciones de impacto

Cuando se comprueba si un programa tiene impacto, se puede incurrir en dos tipos de errores. Se comete un *error de tipo I* si una evaluación concluye que un programa ha tenido impacto, cuando en realidad no lo ha tenido. En el caso de la intervención hipotética sobre nutrición, esto sucedería si se concluyera que el peso promedio de los niños en la muestra tratada es superior al de los niños en la muestra de comparación, a pesar de que el peso promedio de los niños en los dos grupos es el mismo. En este caso, el impacto positivo que observa se debe puramente a la falta de precisión de las estimaciones.

Un *error de tipo II* consiste en lo contrario. Se comete un error de tipo II si una evaluación concluye que un programa no ha tenido impacto, cuando en realidad lo ha tenido. En el caso de la intervención sobre nutrición, esto sucedería si se concluyera que el peso promedio de los niños en las dos muestras es el mismo, a pesar de que el peso promedio de los niños de la población de tratamiento es superior al de los niños de la población de comparación.

Cuando se comprueba la hipótesis de que un programa ha tenido impacto, los estadísticos pueden reducir la probabilidad de los errores de tipo I. De hecho, esta puede determinarse mediante un parámetro denominado *nivel de confianza*. Muchas veces el nivel de confianza se fija en el 5%, lo que significa que se puede tener una confianza del 95% en que el programa ha tenido impacto. Si usted está muy preocupado por errores de tipo I, puede adoptar la medida conservadora de establecer un nivel de confianza más bajo, por ejemplo del 1%, de manera que tenga una confianza del 99% en que el programa ha tenido impacto.

Los errores de tipo II también preocupan a los responsables de políticas. Muchos factores afectan la probabilidad de cometer un error de tipo II, pero el tamaño de la muestra es esencial. Probablemente, si el peso promedio de 50 000 niños tratados es el mismo que el peso promedio de 50 000 niños de comparación, se puede concluir con confianza que el programa no ha tenido impacto. Por el contrario, si una muestra de dos niños de tratamiento registra el mismo peso promedio que una muestra de dos niños de comparación, es más difícil llegar a una conclusión fiable. ¿El peso promedio es similar porque la intervención no ha tenido impacto o porque los datos no son suficientes para comprobar la hipótesis con una muestra tan pequeña? La extracción de muestras grandes reduce la posibilidad de que solo se observe a niños que

Concepto clave:
La potencia es la probabilidad de detectar un impacto cuando se haya producido. Una evaluación de impacto tiene una potencia elevada si existe poco riesgo de que no se detecten los impactos reales del programa, es decir, de cometer un error de tipo II.

pesan lo mismo debido a la suerte. En muestras grandes, la diferencia de la media entre la muestra tratada y la muestra de comparación constituye una mejor estimación de la verdadera diferencia de la media entre todas las unidades tratadas y de comparación.

La *potencia (o potencia estadística)* de una evaluación de impacto es la probabilidad de que se detecte una diferencia entre los grupos de tratamiento y de comparación, cuando esta de hecho existe. Una evaluación de impacto tiene una potencia elevada si existe poco riesgo de que no se detecten los impactos reales del programa, es decir, de cometer un error de tipo II. Los ejemplos anteriores muestran que el tamaño de la muestra es un factor crucial de la potencia de una evaluación de impacto. Las siguientes secciones lo ilustrarán con más detalle.

Por qué los cálculos de potencia son esenciales para la formulación de políticas

El propósito de los cálculos de potencia es determinar el tamaño necesario de una muestra para evitar incurrir en un error de tipo II. La potencia de una prueba es equivalente a 1 menos la probabilidad de un error de tipo II.

Una evaluación de impacto tiene *mucha potencia* cuando es improbable que se cometa un error de tipo II, es decir que es improbable verse decepcionado por resultados que indican que un programa no ha tenido impacto cuando en realidad sí lo ha tenido.

Desde el punto de vista de las políticas, las *evaluaciones de impacto con insuficiente potencia* y grandes probabilidades de errores de tipo II no son solo inútiles sino también costosas. Una alta probabilidad de error de tipo II amenaza la fiabilidad de cualquier resultado negativo de una evaluación de impacto. Por lo tanto, la asignación de recursos a estas evaluaciones de impacto con una potencia estadística demasiado baja constituye una inversión arriesgada.

Las evaluaciones de impacto con insuficiente potencia también pueden tener consecuencias negativas en la práctica. Por ejemplo, en la intervención hipotética sobre nutrición mencionada anteriormente, si se concluyera que el programa no es efectivo a pesar de que lo es, los responsables de políticas probablemente cancelarían un programa que, en realidad, beneficia a los niños. Por consiguiente, es esencial minimizar la probabilidad de errores de tipo II mediante el uso de muestras suficientemente grandes. Los cálculos de potencia son cruciales y pertinentes.

Cálculos de potencia paso a paso

Ahora se analizarán los principios básicos de los cálculos de potencia, mediante el ejemplo sencillo de un programa asignado aleatoriamente. Para efectuar cálculos de potencia hay que examinar las siguientes seis cuestiones:

1. ¿El programa genera *conglomerados*?

2. ¿Cuál es el indicador de *resultado*?

3. ¿El objetivo es comparar los impactos del programa entre *subgrupos*?

4. ¿Cuál es el *nivel mínimo de impacto* que justificaría la inversión que se ha efectuado en la intervención?

5. ¿Cuál es el *nivel de potencia* razonable para realizar la evaluación?

6. ¿Cuál es *la media y la varianza de los indicadores de resultado* en la línea de base?

Cada uno de estos pasos se relaciona con el contexto político específico en el que se ha decidido realizar la evaluación de impacto.

Ya se ha señalado que la escala mínima de intervención de un programa influye en el tamaño de la muestra para la evaluación. El primer paso en los cálculos de potencia es determinar si el programa que se quiere evaluar genera algún *conglomerado*. Una intervención cuyo nivel sea diferente del nivel en el que se querrían medir los resultados genera conglomerados. Por ejemplo, puede ser necesario implementar un programa a nivel de hospitales, escuelas o comunidades, pero el impacto se mide sobre pacientes, estudiantes o residentes locales (véase el cuadro 11.1)[7].

Las características de los datos de muestra extraídos de programas con conglomerados son algo diferentes de las de los extraídos de programas sin conglomerados. Por consiguiente, los cálculos de potencia también conllevarán pasos ligeramente diferentes, según el programa en cuestión asigne beneficios aleatoriamente entre los conglomerados o se limite a asignar aleatoriamente beneficios entre todas las unidades de una población. Se analizará cada situación por separado. Se empieza por examinar los principios del cálculo de potencia cuando no existen conglomerados, es decir, cuando el tratamiento se asigna al nivel en el que se observan los resultados, y después se analizarán los cálculos de potencia cuando existen conglomerados.

Cuadro 11.1 Ejemplos de conglomerados

Beneficio	Nivel en el que se asignan los beneficios (conglomerado)	Unidad en la que se miden los resultados
Transferencias monetarias condicionadas	Comunidad	Hogares
Tratamiento del paludismo	Escuela	Individuos
Programa de capacitación	Barrio	Individuos

Cálculos de potencia sin conglomerados

Supóngase que se ha resuelto la primera cuestión al determinar que los beneficios del programa no se asignan por conglomerados. En otras palabras, el programa a evaluar asigna aleatoriamente los beneficios entre todas las unidades de una población elegible. En este caso, la muestra de evaluación puede formarse mediante la extracción de una simple muestra aleatoria de toda la *población de interés*.

El segundo y el tercer paso están relacionados con los objetivos de la evaluación. En el segundo paso, se deben identificar los *indicadores de resultado* más importantes que el programa tiene previsto mejorar. Estos indicadores se derivan de la pregunta fundamental de investigación de la evaluación y del marco lógico, como se explica en la primera parte. El presente análisis también ayudará a entender el tipo de indicadores que son más adecuados para las evaluaciones de impacto.

Tercero, la principal pregunta sobre políticas de la evaluación puede conllevar la comparación de los impactos del programa entre *subgrupos*, divididos por variables tales como la edad o los ingresos. Si este fuera el caso, se requerirá una muestra más grande, y los cálculos de potencia tendrán que ajustarse en consecuencia. Por ejemplo, es posible que una pregunta fundamental sobre políticas sea si el programa de educación tiene mayor impacto sobre los estudiantes mujeres o varones. Por intuición, se necesitará un número suficiente de estudiantes de cada género en el grupo de tratamiento y en el grupo de comparación para detectar el impacto en cada subgrupo. Comparar el impacto de un programa entre dos subgrupos puede duplicar el tamaño necesario de la muestra. La consideración de la heterogeneidad entre más grupos (por ejemplo, por edad) también puede aumentar considerablemente el tamaño de muestra requerido.

Cuarto, se debe determinar el nivel mínimo de impacto que justificaría la inversión en un programa. Esta es fundamentalmente una cuestión política, más que técnica. ¿Vale la pena invertir en un programa de transferencias monetarias condicionadas si reduce el nivel de pobreza un 5%, 10% o 15%? ¿Vale la pena implementar un programa de capacitación laboral si aumenta los ingresos un 5%, 10% o 15%? La respuesta depende mucho del contexto, aunque en todos los casos es necesario determinar el cambio en los indicadores de resultado que justificará la inversión efectuada en el programa. Dicho de otro modo, *¿por debajo de qué nivel de impacto se debe considerar que una intervención no ha tenido éxito?* La respuesta a esta pregunta dependerá no solo del costo del programa y el tipo de beneficios que ofrece, sino también del costo de oportunidad de no invertir los fondos en una intervención alternativa.

Los cálculos de potencia permiten ajustar el tamaño de la muestra para detectar el efecto mínimo deseado. Para que una evaluación identifique un impacto moderado, será necesario que las estimaciones de cualquier diferencia en los resultados medios entre los grupos de tratamiento y de comparación sean muy precisas, lo que requiere una muestra grande. En cambio, para las intervenciones que solo se considera que valen la pena si generan grandes cambios en los indicadores del resultado, las muestras para evaluar impacto serán más pequeñas. No obstante, el *efecto mínimo detectable* debe fijarse de manera conservadora, ya que es poco probable que se detecte cualquier impacto inferior al efecto mínimo deseado.

Quinto, el evaluador necesita consultar a expertos en estadística para determinar el nivel de potencia razonable de la evaluación de impacto. Como se señaló anteriormente, la potencia de una prueba es equivalente a 1 menos la probabilidad de un error de tipo II. Por lo tanto, la potencia va de 0 a 1, y cuanto más alto es el valor menos riesgo existe de que no se identifique un impacto real. Una potencia del 80% es un nivel de referencia habitual para los cálculos de potencia. Significa que se observará un impacto en el 80% de los casos en que se haya producido. Un nivel más alto de potencia, de 0,9 (o 90%), suele ofrecer una referencia útil pero más conservadora, que aumenta el tamaño requerido de la muestra[8].

Sexto, debe pedirse a un experto en estadística que estime algunos parámetros básicos, como una *media o varianza de línea de base, de los indicadores de resultado*. Estos deben obtenerse preferiblemente de los datos existentes recolectados en una situación similar a las condiciones en las que se implementará el programa bajo estudio[9]. Es muy importante señalar que cuanto más varíen los resultados de interés, más difícil será estimar un efecto de tratamiento fiable. En el ejemplo de la intervención hipotética sobre nutrición, el peso de los niños es el resultado de interés. Si todas las unidades pesan lo mismo en la línea de base, será factible estimar el impacto de la intervención sobre la nutrición con una muestra relativamente pequeña. Por el contrario, si el peso de los niños en la línea de base varía mucho, se requerirá una muestra más grande.

Una vez que se hayan completado estos seis pasos, el experto en estadística puede efectuar un cálculo de potencia mediante programas estadísticos[10]. El cálculo de potencia resultante indicará el tamaño requerido de la muestra, en función de los parámetros establecidos en los pasos 1 a 6. Los propios cálculos son sencillos, una vez que se haya respondido a las preguntas de naturaleza política (especialmente los pasos 3 y 4)[11].

Cuando pida consejo a expertos en estadística, el evaluador debe solicitar un análisis de la *sensibilidad* del cálculo de potencia a los cambios en los supuestos. Es decir, es importante entender cuánto tendrá que aumentar el tamaño de la muestra con supuestos más conservadores (como un menor impacto previsto, una mayor varianza del indicador del resultado o un nivel de potencia superior). También es recomendable encargar cálculos de potencia para varios indicadores de resultado, ya que los tamaños requeridos de la muestra pueden variar considerablemente, por ejemplo si algunos indicadores de resultado son más variables que otros.

Finalmente, los cálculos de potencia ofrecen el tamaño mínimo requerido de la muestra. En la práctica, las dificultades de implementación suelen hacer que el tamaño real de la muestra sea inferior al tamaño previsto. Es necesario considerar detenidamente este tipo de desviaciones; se recomienda agregar un margen del 10% o del 20% al tamaño de la muestra definido por los cálculos de potencia para dar cuenta de estos factores[12].

¿Qué tamaño de muestra se necesita para evaluar la expansión del Programa de Subsidio del Seguro de Salud?

Supóngase que el presidente y el ministro de Salud están satisfechos con la calidad y los resultados de la evaluación del PSSS, el ejemplo empleado en los capítulos anteriores. Sin embargo, antes de ampliar el programa, deciden poner a prueba una versión expandida (que denominan PSSS+). El PSSS paga una parte del costo de seguro de salud de los hogares rurales pobres, cubriendo el costo de la atención primaria y los medicamentos, pero no la hospitalización. El presidente y el ministro de Salud se preguntan si un PSSS+ ampliado que cubra también la hospitalización reduciría aún más el gasto directo en salud. Le piden que diseñe una evaluación de impacto para determinar si el PSSS+ reduce aún más el gasto en salud de los hogares pobres rurales.

En este caso, es fácil elegir el diseño de la evaluación de impacto: el PSSS+ cuenta con recursos limitados y no se puede implementar inmediatamente a nivel universal. En consecuencia, la asignación aleatoria sería el método más viable y robusto para evaluar el impacto. El presidente y el ministro de Salud se muestran muy favorables.

Para finalizar el diseño de la evaluación de impacto, se contrata a un experto en estadística que ayudará a determinar el tamaño necesario de la muestra. Antes de empezar a trabajar, el experto pide información clave sobre la base de una lista de control con seis puntos.

1. El experto pregunta si el PSSS+ generará conglomerados. Usted no está totalmente seguro. Cree que podría ser posible asignar aleatoriamente el conjunto ampliado de beneficios a nivel de los hogares, entre todos los hogares rurales pobres que ya participan en el PSSS. Sin embargo, es consciente de que el presidente y el ministro de Salud pueden preferir asignar el programa ampliado a nivel comunitario, lo que generaría conglomerados. El experto sugiere efectuar cálculos de potencia sobre un caso de referencia sin conglomerados y examinar después el cambio en los cálculos si existen conglomerados.

2. El experto pregunta cuál es el indicador de resultado. Usted le explica que el Gobierno está interesado en un indicador bien definido: gasto directo en salud de los hogares. El experto busca la fuente más actualizada de información para obtener valores de referencia de este indicador y sugiere que se use la encuesta de seguimiento de la evaluación del PSSS. Señala que, entre los hogares que participaron en el programa, el promedio de gasto directo en salud per cápita anual fue de US$7,84.

3. El experto vuelve a comprobar que no hay interés en medir los impactos del programa sobre subgrupos tales como regiones del país o subconjuntos específicos de la población.

4. El experto pregunta acerca del nivel mínimo de impacto que justificaría la inversión en la intervención. En otras palabras, ¿qué reducción adicional del gasto directo en salud por debajo del promedio de referencia de US$7,84 haría que mereciera la pena esta intervención? Hace hincapié en que no se trata de una consideración técnica sino de una decisión política, y por ello un responsable de políticas como usted debe ser el encargado de determinar el efecto mínimo que debe poder detectar la evaluación. Usted recuerda que el presidente mencionó que el programa PSSS+ se consideraría efectivo si redujera en US$2 el gasto directo en salud de los hogares. No obstante, para fines de evaluación, prefiere ser conservador para determinar el impacto mínimo detectable, ya que es improbable que se observe cualquier impacto inferior. Para entender cómo varía el tamaño requerido de la muestra en función del efecto mínimo detectable, sugiere que el experto efectúe cálculos para una reducción de mínima de US$1, US$2 y US$3 del gasto directo en salud.

5. El experto pregunta cuál sería el nivel de potencia razonable para realizar la evaluación. Agrega que los cálculos de potencia suelen realizarse con una potencia de 0,9, pero sugiere que se realicen pruebas de robustez más adelante con un nivel menos conservador, de 0,8.

6. Finalmente, el experto pregunta cuál es la varianza del indicador de resultado en la población de interés. Se refiere a la base de datos de los hogares tratados por el PSSS y señala que la desviación estándar del gasto directo en salud es de US$8.

A partir de toda esta información, el experto emprende los cálculos de potencia. Según lo acordado, empieza con el caso más conservador, con una potencia de 0,9. Genera los resultados que se muestran en el cuadro 11.2.

El experto concluye que para detectar una disminución de US$2 en el gasto directo en salud con una potencia de 0,9, la muestra debe contener al menos 672 unidades (336 unidades tratadas y 336 unidades de comparación, sin conglomerados). Señala que si usted se conformara con detectar una reducción de US$3 en el gasto directo en salud, sería suficiente con una muestra más pequeña, de al menos 300 unidades (150 unidades en cada grupo). Por el contrario, sería necesaria una muestra mucho más grande, de al menos 2688 unidades (1344 en cada grupo), para detectar una disminución de US$1 en el gasto directo en salud.

Cuadro 11.2 Tamaño requerido de la muestra para detectar varios efectos mínimos (disminución del gasto en salud de los hogares); potencia = 0,9; sin conglomerados

Efecto mínimo detectable	Grupo de tratamiento	Grupo de comparación	Muestra total
US$1	1344	1344	2688
US$2	336	336	672
US$3	150	150	300

Nota: El efecto mínimo detectable consiste en la reducción mínima del gasto directo en salud de los hogares detectado por la evaluación de impacto.

El experto produce a continuación otro cuadro con un nivel de potencia de 0,8. El cuadro 11.3 muestra que el tamaño requerido de la muestra es inferior con una potencia de 0,8 que con una de 0,9. Para detectar una reducción de US$2 en el gasto directo en salud de los hogares sería suficiente una muestra total de al menos 502 unidades. Para detectar una reducción de US$3 serían necesarias al menos 244 unidades. Sin embargo, para detectar una reducción de US$1 serían necesarias al menos 2008 unidades en la muestra.

El experto subraya que los resultados son habituales en los cálculos de potencia:

- Cuanto mayor (más conservador) sea el nivel de potencia, mayor será el tamaño requerido de la muestra.

- Cuanto menor sea el impacto a detectar, mayor será el tamaño requerido de la muestra.

Cuadro 11.3 Tamaño requerido de la muestra para detectar varios efectos mínimos (disminución del gasto en salud de los hogares); potencia = 0,8; sin conglomerados

Efecto mínimo detectable	Grupo de tratamiento	Grupo de comparación	Muestra total
US$1	1004	1004	2008
US$2	251	251	502
US$3	112	112	224

Nota: El efecto mínimo detectable consiste en la reducción mínima del gasto directo en salud de los hogares detectado por la evaluación de impacto.

Cuadro 11.4 Tamaño requerido de la muestra para detectar varios efectos mínimos (aumento de la tasa de hospitalización); potencia = 0,9; sin conglomerados

Efecto mínimo detectable (punto porcentual)	Grupo de tratamiento	Grupo de comparación	Muestra total
1	9717	9717	19 434
2	2430	2430	4860
3	1080	1080	2160

Nota: El efecto mínimo detectable describe el cambio mínimo en la tasa de utilización de hospitales (expresada en puntos porcentuales) que debe detectar la evaluación de impacto.

El experto pregunta si se quiere efectuar cálculos de potencia para otros resultados de interés. Usted sugiere que considere también el tamaño requerido de la muestra para detectar si el PSSS+ afecta a la tasa de hospitalización. En la muestra de comunidades participantes en el PSSS, el 5% de los hogares tienen a un miembro hospitalizado en algún año. El experto produce un nuevo cuadro (11.4), que demuestra la necesidad de muestras relativamente grandes para detectar incluso grandes cambios en la tasa de hospitalización, de 1, 2 y 3 puntos porcentuales con respecto a la tasa de línea de base del 5%.

El cuadro muestra que el tamaño requerido de la muestra es mayor para este resultado (la tasa de hospitalización) que para el gasto directo en salud. El experto concluye que si interesa detectar los impactos sobre ambos resultados, deben usarse las muestras más grandes, que surgen de los cálculos de potencia en relación con las tasas de hospitalización. El experto recomienda que, si se usan los tamaños de muestra de los cálculos de potencia efectuados para el gasto directo en salud, habría que informar al presidente y al ministro de Salud de que la evaluación no tendrá suficiente potencia para detectar efectos pertinentes para las políticas sobre las tasas de hospitalización.

PREGUNTA 8

A. ¿Qué tamaño de muestra recomendaría para estimar el impacto del PSSS+ sobre el gasto directo en salud?

B. ¿Ese tamaño de muestra sería suficiente para detectar los cambios en la tasa de hospitalización?

Cálculos de potencia con conglomerados

El análisis anterior introdujo los principios para la ejecución de cálculos de potencia para programas que no crean conglomerados. Sin embargo, como se señaló en la segunda parte, algunos programas asignan beneficios a nivel de conglomerados. Ahora se describirá brevemente la manera de adaptar los principios básicos del cálculo de potencia para las muestras en conglomerados.

El número de conglomerados es mucho más importante que el número de unidades dentro de ellos. Es necesario tener un número suficiente de conglomerados para comprobar si un programa ha tenido impacto mediante la comparación de los resultados de las unidades de tratamiento y de comparación.

Si asigna aleatoriamente el tratamiento entre un número pequeño de conglomerados, es poco probable que los conglomerados de tratamiento y de comparación sean idénticos. La asignación aleatoria entre dos distritos, dos escuelas o dos hospitales no garantizará que los conglomerados sean similares. Por el contrario, la asignación aleatoria de una intervención entre 100 distritos, 100 escuelas o 100 hospitales tiene más probabilidades de garantizar que los grupos de tratamiento y de comparación sean similares. En definitiva, es necesario un número suficiente para alcanzar un equilibrio. El número de conglomerados también es importante para la precisión de los impactos estimados. Se necesita un número suficiente de conglomerados para comprobar con suficiente potencia la hipótesis de que un programa tiene impacto. Por lo tanto, es muy importante garantizar que el número de conglomerados disponibles para la asignación aleatoria sea suficientemente grande.

De acuerdo con lo explicado anteriormente, se puede establecer el número de conglomerados necesarios para una comprobación precisa de la hipótesis mediante cálculos de potencia. La ejecución de cálculos de potencia para muestras de conglomerados requiere un paso adicional en el procedimiento básico:

1. ¿El programa crea conglomerados?

2. ¿Cuál es el indicador de resultado?

3. ¿El objetivo es comparar los impactos del programa entre subgrupos?

4. ¿Cuál es el nivel mínimo de impacto que justificaría la inversión que se ha efectuado en la intervención?

5. ¿Cuál es la media y la varianza de los indicadores del resultado en la línea de base?

6. ¿Cuánto varía el indicador de resultado en la población de interés?

7. ¿Cuánto varía el indicador de resultado dentro de los conglomerados?

En comparación con los cálculos de potencia sin conglomerados, solo se ha agregado el último paso: ahora también el experto en estadística debe determinar el coeficiente de correlación entre los resultados dentro de los conglomerados. En el punto extremo, todos los resultados dentro de un conglomerado están perfectamente correlacionados. Por ejemplo, es posible que el ingreso de los hogares no sea especialmente variable dentro de una misma comunidad, pero que se produzcan desigualdades significativas de ingresos entre comunidades. En este caso, si considera agregar una unidad a su muestra de evaluación, el hecho de que provenga de una nueva comunidad aumentará mucho más la potencia que incorporar una unidad de una comunidad ya representada. De hecho, en este caso es probable que la segunda unidad sea muy similar a la unidad original ya incluida de la misma comunidad. En general, la *correlación intraconglomerados* de los resultados aumenta el número de conglomerados necesarios para lograr cierto nivel de potencia.

En las muestras con conglomerados, los cálculos de potencia subrayan los beneficios relativos entre la agregación de conglomerados y la agregación de observaciones dentro de los conglomerados existentes. El aumento relativo de la potencia derivado de la agregación de una unidad a un nuevo conglomerado casi siempre es mayor que el de agregar una unidad a un conglomerado existente. Aunque el aumento de potencia provocado por agregar un nuevo conglomerado puede ser drástico, esta agregación también puede tener implicaciones operativas y aumentar el costo de la recolección de datos. La siguiente sección explica la manera de efectuar cálculos de potencia con conglomerados en el caso del PSSS+ y analiza algunas de las decisiones que conlleva.

En muchos casos, se requieren al menos 30 a 50 conglomerados en los grupos de tratamiento y de comparación para obtener suficiente potencia y garantizar la similitud de sus características de línea de base, cuando se usan métodos de asignación aleatoria. Sin embargo, el número puede variar en función de varios parámetros analizados anteriormente, así como del coeficiente de correlación intraconglomerados. Es más, es probable que aumente el número cuando se usen otros métodos distintos de la asignación aleatoria (suponiendo que todo lo demás se mantiene constante).

¿Qué tamaño de muestra se necesita para evaluar la expansión del Programa de Subsidio del Programa de Salud con conglomerados?

Después de la primera conversación con el experto sobre los cálculos de potencia para el PSSS+, usted decidió hablar brevemente con el presidente y el ministro de Salud acerca de las implicaciones de la asignación aleatoria de los beneficios del PSSS+ entre las unidades de la población beneficiaria del PSSS básico. La consulta reveló que este procedimiento no sería políticamente viable: sería difícil explicar por qué una persona recibe los beneficios ampliados y no su vecino en la misma comunidad.

Por lo tanto, en lugar de la asignación aleatoria a nivel individual, usted sugiere la selección aleatoria de una serie de comunidades del PSSS para hacer una prueba piloto del PSSS+. Por consiguiente, todos los residentes de la comunidad seleccionada resultarán elegibles. Este procedimiento creará conglomerados y requerirá nuevos cálculos de potencia. Ahora debe determinar el tamaño requerido de la muestra para evaluar el impacto del PSSS+ cuando se asigna aleatoriamente por conglomerado.

Vuelve a consultar al experto en estadística, quien asegura que solo hará falta un poco más de trabajo. Solo queda una pregunta por responder de la lista de control. Se necesita saber cuánto varía el indicador del resultado dentro de los conglomerados. Afortunadamente, también se puede responder a esta pregunta mediante los datos de seguimiento del PSSS, en los que se observa que el coeficiente de correlación del gasto directo en salud dentro de la comunidad equivale a 0,04.

El experto también pregunta si se ha fijado un umbral sobre el número de comunidades en las que es viable la implementación del nuevo programa piloto. Dado que el programa cuenta ahora con 100 comunidades, usted explica que podría incluir, como máximo, 50 comunidades de tratamiento y 50 de comparación en el PSSS+. Con esta información, el experto efectúa los cálculos de potencia que se muestran en el cuadro 11.5, con una potencia de 0,9.

El experto concluye que para detectar una reducción de US$2 en el gasto directo en salud, la muestra debe incluir al menos 900 unidades, es decir, 9 unidades por conglomerado para 100 conglomerados. Señala que este número es superior al de la muestra con asignación aleatoria a nivel de hogares, que solo requeriría 672 unidades. Para detectar una disminución de US$3 en el gasto directo en salud, la muestra tendría que contar con al menos 340 unidades, 4 en cada uno de los 85 conglomerados.

Sin embargo, cuando el experto intenta determinar la muestra necesaria para detectar una reducción de US$1 en el gasto directo en salud, constata que con 100 conglomerados no sería posible hacerlo. Se necesitarían al menos 109 conglomerados, e incluso el número de observaciones dentro de cada conglomerado sería sumamente elevado. Esta constatación subraya la necesidad de un gran número de conglomerados para que una evaluación tenga suficiente potencia para detectar impactos relativamente pequeños, independientemente del número de observaciones dentro de los conglomerados.

El experto recomienda entonces que se considere la variación de estas cifras con una potencia de 0,8 (cuadro 11.6). El tamaño requerido de la muestra vuelve a ser inferior para una potencia de 0,8 que para una potencia de 0,9, pero sigue siendo superior para la muestra con conglomerados que para la muestra simple aleatoria.

El experto describe a continuación la variación del número total de observaciones necesarias en la muestra en función del número total de conglomerados. Decide repetir el cálculo con un efecto mínimo detectable de US$2 y una potencia de 0,9.

Cuadro 11.5 Tamaño requerido de la muestra para detectar varios efectos mínimos (disminución del gasto en salud de los hogares); potencia = 0,9; con un máximo de 100 conglomerados

Efecto mínimo detectable	Número de conglomerados	Unidades por conglomerado	Muestra total con conglomerados	Muestra total sin conglomerados
US$1	Inviable	Inviable	Inviable	2688
US$2	100	9	900	672
US$3	85	4	340	300

Nota: El efecto mínimo deseado consiste en la reducción mínima del gasto directo en salud de los hogares detectado por la evaluación de impacto.

La evaluación de impacto en la práctica

Cuadro 11.6   Tamaño requerido de la muestra para detectar varios efectos mínimos (disminución del gasto en salud de los hogares); potencia = 0,8; con un máximo de 100 conglomerados

Efecto mínimo detectable	Número de conglomerados	Unidades por conglomerado	Muestra total con conglomerados	Muestra total sin conglomerados
US$1	100	102	10 200	2008
US$2	90	7	630	502
US$3	82	3	246	224

Nota: El efecto mínimo detectable consiste en la reducción mínima del gasto directo en salud de los hogares detectado por la evaluación de impacto.

El tamaño requerido de la muestra total para estimar dicho efecto aumenta considerablemente cuando se reduce el número de conglomerados (cuadro 11.7). Con 100 conglomerados, se necesita una muestra de 900 observaciones. Si solo se dispusiera de 30 conglomerados, la muestra total tendría que contener 6690 observaciones. Por el contrario, si se dispusiera de 157 conglomerados, solo se necesitarían 785 observaciones.

PREGUNTA 9

A. ¿Qué tamaño total de la muestra recomendaría para estimar el impacto del PSSS+ sobre el gasto directo en salud?

B. ¿En cuántas comunidades recomendaría que el presidente y el ministro de Salud implementen el PSSS+?

Cuadro 11.7   Tamaño requerido de la muestra para detectar un impacto mínimo de US$2 con varias cantidades de conglomerados; potencia = 0,9

Efecto mínimo detectable	Número de conglomerados	Unidades por conglomerado	Muestra total sin conglomerados
US$2	30	223	6690
US$2	60	20	1200
US$2	86	11	946
US$2	100	9	900
US$2	120	7	840
US$2	135	6	810
US$2	157	5	785

En resumen

La calidad de una evaluación de impacto depende directamente de la calidad de los datos en los que se basa. En este sentido, las muestras construidas apropiadamente con un tamaño adecuado son cruciales. Se han examinado los principios básicos para llevar a cabo cálculos de potencia. Cuando se realizan durante la planificación de una evaluación, constituyen una herramienta esencial para contener el costo de la recolección de datos al evitar la recopilación de más información de la necesaria, a la vez que se minimiza el riesgo de, por haber recogido insuficiente información, llegar a la conclusión, errónea de que un programa no ha tenido impacto cuando en realidad sí podría haberlo tenido. Aunque los cálculos de potencia requieren fundamentos técnicos y estadísticos, se basan en decisiones políticas. En general, el aumento del tamaño de la muestra genera una reducción del rendimiento, por lo que la determinación de la muestra adecuada requerirá con frecuencia un equilibrio entre la necesidad de obtener estimaciones precisas del impacto y las consideraciones presupuestarias.

El ejemplo de referencia es una evaluación de impacto implementada mediante el método de asignación aleatoria. Se trata del caso más simple y, por lo tanto, más adecuado para transmitir la intuición en la que se basan los cálculos de potencia. Sin embargo, no se han analizado muchos aspectos prácticos de estos cálculos, y se deben considerar detenidamente las desviaciones de los casos básicos examinados en este libro. Por ejemplo, los métodos cuasi experimentales de evaluación de impacto casi siempre requieren muestras más grandes que el método de referencia de asignación aleatoria. Los requisitos de tamaño de la muestra también aumentan si existe un riesgo de sesgo en los efectos de tratamiento estimados y cuando el cumplimiento es imperfecto. Estas cuestiones están fuera del alcance de este libro, pero Spybrook y otros (2008) y Rosenbaum (2009, capítulo 14) las analizan con más detalle. Existe una serie de instrumentos para las personas interesadas en seguir explorando el diseño de muestras. Por ejemplo, la W.T. Grant Foundation ha desarrollado el programa informático Optimal Design Software for Multi-Level and Longitudinal Research, disponible gratuitamente, que ayuda al análisis de la potencia estadística en presencia de conglomerados. En la práctica, muchas organizaciones que encargan una evaluación contratan a un experto para que efectúe los cálculos de potencia, quien debería poder asesorar cuando se usen métodos distintos de la asignación aleatoria.

Decidir sobre la estrategia de muestreo

El tamaño no es el único factor relevante para asegurar que una muestra es apropiada. El proceso mediante el que se la extrae de la población de interés también es crucial. Los principios de muestreo pueden guiar la extracción de muestras representativas. El muestreo requiere tres pasos:

1. Determinar la *población de interés*.

2. Identificar un *marco muestral*.

3. *Extraer* el número de unidades requeridas por los cálculos de potencia del marco muestral.

Primero, se debe definir claramente la *población de interés*[13]. Esto requiere una definición precisa de la unidad de observación de la que se medirán los resultados, especificando claramente la cobertura geográfica o cualquier otro atributo pertinente que caracterice a la población. Por ejemplo, si se administra un programa de desarrollo infantil, puede interesar medir el desarrollo cognitivo de los niños de 3 a 6 años de todo el país, solo para los que viven en áreas rurales o solo para los matriculados en preescolar.

Segundo, una vez establecida la población de interés, se debe establecer un *marco muestral*. El marco muestral es la lista más exhaustiva que se puede obtener de unidades de la población de interés. Idealmente, debe coincidir exactamente con la población de interés. Por ejemplo, un censo completo y totalmente actualizado de la población de interés constituiría un marco muestral ideal. En la práctica, se suelen usar como marcos muestrales listas existentes como los censos de población, los censos de instalaciones o los listados de inscritos.

Se requiere un marco muestral adecuado para asegurar que las conclusiones extraídas del análisis de una muestra puedan generalizarse a toda la población. De hecho, un marco muestral que no coincida exactamente con la población de interés crea un *sesgo de cobertura*, como muestra el gráfico 11.2. Cuando existe sesgo de cobertura, los resultados de la muestra no tienen plena validez externa para toda la población de interés, sino solo para la población incluida en el marco muestral.

> **Concepto clave:**
> Un marco muestral es la lista más exhaustiva que se puede obtener de unidades de la población de interés. Se produce un sesgo de cobertura cuando el marco muestral no corresponde perfectamente con la población de interés.

Gráfico 11.2   Un marco muestral válido cubre a toda la población de interés

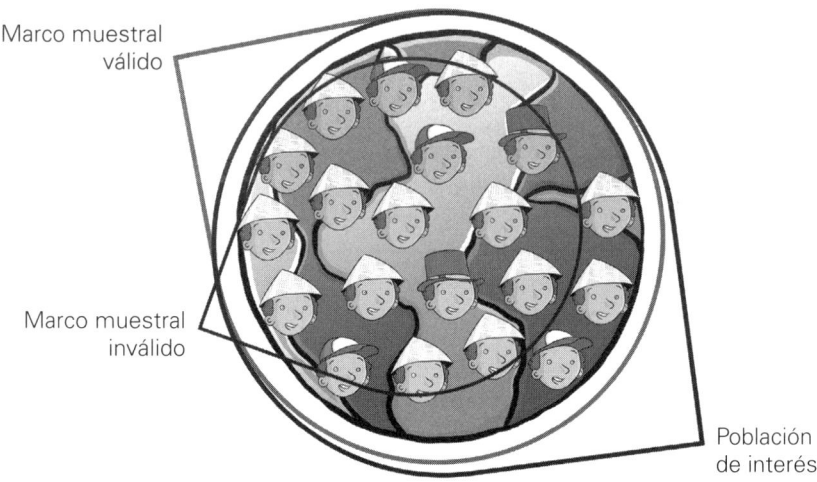

Marco muestral válido

Marco muestral inválido

Población de interés

Como consecuencia, los sesgos de cobertura entorpecen la interpretación de los resultados de la evaluación de impacto, ya que no está claro de qué población se han obtenido.

Cuando se considera extraer una nueva muestra o valorar la calidad de una muestra existente es importante determinar si el mejor marco muestral disponible coincide con la población de interés. El grado en que se pueden generalizar las estadísticas computadas a partir de la muestra a toda la población de interés depende de la magnitud del sesgo de cobertura: en otras palabras, la falta de correspondencia entre el marco muestral y la población de interés.

Por ejemplo, se puede producir un sesgo de cobertura cuando interesan todos los hogares de un país pero se usa el directorio telefónico como marco muestral, lo que hace que no se incluyan todos los hogares sin teléfono. Esto puede sesgar los resultados de la evaluación si los hogares sin teléfono tienen también otras características diferentes de las de la población de interés, y si dichas características afectan a la manera en que los hogares se beneficiarían de la intervención. Por ejemplo, los hogares sin teléfono pueden estar en áreas rurales remotas. Si se quiere evaluar el impacto de un programa de capacitación, la omisión de la población más aislada afectará a los resultados de la evaluación porque es probable que esos hogares tengan más dificultades para acceder al mercado laboral.

Los sesgos en la cobertura constituyen un riesgo real, y la elaboración de marcos muestrales es una labor delicada. Por ejemplo, los datos del censo pueden contener todas las unidades de una población. Sin embargo, si ha pasado mucho tiempo entre el momento del censo y la recolección de la muestra de datos, el marco muestral ya no estará totalmente al día y se creará un sesgo de cobertura. Es más: es posible que los datos del censo no contengan suficiente información sobre características específicas para elaborar un marco muestral. Si la población de interés consiste en niños que asisten a la escuela, y el censo no contiene datos sobre la matriculación en preescolar, será necesario contar con datos adicionales sobre matriculación o listados de los centros escolares[14].

Una vez que haya identificado a la población de interés y un marco muestral, debe elegir un método para extraer la muestra. Se pueden utilizar varios procedimientos de muestreo. Los métodos de *muestreo probabilístico* son los más rigurosos porque asignan una probabilidad de extracción bien definida a cada unidad del marco muestral. Los tres métodos principales de muestreo probabilístico son los siguientes[15]:

- *Muestreo aleatorio.* Cada unidad de la población tiene la misma probabilidad de ser extraída[16].

- *Muestreo aleatorio estratificado.* La población se divide en grupos (por ejemplo, hombres y mujeres) y el muestreo aleatorio se realiza dentro de cada grupo. Como consecuencia, cada unidad dentro de cada grupo (o estrato) tiene la misma probabilidad de ser extraída. Siempre que cada grupo sea lo suficientemente grande, el muestreo aleatorio permite inferir resultados no solo a nivel de la población, sino también dentro de cada grupo. La estratificación es esencial para las evaluaciones destinadas a comparar los impactos del programa entre subgrupos.

- *Muestreo de conglomerados.* Las unidades se agrupan en conglomerados y se extrae una muestra aleatoria de estos, después de lo cual todas las unidades de los seleccionados constituyen la muestra, o se extrae aleatoriamente una serie de unidades dentro del conglomerado. Esto significa que cada conglomerado tiene una probabilidad bien definida de resultar seleccionado, y las unidades dentro de un conglomerado seleccionado también la tienen.

En el contexto de una evaluación de impacto, el procedimiento para extraer una muestra suele depender de las reglas de elegibilidad del programa que se evalúa. Como se describe en el análisis del tamaño de la muestra, si la unidad viable de implementación más pequeña es mayor que la unidad de observación, la asignación aleatoria de beneficios generará conglomerados. Por este motivo, el muestreo de conglomerados suele aparecer en los estudios de la evaluación de impacto.

El *muestreo no probabilístico* puede llevar a graves errores de muestreo. A veces se usan *muestreos dirigidos* o *muestreos de conveniencia* en lugar de los procedimientos de muestreo probabilístico analizados. En estos casos, se pueden producir errores de muestreo aunque el marco muestral abarque a toda la población y no exista sesgo en la cobertura. Por ejemplo, supóngase una encuesta nacional en la que cada encuestador recolecta datos entre los hogares más cercanos a las escuelas de cada comunidad. Cuando se usa este tipo de muestreo, es probable que la muestra no sea representativa de la población de interés en conjunto. En concreto, se producirá un sesgo de cobertura, ya que no se estudiará a los hogares remotos.

Para finalizar, es necesario prestar especial atención al marco muestral y al procedimiento de muestreo para determinar si los resultados obtenidos de cierta muestra tienen validez externa para toda la población de interés. Aunque el marco muestral tenga una cobertura perfecta y se use un procedimiento de muestreo probabilístico, los errores no muestrales, que se analizarán en el capítulo siguiente, también pueden limitar la validez de una muestra.

Notas

1. Véase nota 2 del capítulo 2.
2. También se necesitan datos sobre costos para el análisis costo-beneficio.
3. Para ver un análisis detallado de las encuestas de hogares, puede consultar Grosh y Glewwe (2000) y Naciones Unidas (2005). Dal Poz y Gupta (2009) examinan algunas cuestiones relacionadas específicamente con la recolección de datos en el sector de salud.
4. El análisis puede aplicarse a cualquier población: toda la población de interés, la población de tratamiento o la población de comparación.

5. Esta intuición se concreta en el teorema denominado "teorema del límite central". En términos formales, en el caso de un resultado y, el teorema del límite central establece que la media de la muestra $\bar{y}$ constituye en promedio una estimación válida de la media de la población. Además, para un tamaño de muestra n y una varianza de la población σ, la varianza de la media de la muestra es inversamente proporcional al tamaño de la muestra:

$$\mathrm{var}(\bar{y}) = \frac{\sigma^2}{n}.$$

Conforme aumenta el tamaño de la muestra n, las estimaciones de la varianza de la muestra tienden hacia 0. En otras palabras, la media se estima con más precisión en muestras grandes que en pequeñas.

6. Las consideraciones sociales y políticas, que hacen imposible la asignación aleatoria dentro de los conglomerados, suelen hacer necesaria la asignación de beneficios por conglomerado. En el contexto de una evaluación de impacto, la formación de conglomerados suele ser necesaria debido a los probables efectos de derrame, o contaminación de beneficios del programa entre unidades dentro de los conglomerados.

7. Junto con la potencia, también es necesario establecer un nivel de confianza que determine la probabilidad de un error de tipo I, normalmente del 0,05 (o 0,01 como un nivel conservador).

8. Cuando se computa la potencia desde la línea de base, la correlación entre los resultados a lo largo del tiempo también se debe considerar en el cálculo.

9. Por ejemplo, Spybrook y otros (2008) introdujeron el Optimal Design, un programa informático fácil de usar para efectuar cálculos de potencia.

10. En general, es deseable contar con grupos de tratamiento y de comparación del mismo tamaño. De hecho, para cierto número de observaciones en una muestra, se maximiza la potencia mediante la asignación de la mitad de las observaciones al grupo de tratamiento y la otra mitad al grupo de comparación. Sin embargo, los grupos de tratamiento y de comparación no siempre deben tener el mismo tamaño. Cualquier restricción en contra de que ambos grupos tengan el mismo tamaño o cualquier razón para tener grupos de diferente tamaño debe comunicarse al experto en estadística.

11. El capítulo 12 analizará con más detalle las cuestiones relacionadas con la no respuesta y el desgaste de la muestra.

12. En el contexto de una evaluación de impacto, la población total de interés puede asignarse al grupo de tratamiento o al grupo de comparación. Esta sección analiza en términos generales la manera de extraer una muestra de la población total de interés.

13. Si se utiliza el muestreo de conglomerados y la lista de unidades dentro de los conglomerados no está actualizada, debe considerar la posibilidad de efectuar un listado completo de las unidades dentro de cada conglomerado. Por ejemplo, si se muestrea una comunidad, la institución encargada de la recolección de datos puede empezar por enumerar todos los hogares de la comunidades antes de llevar a cabo la propia encuesta.

14. Véase Cochran (1977), Lohr (1999), Kish (1995), Thompson (2002) o, a nivel más básico, Kalton (1983) para un análisis detallado del muestreo (incluidos

otros métodos, como el muestreo sistemático o en etapas múltiples). Grosh y Muñoz (1996), Fink (2008), Iarossi (2006) y Naciones Unidas (2005) ofrecen orientación técnica relacionada con el muestreo.

15. En términos estrictos, las muestras se extraen de marcos de muestreo. En esta sección se supone que el marco muestral coincide perfectamente con la población.

Referencias

Cochran, William G. 1977. *Sampling Techniques*. 3.ª ed. Nueva York: John Wiley.

Dal Poz, Mario y Gupta, Neeru. 2009. "Assessment of Human Resources for Health Using Cross-National Comparison of Facility Surveys in Six Countries". *Human Resources for Health* 7: 22.

Fink, Arlene G. 2008. *How to Conduct Surveys: A Step by Step Guide*. 4.ª ed. Beverly Hills, CA: Sage Publications.

Galiani, Sebastián; Gertler, Paul y Schargrodsky, Ernesto. 2005. "Water for Life: The Impact of the Privatization of Water Services on Child Mortality". *Journal of Political Economy* 113(1): 83-120.

Grosh, Margaret y Glewwe, Paul, comps. 2000. *Designing Household Survey Questionnaires for Developing Countries: Lessons from 15 Years of the Living Standards Measurement Study*. Washington, DC: Banco Mundial.

Grosh, Margaret y Muñoz, Juan. 1996. "A Manual for Planning and Implementing the Living Standards Measurement Study Survey". Documento de trabajo del Banco Mundial sobre investigaciones relativas a políticas de desarrollo 126. Banco Mundial, Washington, DC.

Iarossi, Giuseppe. 2006. *The Power of Survey Design: A User's Guide for Managing Surveys, Interpreting Results, and Influencing Respondents*. Washington, DC: Banco Mundial.

Kalton, Graham. 1983. *Introduction to Survey Sampling*. Beverly Hills, CA: Sage Publications.

Kish, Leslie. 1995. *Survey Sampling*. Nueva York: John Wiley.

Lohr, Sharon. 1999. *Sampling: Design and Analysis*. Pacific Grove, CA: Brooks Cole.

Naciones Unidas. 2005. *Household Sample Surveys in Developing and Transition Countries*. Nueva York: Organización de las Naciones Unidas.

Pradhan, Menno y Rawlings, Laura B. 2002. "The Impact and Targeting of Social Infrastructure Investments: Lessons from the Nicaraguan Social Fund". *World Bank Economic Review* 16 (2): 275-95.

Rosenbaum, Paul. 2009. *Design of Observational Studies*. Springer Series in Statistics. Nueva York: Springer Verlag.

Spybrook, Jessica; Raudenbush, Stephen; Liu, Xiaofeng; Congdon, Richard y Martínez, Andrés. 2008. *Optimal Design for Longitudinal and Multilevel Research: Documentation for the "Optimal Design" Software*. Nueva York: William T. Grant Foundation.

Thompson, Steven K. 2002. *Sampling*. 2.ª ed. Nueva York: John Wiley.

CAPÍTULO 12

Recolectar los datos

En el capítulo 11, se mencionó el tipo de datos necesarios para una evaluación de impacto y se señaló que la mayoría de las evaluaciones requieren recolectar nuevos datos. A continuación se vio cómo determinar el tamaño necesario de la muestra y cómo extraerla. En este capítulo, se examinan los pasos necesarios para recolectar los datos. Un entendimiento claro de estos pasos ayudará a asegurar que la evaluación de impacto se base en datos de calidad que no comprometan el diseño de la evaluación. En un primer paso, se necesitará contratar ayuda de una empresa o una institución especializada en la recolección de datos. Paralelamente, se encargará la redacción de un cuestionario adecuado. La institución de recolección de datos reclutará y capacitará al personal de campo y probará que el cuestionario funcione adecuadamente en el terreno. Después de hacer los ajustes necesarios, la institución podrá proceder con el trabajo de campo. Finalmente, los datos que se recolecten deben digitarse o procesarse y validarse antes de ser entregados y usados.

Contratar ayuda para recolectar los datos

Desde el principio se necesitará designar a la institución encargada de recolectar los datos. Se deben valorar algunas consideraciones importantes a la hora de decidir quién recolectará los datos. Entre los posibles candidatos para este trabajo están:

- la institución encargada de implementar el programa;

- otra institución gubernamental con experiencia en la recolección de datos (como el instituto local de estadística);

- una empresa independiente o grupo de expertos especializado en la recolección de datos.

La institución encargada de la recolección de datos siempre debe trabajar en estrecha coordinación con el *organismo ejecutor del programa*. Dado que hay que recolectar los datos de línea de base antes de que empiece cualquier operación del programa, se requiere coordinación para garantizar que no se implementa ninguna operación que afecte a las unidades del estudio antes de que se realice la recolección de datos. Cuando los datos de línea de base también se usan para el funcionamiento del programa (por ejemplo, cuando se recogen datos para realizar un índice de focalización del programa, en el contexto de una evaluación basada en un diseño de regresión discontinua), la institución encargada de la recolección de datos debe ser capaz de procesarlos rápidamente y transferirlos al organismo ejecutor del programa. También se requiere una estrecha coordinación al programar la recolección de la encuesta de seguimiento. Por ejemplo, si se ha elegido la aleatorización a fases, la encuesta de seguimiento o final debe efectuarse antes de asignar el programa al grupo de comparación, para evitar cualquier contaminación.

Un factor crucial para decidir quién debe recolectar los datos es que deben usarse los mismos procedimientos para los grupos de tratamiento y de comparación. Con frecuencia, el organismo ejecutor solo tiene contacto con el grupo de tratamiento y, por lo tanto, no está en una buena posición para recolectar datos de los individuos del grupo de comparación. Sin embargo, el uso de diferentes instituciones de recolección de datos acarrea riesgos importantes, ya que puede crear diferencias en los indicadores de resultados medidos en los dos grupos, simplemente por los distintos procedimientos de recolección empleados. Si el organismo ejecutor no puede recolectar eficazmente los datos para los grupos tanto de tratamiento como de comparación, se debe subcontratar la recolección de datos.

En algunos contextos, también puede ser recomendable encargar la recolección de datos a una institución independiente para que se los considere objetivos. Las dudas sobre la objetividad de los datos recolectados por el organismo ejecutor de un programa pueden ser injustificadas, pero una institución independiente de recolección de datos, sin intereses en los resultados de la evaluación, puede dar más credibilidad a la evaluación de impacto.

Dado que la recolección de datos conlleva una secuencia compleja de operaciones, se recomienda que se encargue de ella una institución especializada y con experiencia. Muy pocos organismos ejecutores de programas cuentan con experiencia suficiente para recopilar información de alta calidad a la escala necesaria para una evaluación de impacto. En la mayoría de los casos, se deberá considerar encargar el trabajo a una institución local, como un instituto nacional de estadística o una empresa o grupo de expertos especializados.

Encargar la recolección de datos a una institución local como un *instituto nacional de estadística* puede exponer a la institución a los estudios de evaluación de impacto y contribuir a desarrollar su capacidad en esta materia. Sin embargo, es posible que los institutos locales de estadística no siempre puedan asumir responsabilidades adicionales a sus actividades regulares. También pueden carecer de la experiencia necesaria para realizar encuestas de evaluaciones de impacto que conlleven, por ejemplo, el seguimiento temporal de personas en encuestas panel. Si surgen dichas limitaciones, puede ser más práctico contratar a una *empresa independiente* o un grupo de expertos especializado en la recolección de datos.

No es necesario usar la misma institución para recolectar información en la línea de base y en las encuestas de seguimiento. Por ejemplo, para una evaluación de impacto de un programa de capacitación, en el que la población de interés son las personas que se inscribieron al curso, la institución encargada del curso podría recolectar los datos de línea de base en el momento de la inscripción. No obstante, es probable que la misma institución no sea la más adecuada para recolectar datos de seguimiento de los grupos de tratamiento y de comparación una vez terminado el programa de capacitación. En esta situación, contratar por separado las rondas de recolección de datos tiene sus ventajas, pero se deben hacer esfuerzos para que, entre las rondas, no se pierda ninguna información que vaya a ser útil para el seguimiento de los hogares o las unidades, además de asegurar que los datos de línea de base y de seguimiento se miden de manera congruente.

Con el fin de determinar la mejor institución para recolectar datos para la evaluación de impacto, se deben considerar todos estos factores (experiencia en la recolección de datos, capacidad para coordinarse con el organismo ejecutor del programa, independencia, oportunidades para el desarrollo de capacidad local, adaptabilidad al contexto de la evaluación de impacto), junto con la posible calidad de los datos recolectados en cada caso. Una manera eficaz de identificar a la institución mejor posicionada para recolectar datos de calidad es redactar términos de referencia y pedir a las instituciones que presenten propuestas técnicas y financieras.

Dado que la entrega inmediata y la calidad de los datos son fundamentales para la fiabilidad de la evaluación de impacto, el contrato de la institución encargada de la recolección de los datos debe redactarse cuidadosamente. El alcance del trabajo y los productos esperados se deben dejar totalmente claros. Además, suele ser recomendable introducir incentivos en los contratos y conectarlos con indicadores claros de la calidad de los datos. Por ejemplo, como se subrayará más adelante, la tasa de falta de respuesta es un indicador clave de la calidad de los datos. Para incentivar que las instituciones encargadas de la recolección de datos minimicen la falta de respuesta, el contrato puede estipular un costo unitario para el 90% inicial de la muestra, un costo unitario superior para las unidades del 90% al 95%, y un costo unitario aún mayor para las unidades del 95% al 100%. Alternativamente, se puede redactar un contrato aparte para que la empresa encargada de la encuesta haga un seguimiento adicional de las unidades que no responden, por ejemplo individuos que migraron.

Desarrollar el cuestionario

Al encargar la recolección de datos se deben definir los objetivos de la evaluación claramente y ofrecer orientación específica acerca del contenido del instrumento de recolección de datos o cuestionario al organismo que los recolectó. Los instrumentos de recolección de datos deben permitir medir toda la información necesaria para responder a las preguntas de políticas públicas formuladas por la evaluación de impacto.

Definir indicadores

Como se ha explicado, se deben medir los *indicadores* a lo largo de toda la cadena de resultados, entre ellos los indicadores de resultado final, indicadores de resultados intermedios, medidas de la exposición a la intervención, factores exógenos y características de control.

Es importante ser selectivo acerca de qué indicadores se miden. Esto contribuye a limitar los costos de recolección de datos, simplifica el trabajo de la institución encargada de la recolección y mejora la calidad de los datos recolectados al minimizar la duración de las entrevistas. Recolectar datos que no sean pertinentes o que no se vayan a usar tiene un costo muy elevado. La redacción por adelantado de un plan de análisis de datos puede ayudar a identificar las prioridades y la información necesaria.

Los datos sobre los indicadores de resultado y las características de control se deben recolectar congruentemente en la *línea de base* y en la *encuesta de seguimiento*. La recolección de datos de línea de base es muy deseable. Incluso cuando se use una asignación aleatoria o un diseño de regresión discontinua, que para estimar el impacto requieren, en principio, simples diferencias en los indicadores de resultado después de la intervención, los datos de línea de base son esenciales para comprobar que el diseño de la evaluación de impacto sea adecuado (véase la lista de control en el recuadro 8.1 del capítulo 8). Contar con datos de línea de base también ofrece un seguro cuando no funciona la selección aleatoria, en cuyo caso se puede usar el método de diferencias en diferencias. Los datos de línea de base también son útiles durante la fase de análisis, ya que las variables de control de línea de base pueden ayudar a aumentar la potencia estadística y le permiten analizar los impactos sobre distintas subpoblaciones. Finalmente, los datos de línea de base se pueden usar para mejorar el diseño del programa. Por ejemplo, en ocasiones los datos de línea de base permiten analizar la efectividad de la focalización o aportan información adicional acerca de los beneficiarios al organismo ejecutor del programa.

Medir indicadores

Una vez que se han definido los indicadores esenciales que se deben recolectar, el siguiente paso será determinar cómo medir esos indicadores. La *medición* es un arte en sí, y es mejor encargarla a la institución contratada para la recolección de datos, los expertos en encuestas o los evaluadores. Se han escrito estudios enteros sobre la mejor manera de medir ciertos indicadores en contexto específicos, por ejemplo, la enunciación exacta de las preguntas formuladas en las encuestas de hogares (véanse Grosh y Glewwe [2000] y Naciones Unidas [2005])[1] o los procedimientos detallados que deben seguirse para recopilar datos de pruebas escolares o datos de salud.

Aunque estos análisis pueden parecer engorrosos, son sumamente importantes. En este capítulo se ofrecen algunos principios rectores para considerar al encargar la recolección de datos.

Los indicadores de resultado deben ajustarse lo máximo posible a las mejores prácticas locales e internacionales. Siempre es útil considerar cómo se han medido los indicadores de interés en las encuestas anteriores locales e internacionales para identificar las mejores prácticas. El uso de los mismos indicadores (incluidos los mismos módulos o cuestionarios) garantiza la comparabilidad entre los datos preexistentes y los datos recolectados para la evaluación de impacto. La elección de un indicador que no sea plenamente comparable o no se haya medido bien puede limitar la utilidad de los resultados de la evaluación.

Se deben medir de la misma manera todos los indicadores para todas las unidades, tanto del grupo de tratamiento como del de comparación. Usar diferentes métodos de recolección de datos (por ejemplo, encuestas telefónicas para un grupo y entrevistas personales para otro) crea un riesgo de sesgos. Lo mismo ocurre con la recolección de datos en diferentes momentos para los dos grupos (por ejemplo, recolectar datos para el grupo de tratamiento durante la temporada de lluvias y para el grupo de comparación durante la temporada seca). Por esta razón, los procedimientos para medir cualquier indicador de resultado deben formularse con mucha precisión. El proceso de recolección de datos debe ser el mismo para todas las unidades. Dentro del cuestionario, se debe introducir cada módulo relacionado con el programa sin afectar el flujo o el contexto de las respuestas en otras partes del cuestionario.

Formatear los cuestionarios

Como el modo de formular la misma pregunta de una encuesta de manera diferente puede suscitar diferentes respuestas, tanto el contexto como el formato de las preguntas debe ser igual para todas las unidades, para evitar cualquier sesgo entre los encuestados o encuestadores. Glewwe (Naciones Unidas, 2005) presenta seis recomendaciones específicas relacionadas con el formato de los cuestionarios para encuestas de hogares. Estas recomendaciones se pueden aplicar de la misma manera a la mayoría de los instrumentos de recolección de datos:

1. Deben escribirse las preguntas completas en el cuestionario, para que el entrevistador pueda formularlas literalmente.

2. El cuestionario debe incluir definiciones precisas de todos los conceptos esenciales empleados en la encuesta, para consulta del entrevistador si fuera necesario.

3. Cada pregunta debe ser lo más breve posible y debe usar expresiones comunes y cotidianas.

4. Se deben diseñar los cuestionarios de manera que las respuestas a casi todas las preguntas estén precodificadas.

5. El sistema de codificación debe ser congruente para todas las respuestas.

6. La encuesta debe incluir saltos claros de las preguntas para indicar qué preguntas no se responden según las respuestas a preguntas anteriores.

Una vez que la persona encargada haya redactado el cuestionario, se debe someter a la revisión de un equipo de expertos. Se debe consultar a todas las personas involucradas en la evaluación (responsables de políticas, investigadores, analistas de datos y recolectores de datos) para comprobar si el cuestionario puede recolectar apropiadamente toda la información deseada.

Probar el cuestionario

Es muy importante efectuar pruebas piloto y de campo del cuestionario antes de darlo por finalizado. Las *pruebas piloto* servirán para comprobar el formato del cuestionario, así como la claridad del contenido y de la formulación de las preguntas. Las *pruebas de campo* del cuestionario completo en condiciones reales son fundamentales para comprobar su extensión y que su formato sea suficientemente congruente y exhaustivo para generar medidas precisas de la información pertinente. Las pruebas de campo son una parte integral del trabajo de diseño del cuestionario que se ha encargado.

Trabajo de campo

Incluso cuando la recolección de datos se encarga, es fundamental conocer los pasos que conlleva el proceso para asegurar que existan los *mecanismos de control de calidad* necesarios y los *incentivos* adecuados. La institución encargada de la recolección de datos tendrá que coordinar el trabajo de un gran número de agentes diferentes, entre ellos encuestadores, supervisores, coordinadores del trabajo de campo y personal de apoyo logístico, además del equipo de digitación, compuesto por programadores, supervisores y digitadores. Para coordinar a todos estos equipos, se debe definir un plan de trabajo claro, lo cual será un producto clave del proceso.

El plan de trabajo debe incluir *capacitación* adecuada para el equipo de recolección de datos antes de que empiece su tarea. Se debe elaborar un *manual de referencia* completo. La capacitación es esencial para garantizar que todas las personas involucradas recolecten los datos congruentemente. También constituye una buena oportunidad para identificar a los encuestadores de mejor desempeño y realizar una última prueba de campo de los instrumentos y los procedimientos en condiciones normales. Una vez que se haya extraído la muestra, se hayan diseñado y probado los instrumentos y se haya capacitado a los equipos, se puede proceder con la recolección de datos. Es recomendable asegurar que el plan de trabajo de campo asigne el mismo número de unidades de tratamiento y de comparación a cada equipo encargado de la recolección de datos.

Como se explicó en el capítulo 11, el método de muestreo es esencial para garantizar la calidad de la muestra. No obstante, se pueden producir muchos *errores no muestrales* durante la recolección de datos. En el contexto de una evaluación de impacto, es especialmente preocupante que dichos errores difieran en los grupos de tratamiento y de comparación.

La *falta de respuesta* ocurre cuando resulta imposible recolectar cuestionarios completos de algunas unidades de la muestra. Dado que en la práctica las muestras se limitan a las unidades de las cuales se pueden recolectar datos, las unidades que no responden a una encuesta pueden hacer que la muestra sea menos representativa y sesgar los resultados de la evaluación. El *desgaste de la muestra* es una manera de llamar a un tipo común de falta de respuesta que se produce cuando algunas unidades abandonan la muestra de una ronda de recolección de datos a otra ronda, por ejemplo porque migran y no se hace un seguimiento de los migrantes.

La falta de respuesta y el desgaste de la muestra son especialmente problemáticos en las evaluaciones de impacto porque pueden crear diferencias entre el grupo de tratamiento y el grupo de comparación. Por ejemplo, el desgaste de la muestra puede ser diferente en los dos grupos: si los datos se recolectan después de que haya comenzado la implementación del programa, la tasa de respuesta de las unidades de tratamiento puede ser superior a la de las unidades de comparación. Esto puede deberse a que las últimas presenten resistencia a responder el cuestionario porque estén descontentas con que no las hayan seleccionado o porque al no haber recibido el beneficio del programa hayan tenido más probabilidades de migrar. La falta de respuesta puede suceder también dentro del propio cuestionario, normalmente porque falte algún indicador o los datos estén incompletos en el caso de cierta unidad.

El *error de medición* es otro tipo de problema que si es sistemático puede conllevar un sesgo. Es la diferencia entre el valor de una característica, según el encuestado, y su verdadero (aunque desconocido) valor (Kasprzyk, 2005). Esta diferencia puede atribuirse a diversos factores, como la enunciación del cuestionario o al método de recolección de datos elegido, o a la actuación de los entrevistadores que realizan la encuesta o del encuestado que responde.

La calidad de una evaluación de impacto depende directamente de la calidad de los datos que se recolectan. Se deben establecer *normas de calidad* claras entre todas las partes interesadas en el proceso de recolección de datos, y se debe hacer especial hincapié en estas normas durante la capacitación de los encuestadores y en los manuales de referencia. Por ejemplo, es esencial contar con procedimientos detallados para minimizar la falta de respuesta o (si fuera aceptable) sustituir unidades en la muestra. La institución encargada de la recolección de datos debe entender claramente los niveles aceptables de falta de respuesta y de desgaste de la muestra.

Concepto clave:
La falta de respuesta ocurre cuando faltan datos de algunas unidades de la muestra, o los datos están incompletos. Este fenómeno puede producir un sesgo en los resultados de la evaluación.

Concepto clave:
Las evaluaciones de impacto que siguen las mejores prácticas suelen lograr tasas de falta de respuesta y desgaste de muestra inferiores al 5%.

Las prácticas óptimas en la evaluación de impacto suelen lograr tasas de falta de respuesta y desgaste de la muestra por debajo del 5%. Es posible que esto no siempre sea viable con poblaciones muy móviles, pero ofrece, no obstante, una referencia útil. En ocasiones, se les da algún tipo de compensación a los encuestados para minimizar la falta de respuesta. En cualquier caso, el contrato de la institución encargada de la recolección de datos debe contener incentivos claros: por ejemplo, una compensación más alta si la tasa de falta de respuesta está por debajo del 5%, u otro criterio similar aceptable.

Se deben establecer *procedimientos de control de calidad* bien definidos para todas las fases de la recolección de datos. Estos, incluyen el diseño del muestreo, el diseño del cuestionario, la preparación, la recolección, el ingreso de los datos, y la limpieza y el respaldo de la información.

Se debe dar prioridad a los controles de calidad durante el trabajo de campo para evitar la falta de respuesta. Para ello, deberán existir procedimientos suficientemente claros para poder volver a visitar a las unidades que no hayan respondido o cuya información sea incompleta. Se deben añadir algunos filtros en el proceso de control de calidad para asegurarse de que se esté realizando correctamente; por ejemplo, los encuestadores, supervisores y, si fuera necesario, los coordinadores del trabajo de campo pueden volver a visitar a las unidades que no hayan respondido para verificar su situación. A pesar de estar incompletos, se deben codificar y registrar claramente dichos cuestionarios. Una vez que se hayan digitado todos los datos disponibles, se puede obtener la tasa de falta de respuesta verificando para cada unidad de la muestra original si los cuestionarios fueron realizados, y si no, por qué razón.

También se deben realizar controles de calidad de cualquier información incompleta para cierta unidad encuestada. Nuevamente, el control de calidad debe incluir varios filtros para comprobar la calidad. El encuestador es responsable de comprobar los datos inmediatamente después de haber sido recogidos. Además, el supervisor y el coordinador del trabajo de campo deben realizar controles aleatorios en una fase posterior.

Los controles de calidad para detectar los errores de medición son más complicados, pero son cruciales para comprobar si la información se ha recopilado con precisión. Para detectarse, se pueden incorporar pruebas de consistencia al cuestionario. Además, los supervisores deben efectuar *inspecciones puntuales* y comprobaciones para garantizar que los encuestadores recolecten los datos conforme a las normas establecidas. Los coordinadores del trabajo de campo también deben participar en estas inspecciones para minimizar los conflictos de interés dentro de la empresa encargada de la encuesta.

Cuando se encargue la recolección de datos es fundamental solicitar explícitamente medidas de control de calidad. También se puede considerar la contratación de un organismo externo para auditar la calidad de los datos. Esto puede limitar considerablemente el tipo de problemas que surjan como consecuencia de la falta de supervisión del equipo de recolección de datos.

Procesar y validar los datos

Las encuestas de hogares se hacen normalmente con papel y lápiz, aunque recientemente se ha ido extendiendo la recolección electrónica de datos. En cualquier caso los datos deben digitarse y procesarse. Se debe desarrollar un *programa informático de captura de datos* y un sistema para administrar el flujo de los cuestionarios que se digitarán. Se deben establecer normas y procedimientos, y se debe capacitar a los digitadores para garantizar que su labor sea consistente. En la medida de lo posible, la digitación debe integrarse en las operaciones de recolección de datos (incluso durante la fase de prueba de campo), de manera que cualquier problema pueda identificarse inmediatamente y comprobarse sobre el terreno.

Cuando se trabaja con encuestas realizadas con papel y lápiz, los datos digitados deben ser una réplica de los datos brutos, sin ninguna modificación durante el proceso de digitación. Para minimizar los errores en la digitación de datos, se recomienda un procedimiento de *doble digitación*, que identifica y corrige incongruencias.

Además de estos controles de calidad durante el proceso de digitación de datos, se puede desarrollar software para controlar automáticamente muchos errores no muestrales (tanto falta de respuesta como inconsistencias) que pueden producirse durante la recolección. Si la digitación de datos se integra al trabajo de campo, los datos incompletos o inconsistentes pueden verificarse a través de los trabajadores de campo (Muñoz, 2005, capítulo 15). Este tipo de integración no está desprovista de dificultades para el trabajo de campo, pero puede aportar considerables mejoras de la calidad, disminuir los errores de medición y aumentar la potencia de la evaluación de impacto. El uso de este tipo de método integrado se debe considerar al momento de planear la recolección de datos. Las nuevas tecnologías pueden facilitar estos procesos de control de calidad.

Como hemos visto, la recolección de datos consiste en una serie de operaciones cuya complejidad no se debe infravalorar. El recuadro 12.1 resume cómo el proceso de recolección de datos para la evaluación del proyecto piloto Atención a Crisis en Nicaragua aportó información de gran calidad, con un nivel particularmente bajo de desgaste de la muestra y falta de respuesta, y muy pocos errores de medición y procesamiento. Este tipo de datos de gran calidad solo puede obtenerse cuando se aplican procedimientos de control de calidad y se establecen incentivos adecuados en el momento de encargar la recolección de datos.

Al final del proceso de recolección de datos, la base de datos debe entregarse y respaldarse con documentación detallada, incluido un diccionario completo de los datos. Si estos se han recolectado para una evaluación de impacto, la base de datos debe incluir también información complementaria sobre la pertenencia de cada unidad al grupo de tratamiento o de comparación. Una base de datos completa y documentada acelerará el análisis y el uso de la evaluación de impacto en la formulación de políticas. También facilita el intercambio de información.

Recuadro 12.1: Recolección de datos para la evaluación del proyecto piloto Atención a Crisis en Nicaragua

En 2005, el Gobierno de Nicaragua implementó el proyecto piloto Atención a Crisis. Su objetivo era evaluar el impacto de la combinación de transferencias monetarias condicionadas con transferencias productivas, como donaciones para inversiones en actividades no agrícolas o formación vocacional. El programa piloto Atención a Crisis fue implementado por el Ministerio de Familia, con el respaldo del Banco Mundial.

Para la evaluación, se usó una asignación aleatoria en dos fases. Primero, se asignaron 106 comunidades o bien al grupo de comparación o al grupo de tratamiento. Luego, dentro de las comunidades de tratamiento, se asignó aleatoriamente a hogares elegibles uno de los tres paquetes de beneficios: 1) una transferencia monetaria condicionada; 2) la transferencia monetaria condicionada más una beca para que uno de los miembros del hogar pudiera elegir entre una serie de cursos de formación vocacional, y 3) la transferencia monetaria condicionada más una donación para una inversión productiva que incentivara a los beneficiarios a emprender un pequeño negocio no agrícola, con el objetivo de generar activos y diversificar los ingresos (Macours y Vakis, 2009).

Se realizó una encuesta de línea de base en 2005, una primera encuesta de seguimiento en 2006 y una segunda encuesta de seguimiento en 2008, dos años después del final de la intervención. Se aplicaron controles rigurosos de calidad en todas las fases de la recolección de datos. Primero, los cuestionarios se comprobaron exhaustivamente en el campo, y se capacitó a los encuestadores tanto en las aulas como sobre el terreno. Segundo, se supervisó el trabajo de campo, de manera que todos los cuestionarios fueron revisados varias veces por encuestadores, supervisores, coordinadores del trabajo de campo y otros revisores. Tercero, se usó un sistema de doble digitación, junto con un programa integral de control de calidad que podía detectar los cuestionarios incompletos o inconsistentes. Los cuestionarios con preguntas sin responder o inconsistencias se remitieron sistemáticamente al equipo de campo para su verificación. Estos procedimientos y requisitos se especificaron claramente en los términos de referencia de la empresa encargada de la recolección de datos.

Además, se aplicaron procedimientos detallados de seguimiento para minimizar el desgaste de la muestra. Al principio, se emprendió un censo completo de todos los hogares dentro de las comunidades de tratamiento y de comparación en 2008, en estrecha colaboración con los líderes comunitarios. Dada una considerable movilidad geográfica, se incentivó a la empresa encargada de la encuesta a que hiciera un seguimiento de los migrantes individuales por todo el país. Como consecuencia, en 2009 solo el 2% de los 4359 hogares originales no pudo ser entrevistado. También se encargó a la empresa que diera seguimiento a todas las personas de los hogares encuestados en 2005. Una vez más, no se pudo localizar solo al 2% de los beneficiarios del programa de transferencias (otro 2% había fallecido). El desgaste de la muestra equivalió al 3% de todos los niños de los hogares encuestados en 2005, y al 5% de todas las personas de los hogares encuestados en 2005.

Las tasas de desgaste y de falta de respuesta constituyen un buen indicador de la calidad de la encuesta. Para llegar a estos niveles bajos de desgaste fueron necesarios intensos esfuerzos de la empresa encargada de la recolección de datos, así como incentivos explícitos. El costo por unidad de un hogar o persona bajo seguimiento es mucho mayor. Además, los controles exhaustivos de calidad prolongaron la recolección de datos. Sin embargo, Atención a Crisis mantuvo la representatividad de la muestra tanto a nivel de hogares como de individuos después de tres a cuatro años de la línea de base, minimizó los errores de medición y garantizó la fiabilidad de la evaluación. Por consiguiente, Atención a Crisis es uno de los programas de protección social cuya sostenibilidad es más convincente.

Fuente: Macours y Vakis, 2009.

Nota

1. Véase también Fink y Kosecoff (2008), Iarossi (2006), y Leeuw, Hox y Dillman (2008), que ofrecen numerosas orientaciones prácticas para la recolección de datos.

Referencias

Fink, Arlene G. y Kosecoff, Jacqueline. 2008. *How to Conduct Surveys: A Step by Step Guide*. 4.ª ed. Londres: Sage Publications.

Glewwe, Paul. 2005. "An Overview of Questionnaire Design for Household Surveys in Developing Countries". En *Household Sample Surveys in Developing and Transition Countries*, capítulo 3. Nueva York: Naciones Unidas.

Grosh, Margaret y Glewwe, Paul, comps. 2000. *Designing Household Survey Questionnaires for Developing Countries: Lessons from 15 Years of the Living Standards Measurement Study*. Washington, DC: Banco Mundial.

Iarossi, Giuseppe. 2006. *The Power of Survey Design: A User's Guide for Managing Surveys, Interpreting Results, and Influencing Respondents*. Washington, DC: Banco Mundial.

Kasprzyk, Daniel. 2005. "Measurement Error in Household Surveys: Sources and Measurement". En *Household Sample Surveys in Developing and Transition Countries*, capítulo 9. Nueva York: Naciones Unidas.

Leeuw, Edith; Hox, Joop y Dillman, Don. 2008. *International Handbook of Survey Methodology*. Nueva York: Taylor & Francis Group.

Macours, Karen y Vakis, Renos. 2009. "Changing Household Investments and Aspirations through Social Interactions: Evidence from a Randomized Evaluation". Documento de trabajo del Banco Mundial sobre investigaciones relativas a políticas de desarrollo 5137. Banco Mundial, Washington, DC.

Muñoz, Juan. 2005. "A Guide for Data Management of Household Surveys". En *Household Sample Surveys in Developing and Transition Countries*, capítulo 15. Nueva York: Naciones Unidas.

Naciones Unidas. 2005. *Household Sample Surveys in Developing and Transition Countries*. Nueva York: Naciones Unidas.

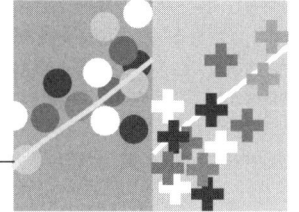

CAPÍTULO 13

Producir y divulgar los resultados

En este capítulo, se revisa el contenido y el uso de los diversos informes producidos en el contexto de una evaluación de impacto. Normalmente, durante la fase de preparación, el gestor de la evaluación prepara un *plan de evaluación de impacto*, que explica en detalle los objetivos, el diseño y las estrategias de muestreo y recolección de datos para la evaluación (el recuadro 13.1 muestra una estructura recomendada para este documento). Los elementos del plan de evaluación ya se analizaron en los capítulos 1 a 12.

Una vez que se ha puesto en marcha la evaluación, los evaluadores producirán una serie de informes, entre ellos el *informe de línea de base*, el *informe de evaluación de impacto* y las *notas de política económica*. También se deben elaborar, como productos finales, bases de datos totalmente documentadas. Una vez que se conozcan los resultados de la evaluación de impacto y se disponga del informe final, será el momento de estudiar cuál es la mejor manera de hacer llegar los resultados a los responsables de políticas y otras partes interesadas. Este capítulo trata sobre la producción y la divulgación de los resultados de la evaluación de impacto.

¿Qué productos generará la evaluación?

Los principales productos de una evaluación son un informe de la evaluación de impacto y una serie de notas de política económica que resumen los resultados fundamentales. Pueden pasar varios años desde el comienzo de la evaluación hasta

Recuadro 13.1 Estructura de un plan de evaluación de impacto

1. Introducción

2. Descripción de la intervención

3. Objetivos de la evaluación

   3.1 Desarrollo de hipótesis, teoría del cambio, cadena de resultados

   3.2 Preguntas sobre políticas

   3.3 Principales indicadores de resultado

4. Diseño de la evaluación

5. Muestreo y datos

   5.1 Estrategia de muestreo

   5.2 Cálculos de potencia

6. Plan de recolección de datos

   6.1 Encuesta de línea de base

   6.2 Encuesta(s) de seguimiento

7. Productos a generar

   7.1 Informe de línea de base

   7.2 Informe de la evaluación de impacto

   7.3 Notas de política económica

   7.4 Base de datos totalmente documentadas

8. Plan de divulgación

9. Cuestiones éticas

10. Cronograma

11. Presupuesto y financiamiento

12. Composición del equipo de evaluación

completar dicho informe, ya que las observaciones de la evaluación solo pueden producirse cuando se disponga de datos de seguimiento. Debido a este lapso, los responsables de políticas suelen solicitar productos de evaluación intermedios, como un informe de línea de base, para contar con información preliminar que apoye el diálogo y las decisiones de políticas públicas[1].

Como se explica en el capítulo 10, el gestor de la evaluación trabajará con los analistas de datos para producir los informes de línea de base y final. Los analistas de datos son expertos en estadísticas y econometría que utilizan software de estadística como Stata, SPSS o R para analizar la evaluación de impacto. Los analistas de datos son responsables de garantizar la calidad, el rigor científico y la credibilidad de los resultados. En este capítulo, no se verá cómo analizar los datos[2], sino que se describirá el alcance de los informes a los que contribuirán los datos.

Producto intermedio: Informe de línea de base

Los principales objetivos de un *informe de línea de base* son determinar si el diseño de la evaluación de impacto elegido resulta válido en la práctica, y describir las características de línea de base (previas a la implementación del programa) y los indicadores de resultados de la población elegible. El informe de línea de base también genera información acerca del programa y sus beneficiarios que puede resultar útil para mejorar tanto la implementación como la evaluación del programa. El recuadro 13.2 describe el contenido sugerido para un informe de línea de base[3].

El informe de línea de base se produce a partir del análisis de una base de datos limpia recolectada antes de comenzar el programa, complementada con datos administrativos sobre la pertenencia de cada unidad al grupo de tratamiento o de comparación. La asignación de hogares, personas o instalaciones al grupo de tratamiento o control se realiza generalmente después de recopilar los datos de línea de base.

Recuadro 13.2: Estructura de un informe de línea de base

1. Introducción

2. Descripción de la intervención (beneficios, reglas de elegibilidad, etc.)

3. Objetivos de la evaluación

    3.1 Hipótesis, teoría del cambio, cadena de resultados

    3.2 Preguntas sobre políticas

    3.3 Principales indicadores de resultado

4. Diseño de la evaluación

    4.1 Diseño original

    4.2 Unidades que participan y no participan en el programa

5. Muestreo y datos

    5.1 Estrategia de muestreo

    5.2 Cálculos de potencia

    5.3 Datos recolectados

6. Validación del diseño de la evaluación

7. Estadísticas descriptivas detalladas

8. Conclusión y recomendaciones para la implementación

Por consiguiente, la pertenencia de cada unidad al grupo de tratamiento o de comparación se suele registrar en una base de datos administrativos distinta. Por ejemplo, se puede organizar un sorteo público para determinar qué comunidades, entre todas las comunidades elegibles en las que se ha levantado una encuesta de línea de base, se beneficiarán de un programa de transferencias monetarias. Para ello, los analistas de datos deben combinar los datos administrativos con los de línea de base. Si la evaluación incluye más de, por ejemplo, 100 unidades elegibles, no será práctico vincular los datos de línea de base con los datos administrativos por nombre. Se tendrá que asignar un número único o *identificador* a cada unidad elegible, para identificarla en todas las fuentes de datos, entre ellas las bases de datos de línea de base y administrativas.

Las primeras secciones del informe de línea de base se centran en el plan de evaluación de impacto para presentar los motivos de la evaluación, la descripción de la intervención (incluidos los beneficios del programa y sus reglas de asignación), los objetivos de la evaluación (incluida la teoría del cambio, las preguntas fundamentales sobre políticas públicas, las hipótesis y los indicadores de resultados del programa) y el diseño de la evaluación. La sección sobre el diseño de la evaluación debe explicar si la asignación de los beneficios del programa se efectuó de manera compatible con el diseño previsto. Dado que la asignación se ejecuta normalmente después de haber terminado la encuesta de línea de base, es recomendable incluir la información sobre la asignación real en el informe de línea de base. La sección sobre muestreo empieza normalmente explicando la estrategia empleada y los cálculos de potencia producidos para el plan de evaluación, antes de pasar a describir en detalle cómo se recolectaron los datos de línea de base y el tipo de información disponible. El informe debe analizar cualquier dificultad encontrada durante la recolección de datos de línea de base, y debe ofrecer indicadores esenciales de la calidad de los datos, como tasas de falta de respuesta. En este sentido, el informe de línea de base subrayará cuestiones fundamentales que deben abordarse en la encuesta de seguimiento. Por ejemplo, si la falta de respuesta fue alta en la encuesta de línea de base, los evaluadores tendrán que desarrollar nuevos procedimientos de campo o de seguimiento para asegurarse de que no vuelva a ocurrir lo mismo durante la encuesta de seguimiento.

Como se ha señalado, el objetivo primordial del informe de línea de base es ofrecer una primera valoración de la validez del diseño de la evaluación en la práctica. En el capítulo 8, se subrayó que la mayoría de los métodos de evaluación solo producen estimaciones válidas del contrafactual bajo supuestos específicos. El recuadro 8.1 (capítulo 8) contiene una lista de pruebas de control que se pueden emplear para determinar si un método es adecuado o no en determinados contextos. Algunas de estas pruebas no requieren datos de seguimiento y se pueden aplicar en cuanto se disponga de datos de línea de base. Por ejemplo, si se usa el método de asignación aleatoria o de oferta aleatoria, el informe de línea de base debe indicar si los grupos de tratamiento y de comparación realmente tienen características similares.

Si la evaluación se basa en el diseño de regresión discontinua, el informe de línea de base debe verificar la continuidad del índice de elegibilidad en torno al umbral. Aunque estas pruebas de control no garantizan que se mantenga la validez del grupo de comparación hasta la encuesta de seguimiento, es crucial que el informe de línea de base los documente.

Además de comprobar la validez del diseño de la evaluación, el informe de línea de base debe incluir cuadros que describan las características de la muestra de evaluación. Esta información puede mejorar la implementación del programa al permitir que los gestores entiendan mejor el perfil de los beneficiarios y adapten la intervención del programa a sus necesidades. Por ejemplo, si conocen el nivel de educación o el promedio de experiencia laboral de los participantes en un programa de capacitación vocacional, los gestores pueden ajustar el contenido de los cursos de formación.

Desde el punto de vista de la evaluación, la encuesta de línea de base suele aportar información de la que no se disponía cuando se definió el plan de evaluación. Imagínese que se está evaluando el impacto de un programa de salud comunitaria sobre la diarrea infantil. Cuando se define el plan de evaluación, puede que no se conozca la incidencia de la diarrea en la comunidad. Por lo tanto, solo se contará con una estimación en el plan de evaluación, sobre la que se basarán los cálculos de potencia. Sin embargo, una vez que se cuente con los datos de línea de base, se podrá verificar la incidencia real de la diarrea en el momento de la línea de base y comprobar, por lo tanto, si la muestra original es adecuada. Si se observa que los valores de línea de base de los indicadores del resultado son diferentes de los que se utilizaron para los cálculos de potencia originales, el informe de línea de base debe incluir una actualización de dichos cálculos.

Para garantizar la credibilidad de los resultados finales de la evaluación, es recomendable dejar que expertos externos revisen el informe de línea de base. La difusión del informe de línea de base también puede fortalecer el diálogo sobre políticas públicas a lo largo del ciclo de evaluación entre las partes interesadas.

Productos finales: Informe de la evaluación de impacto, nota de política económica y base de datos

El *informe final de la evaluación de impacto* es el principal producto de una evaluación y se elabora después de recolectar los datos de seguimiento[4]. Los principales objetivos del informe de evaluación final son presentar los resultados de la evaluación y responder a las preguntas de políticas públicas que se formularon inicialmente. Como complemento, el informe también debe demostrar que la evaluación se basa en estimaciones válidas del contrafactual y que los impactos estimados pueden atribuirse completamente al programa.

El informe final de la evaluación de impacto es un informe exhaustivo que resume todo el trabajo relacionado con la evaluación e incluye descripciones detalladas del análisis de datos y las especificaciones econométricas, así como análisis de los resultados, cuadros y apéndices. El recuadro 13.3 describe el contenido de un informe completo. Existen muchos buenos ejemplos de informes finales, entre ellos Maluccio y Flores (2005), Levy y Ohls (2007) o Skoufias (2005) en relación con programas de transferencias monetarias; Card y otros (2007) sobre un programa de capacitación vocacional para jóvenes; Cattaneo y otros (2009) sobre un programa de vivienda, y Basinga y otros (2010) sobre un programa de pago por desempeño para el sector de la salud.

Como en el informe de línea de base, los evaluadores colaborarán con los analistas de datos para producir el informe final de la evaluación de impacto. Los analistas empezarán por producir una base de datos maestra que contenga la base de datos de línea de base, la base de datos de seguimiento y los datos administrativos sobre la implementación del programa, y datos sobre la asignación original a los grupos de tratamiento y de comparación. Todas estas fuentes deben combinarse usando un identificador único para diferenciar cada unidad.

Dado que el informe final de la evaluación de impacto es el principal producto de la evaluación, debe incorporar la información esencial presentada en el plan de evaluación y el informe de línea de base antes de que se pase a analizar y explicar los

---

Recuadro 13.3: Estructura de un informe de evaluación

1. Introducción
2. Descripción de la intervención (beneficios, reglas de elegibilidad, etc.)
    2.1. Diseño
    2.2 Implementación
3. Objetivos de la evaluación
    3.1 Desarrollo de hipótesis, teoría del cambio, cadena de resultados
    3.2 Preguntas de políticas públicas
    3.3 Principales indicadores de resultado
4. Diseño de la evaluación
    4.1 En la teoría
    4.2 En la práctica
5. Muestreo y datos
    5.1 Estrategia de muestreo
    5.2 Cálculos de potencia
    5.3 Datos recolectados
6. Validación del diseño de la evaluación
7. Resultados
8. Pruebas de robustez
9. Conclusión y recomendaciones políticas

resultados. En concreto, la parte introductoria del informe final debe exponer las razones para la intervención y la evaluación, y describir la intervención (beneficios y reglas de asignación de beneficios), los objetivos de la evaluación (incluidas la teoría del cambio, las preguntas fundamentales de políticas públicas, las hipótesis y los indicadores), el diseño original de la evaluación y la manera como se implementó en la práctica.

En general, la interpretación de los resultados depende fundamentalmente de cómo se implementó la intervención. Por lo tanto, este informe final de la evaluación debe documentar cada detalle. Esto puede hacerse antes de presentar los resultados, describiendo los datos sobre la implementación del programa, obtenidos en las encuestas de seguimiento y de fuentes administrativas complementarias.

En la sección sobre muestreo y datos, se debe describir la estrategia de muestreo y los cálculos de potencia antes de pasar a analizar detenidamente los datos de línea de base y de seguimiento recolectados. Se deben presentar indicadores de la calidad de los datos, como la tasa de no respuesta o el desgaste de la muestra para cada ronda de datos. Si las tasas de no respuesta o de desgaste de la muestra son altas, resulta fundamental que los analistas de datos examinen cómo puede afectar a la interpretación de los resultados. Por ejemplo, es esencial comprobar que las tasas de desgaste y de no respuesta no difieren entre los grupos de tratamiento y de comparación.

Una vez que se han descrito los datos, el informe puede presentar los resultados para todos los indicadores de resultado y todas las preguntas sobre políticas públicas que se identificaron como objetivos de la evaluación. La organización de la sección sobre resultados dependerá de los tipos de preguntas sobre políticas públicas que se pretenda responder. Por ejemplo, ¿la evaluación compara la efectividad de distintas alternativas de programas o solo si una intervención funciona o no? ¿Los responsables de políticas solicitaron un análisis de cómo difieren los impactos entre varios subgrupos? En el caso de las evaluaciones que han sido bien diseñadas e implementadas, con frecuencia es posible presentar los resultados rigurosos de la evaluación de manera fácil e intuitiva.

Como se ha señalado, el informe de la evaluación de impacto debe ofrecer pruebas sólidas de que los impactos estimados son totalmente atribuibles al programa. Por lo tanto, el informe debe examinar detenidamente la validez del diseño de la evaluación. Para demostrar su validez, el primer paso consiste en presentar los resultados de las pruebas de control aplicadas a los datos de línea de base. El informe debe contener también los resultados de todas las pruebas que puedan efectuarse con los datos de seguimiento. Por ejemplo, si se elige el método de diferencias en diferencias, solo se pueden efectuar algunas de las pruebas de control descritas en el recuadro 8.1 (capítulo 8) si se cuenta con los datos de seguimiento.

La sección introductoria del informe de evaluación debe documentar cualquier nueva complicación con el método de evaluación que haya surgido entre las encuestas de línea de base y de seguimiento. Por ejemplo, el incumplimiento de la asignación a los grupos de tratamiento y de comparación tiene importantes consecuencias para el análisis y la interpretación de los resultados y debe analizarse al principio del informe. El informe debe contener también información acerca de cuántas unidades asignadas al grupo de tratamiento participaron efectivamente en el programa y cuántas unidades asignadas al grupo de comparación no participaron en él. Si se ha producido alguna desviación de la asignación original, se debe ajustar el análisis para que tenga en cuenta esta desviación (consúltense las técnicas explicadas en la segunda parte del libro).

En paralelo con las comprobaciones de la validez del diseño de la evaluación, el informe final también sirve para analizar exhaustivamente los resultados, su fiabilidad y su robustez. Debe contener una serie de pruebas de robustez que se correspondan con la metodología de evaluación empleada. Por ejemplo, cuando se apliquen métodos de pareamiento, el informe debe presentar los resultados de la aplicación de técnicas alternativas para encontrar la mejor pareja para cada observación del grupo de tratamiento. El analista de datos es responsable de identificar y presentar las pruebas de robustez más adecuadas para una evaluación específica. Las últimas partes del informe deben responder claramente a cada una de las preguntas sobre políticas públicas formuladas por la evaluación y ofrecer recomendaciones detalladas relativas a políticas a partir de los resultados.

Entender cómo se implementó la intervención es crucial cuando los resultados de la evaluación muestran un impacto limitado o negativo. La falta de resultados o los resultados negativos no son una razón para castigar a los gestores del programa o de la evaluación. En cambio, ofrecen una oportunidad para que los gestores del programa y de la evaluación expliquen por qué no funcionó según lo previsto, lo cual puede generar grandes beneficios para las políticas públicas y deberían recompensarse. La comunicación continua entre el equipo de evaluación y los responsables del programa es especialmente crítica cuando aparecen señales de que una evaluación no producirá resultados o producirá resultados negativos. Las evaluaciones complementarias del proceso de implementación o el trabajo cualitativo pueden ofrecer una explicación valiosa de las razones por las que el programa no logró los resultados previstos. Se debe distinguir claramente la falta de impactos atribuible a la implementación imperfecta del programa de la falta de impactos en un programa bien implementado con un diseño deficiente[5]. En general, las evaluaciones que comprueban programas alternativos resultan muy útiles para esclarecer qué características del diseño del programa funcionan y cuáles no.

En general, el análisis final de los datos debe aportar pruebas convincentes de que los impactos estimados del programa son totalmente atribuibles a la intervención. Para asegurar que los resultados sean totalmente objetivos y garantizar, por lo tanto, su legitimidad, los informes deben someterse a una revisión de expertos y amplias consultas antes de darlos por terminados. El contenido del informe final de la evaluación de impacto puede transformarse luego en documentos académicos más técnicos para su publicación en revistas especializadas, examinadas por expertos, lo que otorgará todavía más credibilidad a los resultados de la evaluación.

Además del informe integral de evaluación, los evaluadores deben elaborar una o dos notas de política económica para contribuir a la comunicación de los resultados a los responsables de políticas y otros agentes. Una nota de política económica se concentra en la presentación de los resultados principales de la evaluación mediante gráficos, diagramas y otros formatos accesibles, y en el análisis de las recomendaciones para el diseño de políticas públicas. También contiene un breve resumen de los aspectos técnicos de la evaluación. La nota de política económica puede publicarse en papel o en la web y distribuirse entre políticos, la sociedad civil y los medios de comunicación. Se pueden consultar algunos buenos ejemplos de notas de política económica en el Laboratorio de Acción contra la Pobreza (Poverty Action Lab) o en la página web de la Red de Desarrollo Humano del Banco Mundial (Laboratorio de Acción contra la Pobreza, 2008; Red de Desarrollo Humano del Banco Mundial, 2010).

El último producto importante de una evaluación de impacto es una base de datos relevante y su documentación. Las herramientas del Instrumental de Gestión de Microdatos de la Red Internacional de Encuestas de Hogares (http://www.ihsn.org) pueden ayudar a conseguir esto. Los responsables de políticas y los evaluadores acordarán normalmente un cronograma para la realización del análisis inicial de impacto y la publicación general de los datos de la evaluación. Poner los datos a disposición del público mejora la transparencia, ya que permite que los resultados de impacto puedan replicarse y validarse externamente. Hacer los datos accesibles públicamente promoverá que investigadores externos también emprendan análisis adicionales utilizando los mismos datos, lo que puede aportar información y lecciones valiosas para el programa. Cuando se publican los datos, es importante garantizar el anonimato de todos los sujetos de estudio; se debe eliminar de las bases de datos a disposición del público cualquier información que pudiera identificar a los encuestados, como nombres o direcciones. Este tipo de información delicada debe protegerse y solo se debe permitir el acceso a ella para actividades autorizadas de recolección de datos en el futuro.

¿Cómo divulgar los resultados?

El objetivo último de las evaluaciones de impacto es aumentar la efectividad de las políticas públicas y mejorar los resultados de desarrollo. Para asegurar que una evaluación de impacto influye en las decisiones sobre políticas, esta debe comunicar sus resultados claramente entre todas las partes interesadas, incluidos los responsables de políticas públicas, la sociedad civil y los medios de comunicación. Frecuentemente, las evaluaciones influyentes incluyen un plan de divulgación detallado que describe cómo mantendrá informadas e involucradas a las principales partes interesadas a lo largo de la evaluación. Dicho plan puede facilitar el uso de los resultados en la formulación de políticas y garantizar que las evaluaciones de impacto tengan resultados reales.

En las fases iniciales del diseño de la evaluación, los evaluadores tienen la primera oportunidad de definir los canales de comunicación que sean más eficaces con los responsables de políticas públicas.

Como se ha repetido, una evaluación depende directamente del diseño y la implementación del propio programa y, por lo tanto, es fundamental que los evaluadores externos y los responsables de políticas que encargan el trabajo colaboren desde el primer minuto. El buen funcionamiento del equipo de evaluación garantizará que esta se adapte a las necesidades de los responsables de políticas, y que se los informe regularmente del progreso y los resultados.

El *plan de divulgación* debe describir la manera en que el equipo de evaluación utilizará los resultados de la evaluación de la mejor manera para ayudar en la toma de decisiones. Como mínimo, los evaluadores deben fomentar el conocimiento de los resultados mediante una comunicación eficaz a las partes interesadas del programa y también externas. Al comienzo de la evaluación, se puede realizar un taller preliminar con los encargados de la ejecución y las principales partes interesadas para estudiar y poner en marcha la evaluación, y así ayudar a crear un consenso acerca de los objetivos principales. Además de ofrecer una plataforma para realizar consultas y garantizar que la evaluación se adapte totalmente a las necesidades de las partes interesadas, dicho evento es importante para sensibilizar acerca de la evaluación y reforzar el interés por conocer los resultados.

Durante la evaluación, las reuniones periódicas de un comité interinstitucional o una mesa redonda permanente pueden contribuir a que el trabajo del equipo de evaluación siga siendo pertinente para los responsables de políticas. Dichos foros de discusión pueden aportar comentarios y orientaciones acerca de los términos de referencia, el contenido del instrumento de encuesta, la divulgación de los resultados o los canales más apropiados para llegar a los responsables de políticas de alto nivel.

La organización de eventos de divulgación de productos intermedios, como un informe de línea de base, es importante para mantener un diálogo activo sobre políticas con los usuarios de la evaluación. El fomento de discusiones tempranas en torno al informe de línea de base contribuye tanto a divulgar los resultados intermedios que resulten pertinentes para las políticas públicas como a garantizar el conocimiento de los futuros resultados de la evaluación.

Antes de terminar el informe de evaluación final, algunos evaluadores prefieren organizar un evento final de consulta para ofrecer a las partes interesadas la oportunidad de comentar los resultados. Estas consultas pueden mejorar la calidad de los resultados de la evaluación, así como su aceptación. Una vez que se hayan publicado el informe final de la evaluación de impacto y las notas de política económica, es fundamental organizar eventos con una gran difusión para asegurar que las partes interesadas tengan un amplio conocimiento de los resultados. Un taller de consulta y divulgación dentro del país, con la participación de las partes interesadas sirve de foro para discutir los resultados, recabar opiniones y describir los posibles cambios que se puedan realizar en las políticas como consecuencia de la evaluación. Después de dicho taller, se puede organizar un encuentro de divulgación en el que participen

Recuadro 13.4: Divulgación de los resultados de la evaluación para mejorar las políticas

La evaluación del pago por desempeño en el sector de la salud en Rwanda es un buen ejemplo de una estrategia exitosa de divulgación. Bajo la dirección del Ministerio de Salud, se formó un equipo compuesto por académicos locales y expertos del Banco Mundial para conducir la evaluación. Varios agentes interesados participaron durante la evaluación desde su puesta en marcha, lo que resultó fundamental para garantizar su éxito y una plena aceptación política. Los resultados finales de la evaluación (Basinga y otros, 2010) se desvelaron durante un evento de divulgación pública de un día, con la participación de responsables de políticas de alto nivel y múltiples partes interesadas. Gracias a estos canales de comunicación, las observaciones influyeron considerablemente en el diseño de la política de salud en Rwanda. Los resultados también se divulgaron en conferencias internacionales y a través de un sitio web.

Fuente: Morgan, 2010.

responsables de políticas del más alto nivel (véase el recuadro 13.4). Si los resultados tienen interés para otros países, pueden divulgarse en conferencias, seminarios y otros encuentros en el extranjero. Otros canales de divulgación innovadores, como las interfaces web, también ayudan a aumentar la visibilidad de los resultados.

En general, para que los resultados influyan eficazmente en el diálogo de las políticas públicas, es importante que la divulgación de los productos de la evaluación de impacto se haga de acuerdo con un plan bien concebido y a lo largo del ciclo de la evaluación. Las evaluaciones de impacto solo pueden cumplir su objetivo último de mejorar la efectividad de los programas sociales si los resultados se comparten adecuadamente con los responsables de políticas y ayudan a tomar decisiones.

Notas

1. Una evaluación puede generar otros productos intermedios. Por ejemplo, el trabajo cualitativo o las evaluaciones de proceso aportan información complementaria muy valiosa antes de la producción del informe final. Aquí nos centraremos en el informe de línea de base porque constituye el principal producto intermedio de las evaluaciones cuantitativas de impacto, el tema de este libro.

2. Khandker y otros (2009) presentan una introducción a la evaluación que incluye una revisión del análisis de datos y las instrucciones correspondientes de Stata para cada método de evaluación de impacto.

3. La estructura es indicativa y se puede adaptar en función de las características de cada evaluación, por ejemplo, modificando el orden o el contenido de diversas secciones.

4. En los casos en que se recolecten múltiples rondas de datos, se puede producir un informe de la evaluación de impacto para cada ronda, y se pueden comparar los resultados para destacar si los impactos del programa son sostenibles o varían en función de la duración de la participación en el programa.

5. Como se explica en el capítulo 1, esta es una razón por la que las pruebas de eficacia que minimizan las dificultades en la implementación del programa ayudan a determinar si cierto diseño del programa funciona en circunstancias ideales. Una vez que se haya documentado esta "prueba del concepto", se puede expandir el programa piloto.

Referencias

Basinga, Paulin; Gertler, Paul J.; Binagwaho, Agnes; Soucat, Agnes L. B.; Sturdy, Jennifer R. y Vermeersch, Christel M. J. 2010. "Paying Primary Health Care Centers for Performance in Rwanda". Documento de trabajo del Banco Mundial sobre investigaciones relativas a políticas de desarrollo 5190. Banco Mundial, Washington, DC.

Card, David; Ibarraran, Pablo; Regalia, Ferdinando; Rosas, David y Soares, Yuri. 2007. "The Labor Market Impacts of Youth Training in the Dominican Republic: Evidence from a Randomized Evaluation". NBER Working Paper 12883. National Bureau of Economic Research, Washington, DC.

Cattaneo, Matías; Galiani, Sebastián; Gertler, Paul; Martínez, Sebastián y Titiunik, Rocío. 2009. "Housing, Health and Happiness". *American Economic Journal: Economic Policy* 1 (1): 75-105.

Khandker, Shahidur R.; Koolwal, Gayatri B. y Samad, Hussein A. 2009. *Handbook on Impact Evaluation: Quantitative Methods and Practices*. Washington, DC: Banco Mundial.

Laboratorio de Acción contra la Pobreza. 2008. "Solving Absenteeism, Raising Test Scores". Policy Briefcase 6. http://www.povertyactionlab.org.

Levy, Dan y Ohls, Jim. 2007. "Evaluation of Jamaica's PATH Program: Final Report". Ref. n.º 8966-090, Mathematica Policy Research, Inc., Washington, DC.

Maluccio, John y Flores, Rafael. 2005. "Impact Evaluation of a Conditional Cash Transfer Program: The Nicaraguan Red de Protección Social". Informe de investigación 141. Instituto Internacional de Investigación sobre Políticas Alimentarias, Washington, DC.

Morgan, Lindsay. 2010. "Signed, Sealed, Delivered? Evidence from Rwanda on the Impact of Results-Based Financing for Health". HRBF Policy Brief. B anco Mundial, Washington, DC.

Red de Desarrollo Humano del Banco Mundial. 2010. "Does Linking Teacher Pay to Student Performance Improve Results?". Serie de notas sobre políticas 1. Banco Mundial, Washington DC. http://www.worldbank.org/hdchiefeconomist.

Skoufias, Emmanuel. 2005. "Progresa y sus efectos sobre el bienestar de las familias rurales en México". Informe de investigación 139. Instituto Internacional de Investigación sobre Políticas Alimentarias, Washington, DC.

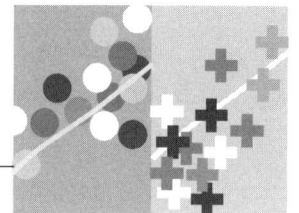

CAPÍTULO 14

Conclusión

Este libro es una guía práctica para el diseño y la implementación de evaluaciones de impacto. Está dirigido a tres audiencias principales: 1) responsables de políticas que consumen la información generada por las evaluaciones de impacto; 2) administradores de proyectos y profesionales del desarrollo que encargan las evaluaciones, y 3) técnicos que diseñan e implementan las evaluaciones de impacto. Esencialmente, una evaluación de impacto consiste en generar evidencias sobre qué políticas sociales funcionan y cuáles no. Esto se puede hacer dentro de un marco clásico de evaluación de impacto, comparando indicadores de resultados para un grupo de beneficiarios y un grupo comparable que no participó del programa. También se pueden realizar evaluaciones de impacto para examinar alternativas de implementación dentro de un programa o analizar diferentes programas para comparar su desempeño.

Las evaluaciones de impacto son una inversión justificada para muchos programas. Combinadas con el monitoreo y otras formas de evaluación, permiten entender claramente la efectividad de las políticas públicas. En este libro se presentaron metodologías para la evaluación de impacto, cada una de ellas con sus propias ventajas e inconvenientes en términos de implementación, políticas, requisitos financieros e interpretación de resultados. Se señaló que el mejor método se debe elegir en función del contexto operativo, y no a la inversa. Finalmente, se ofrecieron algunos consejos prácticos y orientaciones que sirven de ayuda durante el proceso de evaluación y facilitan que los resultados de la evaluación se aprovechen al máximo.

Las evaluaciones de impacto son iniciativas complejas con muchos componentes. La siguiente lista de control destaca los elementos esenciales de una evaluación bien diseñada, que debería incluir lo siguiente:

✓ Una pregunta concreta sobre políticas públicas, basada en una teoría del cambio, que pueda responderse mediante una evaluación de impacto.

✓ Una estrategia válida de identificación, congruente con las reglas operativas del programa, que muestre la relación causal entre el programa y unos indicadores de resultados de interés.

✓ Una muestra con suficiente potencia que permita la detección de impactos pertinentes para las políticas y una muestra representativa que permita generalizar los resultados a toda la población de interés.

✓ Una fuente de datos de gran calidad que aporte las variables necesarias para el análisis de los grupos, tanto de comparación como de tratamiento, mediante datos de línea de base y de seguimiento.

✓ Un equipo de evaluación bien formado, que colabore estrechamente con los responsables de políticas y el personal del programa.

✓ Un informe de evaluación de impacto y notas de políticas que permitan divulgar las evidencias obtenidas entre audiencias no especializadas pero clave para mejorar el diseño de los programas evaluados y para informar el diálogo sobre políticas de desarrollo.

También se subrayaron algunos consejos esenciales para mitigar los riesgos inherentes a la implementación de una evaluación de impacto:

✓ Es mejor diseñar las evaluaciones de impacto al principio del ciclo del proyecto, idealmente como parte del diseño y preparación del programa. La planificación temprana permite diseñar la evaluación basándose en la mejor metodología disponible, y disponer del tiempo necesario para planificar y llevar a cabo la recolección de datos de línea de base antes del comienzo del programa.

✓ Los resultados finales acerca el impacto del programa deben también complementarse con otras informaciones, particularmente una evaluación de proceso y datos de monitoreo que ofrezcan una clara descripción de la implementación del programa. Cuando los programas logran su objetivo, es importante entender las razones; cuando no, es importante distinguir entre los programas mal implementados y los que tienen un diseño deficiente.

✓ Recolectar datos de línea de base e incorporar una metodología de respaldo para la evaluación de impacto. Si se invalida el diseño original de la evaluación, por ejemplo si el grupo de comparación recibe beneficios del programa, un plan de respaldo puede evitar que se descarte totalmente la evaluación.

✓ Mantener identificadores comunes para las diferentes fuentes de datos, de modo que puedan ser fácilmente vinculados durante los análisis. Por ejemplo, un hogar determinado debe tener el mismo identificador en los sistemas de monitoreo y en las encuestas de línea de base y de seguimiento.

✓ Las evaluaciones de impacto son igual de útiles para aprender acerca del funcionamiento de los programas y comprobar alternativas programáticas que para evaluar el impacto general de un conjunto único de bienes y servicios. Al desagregar un programa, por grande que sea, los programas universales pueden aprender mucho de la puesta a prueba de componentes innovadores mediante evaluaciones de impacto bien diseñadas. La incorporación de una innovación adicional del programa como prueba piloto en el contexto de una evaluación más grande puede hacer que se aproveche la evaluación para generar información valiosa para tomar decisiones en el futuro.

✓ Las evaluaciones de impacto deben considerarse un componente más de las operaciones de un programa y se deben dotar del personal y el presupuesto adecuados, con los recursos técnicos y financieros necesarios. Es mejor ser realista en cuanto a los costos y la complejidad que conlleva una evaluación de impacto. El proceso de diseño de una evaluación y de recolección de datos de línea de base desde cero tardará normalmente al menos un año. Cuando un programa comienza, la intervención necesita un período suficiente de exposición para afectar los resultados. Según del programa, esto puede tardar entre uno y cinco o más años. La realización de una o más encuestas de seguimiento, la ejecución del análisis y la divulgación conllevarán también un esfuerzo considerable de varios meses. En conjunto, el ciclo completo de una evaluación de impacto, de principio a fin, acarrea normalmente al menos tres o cuatro años de trabajo y dedicación intensos. Es necesario contar con recursos financieros y técnicos adecuados en cada fase del proceso.

Cada evaluación de impacto ofrece respuestas concretas a preguntas específicas sobre políticas. Aunque estas preguntas aportan información en primer lugar a las necesidades del organismo que encarga y financia la evaluación, también suministran información valiosa para actores de otras organizaciones o países que pueden aprender y tomar decisiones basadas en la evidencia generada por la evaluación. Por ejemplo, los programas más recientes de transferencias monetarias condicionadas en África, Asia y Europa han extraído lecciones de las evaluaciones de impacto de intervenciones similares llevadas a cabo en el pasado en América Latina, como los programas Familias en Acción de Colombia y Progresa de México. En este sentido, las evaluaciones de impacto son en parte un bien público global. La evidencia generada mediante una evaluación de impacto se suma al conocimiento global sobre la cuestión evaluada. Esta base de conocimientos puede a su vez influir en la toma de decisiones en otros países y contextos. De hecho, la comunidad internacional ha incrementado su respaldo a la evaluación rigurosa.

A nivel nacional, los Gobiernos más sofisticados y exigentes intentan demostrar los resultados de las políticas y rinden más cuentas ante sus ciudadanos. Cada vez más las evaluaciones son ejecutadas por ministerios sectoriales nacionales, entidades públicas subnacionales y otros organismos oficiales establecidos para dirigir un programa nacional de evaluación, como el Consejo Nacional de Evaluación de la Política de Desarrollo Social (CONEVAL) de México y el Departamento de Monitoreo del Desempeño y Evaluación de Sudáfrica. La evidencia generada por las evaluaciones de impacto influye cada vez más en las asignaciones presupuestarias de los parlamentos a nivel nacional. En los sistemas en los que se juzgan los programas en función de evidencias concretas y resultadas finales, los programas con una sólida base de evidencias empíricas podrán prosperar, mientras que los que carezcan de este respaldo tendrán más dificultades para mantener el financiamiento.

Las instituciones multilaterales como el Banco Mundial y los bancos regionales de desarrollo, así como las agencias nacionales de desarrollo, los Gobiernos donantes y las instituciones filantrópicas para el desarrollo, también exigen más y mejor evidencia de que se está dando un uso efectivo a sus recursos. Dicha evidencia es necesaria para rendir cuentas a los que prestan o donan el dinero, así como para tomar decisiones acerca de la mejor manera de invertir los escasos recursos para el desarrollo. El número de evaluaciones de impacto emprendidas por organismos de desarrollo ha aumentando considerablemente en los últimos años. El gráfico 14.1 refleja el número de evaluaciones de impacto terminadas o en curso dentro del Banco Mundial entre 2004 y 2010, por región. Es probable que la tendencia positiva se mantenga.

Cada vez es más frecuente que aparezcan instituciones dedicadas principalmente a la producción de evaluaciones de impacto de gran calidad, incluidos institutos académicos como el Laboratorio de Acción contra la Pobreza (Poverty Action Lab), Innovaciones para la Acción contra la Pobreza (Innovations for Poverty Action) y el Centro de Evaluación para la Acción Global (Center of Evaluation for Global Action), y organizaciones independientes que promueven las evaluaciones de impacto, como la International Initiative for Impact Evaluation. Una serie de asociaciones relacionadas con la evaluación de impacto reúnen ahora a grupos de profesionales de la evaluación, investigadores y responsables de políticas interesados en el tema, entre ellos la Red de Redes para la Evaluación de Impacto (Network of Networks on Impact Evaluation) y asociaciones regionales como la Asociación Africana de Evaluación (African Evaluation Association) y la Red de Evaluación de la Asociación de Economía de América Latina y el Caribe. Todas estas iniciativas demuestran la importancia creciente de la evaluación de impacto en la política internacional de desarrollo[1].

Considerando este aumento de la evaluación de impacto, independientemente de que usted se dedique profesionalmente a las evaluaciones, contrate evaluaciones de impacto o use sus resultados para tomar decisiones, el dominio del lenguaje de las evaluaciones de impacto es una habilidad cada vez más indispensable para cualquier profesional del desarrollo. Las evidencias rigurosas como las generadas mediante evaluaciones de impacto pueden ser uno de los factores impulsores del diálogo sobre

**Gráfico 14.1   Número de evaluaciones de impacto en el Banco Mundial
por región, 2004-10**

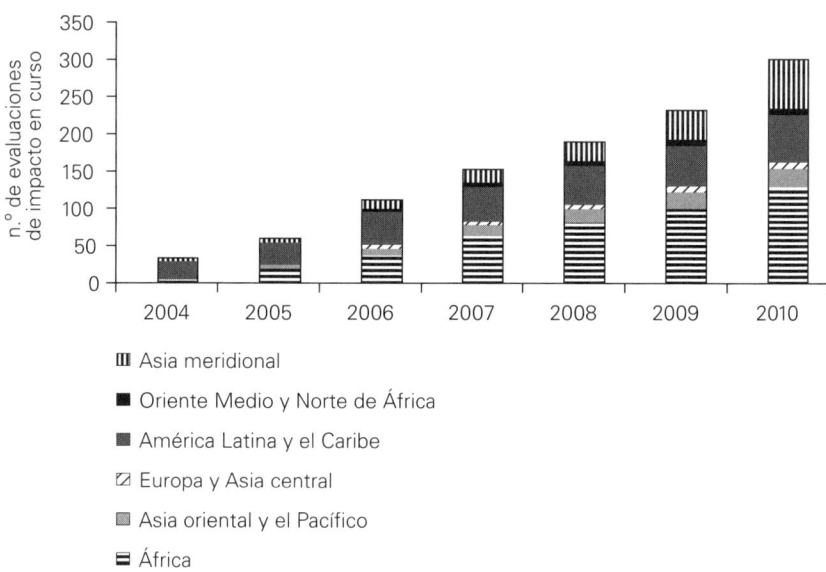

- ⫿ Asia meridional
- ■ Oriente Medio y Norte de África
- ▦ América Latina y el Caribe
- ▨ Europa y Asia central
- ▨ Asia oriental y el Pacífico
- ☰ África

Fuente: Banco Mundial.

políticas de desarrollo, y constituyen la base para respaldar o rechazar inversiones en programas o políticas de desarrollo. Las evidencias obtenidas en evaluaciones anteriores permiten a los administradores de proyectos adoptar decisiones informadas sobre cómo lograr resultados de manera costo-efectiva. El responsable de políticas, equipado con la evidencia de una evaluación de impacto, tiene la tarea de completar el proceso incorporando estos resultados al proceso de toma de decisiones. Este tipo de evidencia puede informar los debates, las opiniones y, en última instancia, las decisiones de los Gobiernos, las instituciones multilaterales y los donantes acerca de la inversión de los recursos humanos y financieros.

La formulación de políticas basada en evidencias consiste fundamentalmente en reprogramar los presupuestos para expandir programas con mayor costo-efectividad, eliminar los programas menos costo-efectivos y mejorar los diseños de los programas a partir de las evidencias disponibles. La evaluación de impacto no es puramente académica: se basa en la necesidad de responder a preguntas sobre políticas que afectan las vidas cotidianas de la población. Las decisiones sobre la mejor manera de gastar recursos escasos en programas de lucha contra la pobreza, salud, educación, protección social, microcrédito, agricultura y otras iniciativas para el desarrollo pueden mejorar el bienestar en el mundo. Es vital que esas decisiones se valgan de las evidencias más rigurosas.

Nota

1. Para una lectura adicional, puede consultarse Savedoff, Levine y Birdsall (2006).

Referencias

Legovini, Arianna. 2010. "Development Impact Evaluation Initiative: A World Bank–Wide Strategic Approach to Enhance Development Effectiveness". Proyecto de informe para los vicepresidentes de operaciones. Banco Mundial, Washington, DC.

Savedoff, William; Levine, Ruth y Birdsall, Nancy. 2006. "When Will We Ever Learn? Improving Lives through Impact Evaluation". CGD Evaluation Gap Working Group Paper. Center for Global Development, Washington, DC. http://www.cgdev.org/content/publications/detail/7973.

GLOSARIO

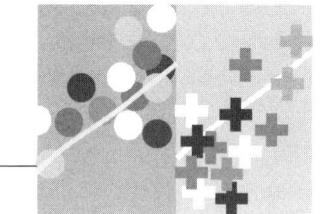

Los términos definidos en el glosario están en negrita.

Actividad. Medidas adoptadas o trabajo realizado para generar **productos** específicos. Implica la movilización de **insumos** tales como recursos financieros, asistencia técnica o de otro tipo.

Análisis de costo-beneficio. Cálculos de los costos y beneficios previstos en el programa, que se usan para valorar o evaluar propuestas de proyectos antes de llevarlos a cabo. Un análisis costo-beneficio también se puede realizar después de una **evaluación de impacto** si se dispone de información sobre los costos y si los beneficios se pueden cuantificar en términos monetarios.

Asignación aleatoria o diseños de controles aleatorios. La asignación aleatoria se considera el método más robusto para la estimación de **contrafactuales** y se presenta con frecuencia como la "regla de oro" de la **evaluación de impacto**. Con este método, se selecciona aleatoriamente a los beneficiarios de una intervención, de manera que cada uno de los individuos de la población elegible tenga la misma posibilidad de beneficiarse del programa. Con un tamaño suficientemente grande de **muestra**, el proceso de asignación aleatoria garantiza que las características, tanto observadas como no observadas, de los grupos de tratamiento y control sean equivalentes, lo que resuelve cualquier **sesgo en la selección.**

Cadena de resultados. La cadena de resultados determina la lógica del programa y explica la manera en que se logra el objetivo final de desarrollo. Muestra las relaciones entre los **insumos**, las actividades, los **productos** y los **resultados.**

Cálculos de potencia. Los cálculos de **potencia** indican el tamaño de la **muestra** necesario para que una **evaluación** detecte cierto **efecto mínimo deseado.** Los cálculos de potencia dependen de parámetros como la potencia de la estimación (o la probabilidad de un **error de tipo II**), el **nivel de significancia**, la varianza y la **correlación intragrupos (intraconglomerados) del resultado** de interés de la evaluación.

Comparación antes-después. Este tipo de comparación, conocida también como "comparación previa-posterior" o "comparación reflexiva", intenta establecer el impacto de un programa haciendo un seguimiento de los cambios en los **resultados** para los beneficiarios del programa a lo largo del tiempo, utilizando mediciones anteriores y posteriores a la implementación del programa o la política.

Conglomerado (o *cluster*). Un conglomerado o cluster es un grupo de unidades con algún tipo de similitud. Por ejemplo, en un **muestreo** de niños en edad escolar, los que asisten a la misma escuela pertenecen a un mismo conglomerado o cluster porque comparten el mismo centro escolar, los mismos profesores y viven en el mismo barrio.

Contrafactual. El contrafactual es una estimación de cuál habría sido el **resultado** (Y) en las variables de interés para un participante en el programa, si este no hubiera tomado el programa (P). Por definición, el contrafactual no se puede observar. Por lo tanto, hay que estimarlo utilizando los **grupos de comparación o control.**

Correlación intraconglomerado. La correlación intraconglomerado es la correlación (o similitud) en los **resultados** o las características de las unidades que pertenecen al mismo conglomerado. Por ejemplo, los niños que asisten a la misma escuela tendrán, en muchas ocasiones, características similares o correlaciones en términos de la zona de residencia y el contexto socioeconómico.

Costo-efectividad. La determinación de la costo-efectividad consiste en comparar intervenciones similares de acuerdo con los costos y la eficacia. Por ejemplo, las **evaluaciones de impacto** de varios programas educativos permiten a los encargados de tomar decisiones políticas adoptar decisiones más informadas acerca de qué intervención puede lograr los objetivos deseados más eficazmente, teniendo en cuenta el contexto y las limitaciones particulares.

Datos censales. Los datos que cubren todas las unidades de la **población de interés** (o universo). Se diferencia de los **datos de encuestas,** que solo cubren una parte de la población.

Datos de encuesta. Los datos correspondientes a una **muestra** de la población de interés. Se diferencia de los **datos censales.**

Desgaste de la muestra (*attrition*). El desgaste de la muestra se produce cuando se pierden algunas unidades de la **muestra** entre una ronda de datos y la siguiente, por ejemplo, cuando hay personas que emigran y no se las localiza de una ronda a la siguiente. El desgaste de la muestra es un caso de **falta de respuesta** de la unidad. El desgaste de la muestra puede sesgar la **evaluación de impacto** si se correlaciona con el tratamiento.

Diferencias en diferencias. También conocida como "doble diferencia" o "DD". El método de diferencias en diferencias estima el **contrafactual** del cambio en el **resultado** de interés antes y después del programa en el **grupo de tratamiento** mediante el cambio de los mismos resultados de interés antes y después del programa en el **grupo de comparación.** Este método nos permite tener en cuenta y hacer desaparecer cualquier diferencia constante en el tiempo entre los grupos de tratamiento y de comparación. Las dos diferencias que se calculan son por lo tanto entre los momentos de antes y después, y entre los grupos de tratamiento y de comparación.

Diseño de regresión discontinua (DRD) (*Regression Discontinuity Design, RDD*). El diseño de regresión discontinua es un método de **evaluación** no experimental. Es adecuado para los programas que emplean un índice continuo para clasificar a los posibles beneficiarios y que incorporan un umbral al índice para determinar si dichos beneficiarios reciben o no el programa. Este umbral para la elegibilidad al programa constituye un punto de división entre los **grupos de tratamiento** y los **grupos de comparación.**

Efecto. Cambio intencionado o no intencionado en las variables, que se debe, directa o indirectamente, a una intervención.

Efecto de desbordamiento (*spillover effect*). Denominado también contaminación del **grupo de comparación.** Se produce un efecto de desbordamiento cuando el grupo de comparación se ve afectado por el tratamiento administrado al **grupo de tratamiento,** a pesar de que el tratamiento no se ha administrado directamente al grupo de comparación. Si el efecto de desbordamiento sobre el grupo de comparación es negativo (es decir, si sufren como consecuencia del programa), la diferencia directa entre los **resultados** del grupo de tratamiento y los grupos de comparación provocará una sobreestimación del impacto del programa. Por el contrario, si el efecto de desbordamiento sobre el grupo de comparación es positivo (es decir que resultan beneficiados), se producirá una subestimación del impacto del programa.

Efecto Hawthorne. El "**efecto** Hawthorne" se produce cuando, por el simple hecho de ser observadas, las unidades se comportan de manera diferente.

Efecto John Henry. El efecto John Henry se produce cuando las unidades de la comparación se esfuerzan más para compensar que no les han ofrecido tratamiento. Cuando se comparan las unidades tratadas con las unidades de la comparación que se esfuerzan más, la estimación del impacto del programa resulta sesgada; es decir, estimamos un impacto menor del programa en comparación con el impacto real que obtendríamos si las unidades de la comparación no realizaran un esfuerzo adicional.

Efecto mínimo deseado. El cambio mínimo en los **resultados** que justificaría la inversión que se ha realizado en una intervención, teniendo en cuenta no solo el costo del programa y los beneficios que aporta, sino también el costo de oportunidad que conlleva no invertir los fondos en una intervención alternativa. El **efecto** mínimo deseado es un insumo para los **cálculos de la potencia;** es decir, las **muestras** de la **evaluación** tienen que ser suficientemente grandes para detectar al menos el efecto mínimo deseado con suficiente **potencia.**

Encuesta de seguimiento. También conocida como "posterior a la intervención" o encuesta "ex post". Una encuesta realizada después del comienzo del programa, una vez que los beneficiarios lleven algún tiempo beneficiándose de este. Una **evaluación de impacto** puede incluir varias encuestas de seguimiento.

Error de tipo I. El error que se comete cuando se rechaza una **hipótesis nula** a pesar de su validez. En el contexto de una **evaluación de impacto,** se comete un error del tipo I cuando una **evaluación** concluye que un programa ha tenido un impacto (es decir, se rechaza la hipótesis nula del impacto), a pesar de que el programa no ha tenido impacto en realidad (es decir, la hipótesis nula es válida). El **nivel de significancia** determina la probabilidad de que se cometa un error de tipo I.

Error de tipo II. El error que se comete cuando se acepta (en lugar de rechazar) una **hipótesis nula** a pesar de que no es válida. En el contexto de una **evaluación de impacto,** se comete un error de tipo II cuando se concluye que un programa no ha tenido impacto (es decir, no se rechaza la hipótesis nula del impacto), a pesar de que el programa sí ha tenido impacto (es decir, la hipótesis nula no es válida). La probabilidad de cometer un error de tipo II equivale a 1 menos el nivel de **potencia.**

Estimador. En estadística, un estimador es una función que se emplea para calcular un parámetro desconocido de la población; una estimación es el resultado de la aplicación de esta función a una **muestra** particular de datos.

Estimador de la intención de tratar (IDT). El **estimador** de la IDT es la diferencia del **indicador** del **resultado** (Y) entre el grupo al que se le ha ofrecido el programa (o al que se intentó tratar) y el grupo al que no se le ha ofrecido el programa. Se diferencia del estimador del **tratamiento en los tratados.**

Evaluación. Las evaluaciones son exámenes periódicos y objetivos de un proyecto, programa o política programada, en curso o completada. Las evaluaciones se usan para responder a preguntas específicas, relacionadas con frecuencia con el diseño, la ejecución y los resultados.

Evaluación de impacto. Una **evaluación** de impacto es una evaluación que intenta establecer una relación causal entre un programa o una intervención y una serie de **resultados.** Una evaluación de impacto pretende responder a la pregunta de si el programa es responsable de los cambios en los resultados de interés. Se diferencia de la **evaluación de proceso.**

Evaluación de proceso. Una **evaluación** de proceso es una evaluación que intenta establecer el nivel de calidad o éxito de los procesos de un programa; por ejemplo, la idoneidad de los procesos administrativos, el grado de aceptación de los beneficios del programa, la claridad de la campaña informativa, las dinámicas internas de las organizaciones ejecutoras, sus instrumentos de políticas, sus mecanismos de prestación de servicios, sus prácticas de gestión y las relaciones entre ellas. Se diferencia de la **evaluación de impacto.**

Falta de respuesta. En una encuesta, cuando faltan datos o están incompletos. La falta de respuesta a nivel de unidades ocurre cuando no se dispone de información para algunas unidades de la **muestra**, es decir, cuando la muestra real es diferente de la muestra programada. El **desgaste de la muestra** es una forma de falta de respuesta a nivel de unidades. La falta de respuesta a nivel de variables se produce cuando los datos de algunas unidades de la muestra están incompletos en algún momento. La falta de respuesta puede provocar **sesgo** en los resultados de la **evaluación** si está asociada con el tratamiento.

Grupo de comparación. También conocido como "grupo de control". Un grupo de comparación válido debe tener las mismas características que el grupo de beneficiarios del programa (**grupo de tratamiento**). La única diferencia entre ambos grupos debe de ser que el grupo de comparación no se beneficia del programa que se quiere evaluar. Los grupos de comparación se utilizan para estimar el **contrafactual.**

Grupo de tratamiento. También conocido como grupo tratado o grupo de intervención. El grupo de tratamiento es el conjunto de unidades que se beneficia de una intervención, a diferencia del **grupo de comparación,** que no se beneficia.

Hipótesis. Una hipótesis es una explicación propuesta de un fenómeno observable. Véase también **hipótesis nula** e **hipótesis alternativa.**

Hipótesis alternativa. En la **evaluación de impacto,** la hipótesis alternativa es normalmente la hipótesis de que la **hipótesis nula** es falsa; en otras palabras, que la intervención tiene un impacto sobre los **resultados.**

Hipótesis nula. Una **hipótesis** nula es una hipótesis que puede ser falsificada sobre la base de los datos observados. La hipótesis nula propone normalmente una posición general o por defecto. En la **evaluación de impacto,** la hipótesis nula suele ser que no hay diferencia entre los grupos de tratamiento y de control, o dicho de otro modo, que la intervención no tiene impacto sobre los **resultados.**

Indicador. Un indicador es una **variable** que mide un fenómeno de interés para el evaluador. El fenómeno puede ser un **insumo,** un **producto,** un **resultado,** una característica o un atributo.

Insumos (o *inputs*). Los recursos financieros, humanos y materiales que se emplean en la implementación de una programa o una intervención de desarrollo.

Línea de base. Previa a la intervención, ex ante. La situación previa a una intervención, con respecto a la cual se puede valorar el progreso o se pueden hacer comparaciones. La línea base se recopila antes de la implementación de un programa o una política para observar la situación "antes".

Marco muestral. La lista más exhaustiva de unidades de la **población de interés** (universo) que puede obtenerse. Las diferencias entre el marco muestral y la población de interés generan un **sesgo** (en el **muestreo**). Cuando existe un **sesgo** en la cobertura, los resultados de la **muestra** no tienen **validez externa** para la totalidad de la población de interés.

Métodos de selección aleatoria. Los métodos de selección aleatoria consisten en el conjunto de métodos que utilizan la asignación aleatoria para identificar el **contrafactual.** Entre ellos están la **asignación aleatoria** del tratamiento, la **oferta aleatoria** del tratamiento y la **promoción aleatoria.**

Monitoreo (o seguimiento). El monitoreo es el proceso continuo de recolección y análisis de información para valorar el nivel de desempeño de un proyecto, un programa o una política. Utiliza principalmente datos administrativos para comparar el desempeño con los resultados previstos, hacer comparaciones entre programas y analizar tendencias en el tiempo. El monitoreo se centra habitualmente en los **insumos**, las actividades y los **productos**, aunque ocasionalmente también incluye los **resultados.** El seguimiento se utiliza para informar la toma de decisiones rutinarias, especialmente de gestión.

Muestra. En estadística, una muestra es un subgrupo de una población. Normalmente, la población es muy numerosa, lo que hace impracticable o imposible realizar un **censo** o una enumeración completa de todas las unidades en la población. En su lugar, los investigadores pueden seleccionar un subgrupo representativo de la población (utilizando un marco muestral) y recopilar estadísticas sobre la muestra; estas estadísticas pueden usarse para hacer inferencias o extrapolarlas a la población. El proceso se denomina **muestreo.**

Muestra aleatoria. La mejor manera de evitar una **muestra** sesgada o no representativa es seleccionar una muestra aleatoria. Una muestra aleatoria es una muestra probabilística en la que cada unidad de la población muestreada tiene la misma probabilidad de ser seleccionada.

Muestra de conglomerados o *clusters*. Una **muestra** obtenida extrayendo una **muestra aleatoria** de conglomerados o clusters, después de lo cual se pueden seleccionar todas las unidades que forman los conglomerados en la muestra, o se puede extraer aleatoriamente una serie de unidades dentro de cada **conglomerado** seleccionado. Cada conglomerado tiene una probabilidad definida de resultar seleccionado, y las unidades dentro de un conglomerado seleccionado también tienen una probabilidad definida de resultar seleccionadas.

Muestra estratificada. Se obtiene dividiendo a la población de interés (**marco muestral**) en grupos (por ejemplo, hombres y mujeres), y extrayendo a continuación una **muestra aleatoria** dentro de cada grupo. Una **muestra** estratificada es una muestra probabilística: cada unidad dentro de cada grupo (o estrato) tiene la misma probabilidad de ser extraída.

Muestreo. El proceso mediante el cual se extraen unidades de un **marco muestral** producido a partir de la **población de interés** (universo). Se pueden utilizar varios procedimientos alternativos de muestreo. Los métodos de muestreo probabilístico son los más rigurosos porque asignan una probabilidad bien definida a la selección de cada unidad. Entre los métodos de muestreo probabilístico están el muestreo aleatorio simple, el muestreo aleatorio estratificado y el muestreo por conglomerados o *clusters*. El muestro no probabilístico (como el muestreo de conveniencia o por juicio) puede generar errores de muestra.

Nivel de significancia. El nivel de significancia se señala habitualmente con el símbolo griego α (alfa). Los niveles más habituales de significancia son del 5% (0,05), 1% (0,01) y 0,1% (0,001). Si una prueba de significancia resulta en un valor *p* inferior al nivel α, se rechaza la **hipótesis nula.** Dichos resultados se definen informalmente como "estadísticamente significativos". Cuanto menor sea el nivel de significancia, mayor será el nivel de evidencia. La elección del nivel de significancia es una tarea arbitraria, pero en el caso de muchas aplicaciones, se elige un nivel del 5% simplemente porque se trata de un nivel convencional.

Oferta aleatoria. La oferta aleatoria es un método para identificar el impacto de una intervención. Con este método, se ofrece aleatoriamente a los beneficiarios una intervención, y cada uno de ellos tiene la misma posibilidad de beneficiarse del programa. Aunque el administrador del programa puede seleccionar aleatoriamente a las unidades a las que va a ofrecer el tratamiento entre el universo de unidades elegibles, no puede obtener un nivel de cumplimiento perfecto: no puede forzar a ninguna unidad a participar o aceptar el tratamiento y no puede negar la participación de una unidad que insista en ello. Con este método, la oferta aleatoria del programa se usa como una **variable instrumental** de la participación real en el programa.

Pareamiento (o emparejamiento). El pareamiento, *"matching"* o emparejamiento consiste en un método de **evaluación** no experimental que usa grandes series de datos y técnicas estadísticas complejas para construir un **grupo de comparación** para cierto **grupo de tratamiento.**

Población de interés. El conjunto de unidades elegibles para una intervención o un tratamiento. La población de interés se denomina a veces el universo.

Potencia. La potencia estadística es la probabilidad de detectar un impacto cuando este se haya producido. La potencia de una prueba es equivalente a 1 menos la probabilidad de que exista **error de tipo II,** y va de 0 a 1. Los niveles más habituales de potencia son 0,8 y 0,9. Altos niveles de potencia son más conservadores y disminuyen la probabilidad de que exista un error de tipo II. Una **evaluación de impacto** tiene una potencia elevada si existe poco riesgo de que no se detecten los impactos reales del programa, es decir, de cometer un error de tipo II.

Potencia estadística. La **potencia** de un test estadístico es la probabilidad de que se rechace la **hipótesis nula** cuando se confirme la **hipótesis alternativa** (es decir, que no cometerá un **error de tipo II**). Con el aumento de la potencia se reducen las probabilidades de un error de tipo II. La probabilidad de un error del tipo II se define como el riesgo de negativos falsos (β). Por lo tanto, la potencia equivale a 1 – β.

Producto. Los productos son los bienes de capital y servicios que se ofrecen directamente por una intervención. Los productos también pueden incluir cambios resultantes de la intervención, pertinentes para el logro de los **resultados.**

Promoción aleatoria. La promoción aleatoria es un método similar a la **oferta aleatoria.** En lugar de seleccionar aleatoriamente las unidades a las que se va a ofrecer el tratamiento, se selecciona aleatoriamente a las unidades entre las que se va a promocionar el tratamiento. Así, el programa se mantiene abierto a todas las unidades. Con este método, la promoción aleatoria del programa se usa como una **variable instrumental** de la participación real en el programa.

Regresión. En estadística, el análisis de regresión incluye cualquier técnica para la formulación de modelos y el análisis de diversas **variables,** cuando se hace referencia a la relación entre una variable dependiente y una o más variables independientes o explicativas. En el caso de la **evaluación de impacto,** el análisis de regresión estima cómo el valor esperado del **indicador** del **resultado** de la intervención (Y; variable dependiente) cambia en función de pertenecer al **grupo de tratamiento** o **de comparación** (P; variable independiente), mientras las otras características de los beneficiarios (otras variables independientes) se mantienen fijas.

Resultado. Puede ser intermedio o final. El resultado (de interés de la intervención) es un efecto de interés que se genera a través de una combinación de factores de oferta y demanda. Por ejemplo, si una intervención conlleva el aumento de la oferta de servicios de inmunización, el número real de vacunaciones sería un resultado de interés de la intervención, ya que depende no solo de la oferta de vacunas, sino también del comportamiento de los beneficiarios previstos: ¿se presentarán en el lugar de servicio para que los vacunen? Los resultados finales o de largo plazo son mas indirectos. Este factor más indirecto puede interpretarse como una dimensión temporal (lleva mucho tiempo llegar al resultado) o una dimensión causal (son necesarios muchos resultados intermedios para alcanzar el resultado final).

Sesgo. El sesgo de un **estimador** es la diferencia entre la expectativa del estimador y el valor real del parámetro que se está estimando. En la **evaluación de impacto,** es la diferencia entre el impacto que se calcula y el verdadero impacto del programa.

Sesgo de selección. El sesgo de selección se produce cuando las razones por las que cada individuo participa en un programa se correlacionan con los resultados de interés de la intervención. Este sesgo se registra normalmente cuando el **grupo de comparación** no es elegible o se autoexcluye del tratamiento.

Tratamiento en los tratados (efecto del). Denominado también el **estimador** del tratamiento en los tratados (TET). El **efecto** del tratamiento en los tratados es el impacto del tratamiento sobre las unidades que se han beneficiado realmente del tratamiento. Se diferencia de la **intención de tratar (IDT).**

Validez externa. Tener validez externa significa que el impacto causal descubierto en la **evaluación de impacto** se puede generalizar al universo de todas las unidades elegibles. Para que una evaluación tenga validez externa, es necesario que la **muestra** de la evaluación sea representativa del universo de unidades elegibles.

Validez interna. El hecho de que una **evaluación de impacto** tenga validez interna significa que utiliza un **grupo de comparación** válido, es decir, un grupo de comparación que produce una estimación válida del **contrafactual.**

Variable. En la terminología estadística, una variable es una característica de la población de estudio. Toma valores determinados para cada observación y estos pueden variar entre individuos y/o a lo largo del tiempo.

Variable instrumental. Una **variable** instrumental es una variable que se utiliza para estimar el impacto causal de un programa cuando la participación en este está determinada parcialmente por las características de los posibles beneficiarios. Una variable instrumental debe contar con dos características para poder considerarse valida: 1) debe estar correlacionada con la participación en el programa, y 2) no puede estar correlacionada con los **resultados** (Y) (aparte de mediante su participación en el programa) o con variables no observables.